2021年度江苏高校哲学社会科学一般项目“健康中国背景下农村临终关怀问题研究”（项目编号：2021SJA0888）
2022年度江南大学基本科研计划青年基金资助项目“农村社会转型中卫生健康习俗变迁研究”（项目编号：JUSRP122075）

# 农村葬礼参与形式转变

## ——关中、陕南地区的两村研究

NONGCUN ZANGLI CANYU XINGSHI ZHUANBIAN

周悦 著



蘭州大學出版社
LANZHOU UNIVERSITY PRESS

**图书在版编目（CIP）数据**

农村葬礼参与形式转变 : 关中、陕南地区的两村研究 / 周悦著. -- 兰州 : 兰州大学出版社, 2023.11
ISBN 978-7-311-06558-4

Ⅰ. ①农… Ⅱ. ①周… Ⅲ. ①农村－葬礼－研究－陕西 Ⅳ. ①K892.22

中国国家版本馆CIP数据核字(2023)第207149号

责任编辑　锁晓梅
封面设计　汪如祥

书　　名　农村葬礼参与形式转变
　　　　　——关中、陕南地区的两村研究
作　　者　周　悦　著
出版发行　兰州大学出版社　（地址:兰州市天水南路222号　730000）
电　　话　0931-8912613(总编办公室)　0931-8617156(营销中心)
网　　址　http://press.lzu.edu.cn
电子信箱　press@lzu.edu.cn
印　　刷　西安日报社印务中心
开　　本　710 mm×1020 mm　1/16
印　　张　16.5
字　　数　220千
版　　次　2023年11月第1版
印　　次　2023年11月第1次印刷
书　　号　ISBN 978-7-311-06558-4
定　　价　56.00元

# 序　言

改革开放40年以来，中国农村发生了诸多变化。学者最为关注的一是农村生产生活方式的转变，二是农村风俗习惯传统的延续与转变。这两个研究主题成为农村社会变迁中“现代”与“传统”研究的代表，二者之间的关系仍然存在争论。

周悦博士在研究过程中，通过分析农村葬礼参与的过程，探讨了农村社会变迁中“现代”与“传统”之间的互动。农村葬礼研究是一个不太容易做的题目，需要研究者具有敏锐的观察力和宏观的分析视野。在农村田野调查中，农村葬礼的发生是最不可预测的事件。在实地调研的过程中，也存在因地方习俗和调研者性别、身份差异造成的资料搜集障碍。周悦博士在进行田野调查的过程中，经过多次、多年的实地调研，以及对村民生产生活现状的琢磨，最终积累了丰富的农村葬礼研究资料。

本书以农村葬礼研究为基础，将农村葬礼作为讨论农村社会变迁的载体，分析了关中、陕南地区两个村庄的葬礼参与变化过程。传统葬礼分为殡、葬、祭三个环节，参与规模最大的为殡、葬环节，是本书葬礼研究的主要内容。由于葬礼参与有较强的实践特征，形成了显著的区域差异，加上时间维度的社会变迁，产生了看上去纷乱杂糅、实则井然有序的参与形式转变。这一点在陕西关中、陕南地区的葬礼参与对比中更加有趣。

本书在农村社会变迁领域进行了有价值的尝试：

一是理解个体在农村社会变迁中的作用。农村葬礼为参与者提供了实践空间，个体在葬礼参与行动中产生了不同于既有参与秩序的行为准则。这种葬礼参与形式的突破，成为农村葬礼参与转变的重要动力。

二是讨论“礼”在农村社会变迁中的处境。例如本书中的关中赵家台村，地处《周礼》发源地（史称“周原”），村庄中礼的正统性和核心地位至今不可动摇。这类村庄葬礼属于“传统的再造”，还是延续了传统文化？仍有讨论意义。

三是使用社会学的时间、空间维度讨论社会变迁。农村葬礼研究是人类学、民俗学的经典主题，已经形成系统的研究体系。本书对村庄葬礼及葬礼参与变迁的研究，使用了空间和时间的分析框架，由此使村庄个案嵌入区域社会变迁的研究之中，拓宽了农村葬礼研究的外沿。

本书在周悦的博士论文基础上修改成稿，体现了青年研究者的学术素养，对农村社会变迁、丧葬仪式研究具有借鉴意义和参考价值。希望周悦博士继续关注城乡社会变迁的现实问题，形成更多高质量的研究成果。

郝大海<br>中国人民大学教授、博士生导师<br>2023年5月16日

# 前　言

改革开放后，中国农村发生了诸多变化，相关研究常常着眼于农村经济、政治的变化，直接聚焦农村社会生活转变的研究相对较少。农村经济、政治的变化是农村转型的一个面向，更为深远的影响是农村社会生活的变化，这在农村葬礼中尤为突出。农村转型中，原本以农业为核心的生产生活重心转移向城镇：无论是人口向城镇流动，还是村庄的城镇化，都迫使村民不断需要解决其中的葬礼参与难题。本书关注的葬礼参与形式转变，是从农村社会生活角度探讨村庄转型的有力尝试。那么，改革开放后，村民如何应对葬礼参与传统和当代生产生活之间的冲突？当葬礼参与形式发生转变时，是否存在转变过程的差异？进一步需要讨论的是，葬礼参与形式转变差异是如何产生的？

围绕以上问题，本书对相关文献进行了梳理，主要关注近代之后涉及葬礼参与形式转变的文献。改革开放之后的葬礼参与形式的转变，其根源在于中国近代葬礼发生了变化，城镇葬礼和农村葬礼之间形成了一定的区别，且农村葬礼的礼法性质逐渐减弱，由此引发了对葬礼参与形式转变的争论：葬礼参与形式转变是社会的解体还是社会的正常状态？葬礼参与中存在中国葬礼统一标准还是对原本区域特征的忽视？伴随着改革开放，葬礼参与形式转变对村庄社会的影响更为深远，相关研究形成了三种主要解释：一是关系-伦理说，从葬礼参与的范围、次序和伦理道德问题进行解释；二是社会变迁说，认为在不同社会的阶段相应地存在不同的葬礼参与方式；三是个体行动说，关注个体能动性和个体变化对葬礼参与的影响。本书是对以上三种主要解释的综合，即关注文化传统、农村转型和参与者的互动过程分析，并对葬礼参与和葬礼的分析进行区别，更关注参与者而非仪式本身。本书的葬礼参与形式转变主要包括对参与者、参与范围和层次、参与程度、参与评价标准的分析。

根据本书的研究主题，本书选择了陕西省关中、陕南地区的两个村庄进行田野调查。两个村庄跨越秦岭南北（关中和陕南），以便增加葬礼参与形式转变中地理背景的讨论维度。研究所采用的方法主要有三种：参与观察法、访谈法和文献法。整个研究过程历时五个月，开始于对葬礼的参与观察，形成于对葬礼参与者的访谈，并在文献资料和物质资料中进行完善。

通过对两个个案的分析可以看出，过去村庄葬礼参与以村庄为边界，参与成员主要是家族成员和乡邻，单个家庭没有能力举办葬礼，村庄内的互动和参与义务，形成了边界明确、规则严密的葬礼参与形式。近代之后，村庄的葬礼参与基础开始发生动摇，从村庄的管理方式、生活方式的变化到家族组织性质的变化。本书涉及的两个区域，其葬礼参与形式曾经因礼法制度的标准化和省域认同的建构而不断趋同。改革开放后，村庄葬礼参与形式出现更多的转变空间，区域差异逐渐增强，并在葬礼参与形式转变的过程中得以强化。根据区域特征、转型过程和村民的互动可见：两个村庄都经历了葬礼参与形式的转变，但转变过程存在差异。关中赵家台村地处关中平原腹地，因良好的农耕条件逐步成为陕西的经济、政治、文化中心。改革开放后，这种历史悠久的农业村庄转型缓慢，大量村民流向城镇务工。村庄之内的深厚礼仪传统和往来于城乡之间的村民生活难以相融，在葬礼参与中，村民只好通过角色转变回避村庄葬礼礼仪和城乡流动之间的裂痕。陕南王家庄过去同样是农业村庄，其移民历史和三省交会的地理位置则形成了多元文化融合的区域特征。改革开放后，其交通要道的重要性使当地集镇重现生机，村庄自然而然地由农业村庄向多种产业类型村庄过渡。本地灵活包容的文化根基，使村庄更快地进入葬礼参与形式转变的进程中。为了应对葬礼参与形式的变动性，村民在葬礼参与中不断平衡人情往来和市场交易，通过将市场交易规则编织在伦理道德体系中，形成葬礼参与形式的转变。

本书的主要结论是：葬礼参与形式转变是村庄的区域特征和农村转型方式共同作用的结果。在葬礼参与形式转变的过程中，不同村庄处于转变的不同阶段，从而采取了不同的应对方式。对于村民而言，葬礼参与形式转变也是重组农村社会生活的途径。农村葬礼参与不仅没有成为农村转型的阻碍，而且已然成为村庄社会变迁时维护秩序的重要途径。通过区域特征、农村转型和参与者的综合分析可以发现：第一，区域特征、转型过程、参与者之间的互动张力造成了不同的转变过程；第二，葬礼参与体系的严密程度决定了参与形式转变空间的大小。第三，葬礼参与形式转变既存在外在环境改造，也存在内在观念调节。从本书中的案例可以进一步分析，虽然葬礼不再是国家维持地方秩序的主要途径，但在社会变迁过程中葬礼参与形式转变仍然发挥重组农村社会生活的作用，对农村转型后不同收入群体关系、村居和城居村民参与观念的差异、本村参与者和外村参与者对葬礼理解的差异、积极参与葬礼和逃避参与葬礼的成员之间的关系等方面，起到了调整作用。

改革开放后农村转型带动了村庄社会生活的变化，农村葬礼参与形式的转变是社会变迁的缩影，人口流动、农村转型等因素均应纳入农村葬礼的研究。目前，以葬礼为代表的礼俗秩序仍然具有生命力，葬礼参与形式转变是村民重新调整仪式秩序的具体行动。严密的葬礼流程和当代农村社会生活之间，既存在张力也存在调整空间，村民在葬礼参与时有灵活处理的可能性。传统习俗和当代社会都能提供诸多文化资源，使村民能够通过葬礼参与形式转变调节村庄内部差异，维持村庄社会秩序。我们所看到的葬礼参与形式转变，反映了农村如何在具体的社会生活中实现转型，体现了村民从经济收入、人际关系到死亡观念的变化过程。

周　悦

江南大学法学院讲师

2023年5月20日

# 目录

# 第1章 绪论

## 1.1 研究缘起

改革开放使村庄生活开启了新篇章。最初，家庭联产承包责任制促使农业生产进入一个繁荣时期。随着城镇发展和市场经济的活跃，村民在工业和服务业的收益增长显著，农业生产收益比重降低。改革开放四十年的今天，村民城乡流动增加和农业种植的衰弱造成了村庄的空心化，这在陕西关中农村已经十分普遍。关中平原曾因农业而繁荣，农村家庭的农业收入比例逐渐减少，农业种植不再是村民的主业。农村人口流动和农民职业的变化，改变了以村庄为单位、以农业为中心的生产生活模式。

剧变中的关中农村，葬礼似乎被定格。与日新月异的农村生活状况不同，丧葬仪式呈现的传统民俗形式，让参与者有时空静止的错觉。2011年，笔者在关中农村参与亲属的葬礼，平日人烟稀少的冷清村庄恢复了往日的热闹景象，悼念者络绎不绝，乡邻和亲属从城镇回到村庄参与葬礼，为葬礼而忙碌。村民从城镇回到村庄后，仍旧按照传统习俗举办仪式、悼念逝者，最终将逝去亲人安葬在村庄中。村民在接连不断的流水席、喧闹的乐器声、纷纷扬扬的纸钱中，庄严埋葬亲人，完成生死转换。这些农村葬礼的表现形式，看上去和城镇化的步伐格格不入，如果以现代化程度来评价村庄发展，传统葬礼则会被排除在村庄发展要素之外。

关中农村葬礼呈现出农村生活的层次，一边是村民积极进入城镇谋生追求经济收益，一边是在葬礼中重回乡村社会生活维系情感纽带。外出务工、回乡参与葬礼成为农民离土不离乡的典型表现。那么，在当代农村生活中，丧葬仪式究竟扮演了怎样的角色？为了回答这个问题，笔者试图通过对葬礼主事人、村干部和风水先生的访谈，描绘农村葬礼面貌。这些农村葬礼的管理者和仪式专家，的确清晰地叙述了农村葬礼的基本结构，以及一场好的葬礼的评价标准。遗憾的是，这些叙述中葬礼作为仪式管理者和仪式专家的成绩，强调葬礼如何完美地融入乡村生活的过程，如何达到主办者、参与者共同满意的效果。葬礼举办过程中的矛盾、葬礼的中断以及社会变迁中的仪式危机常常被省略。与地方精英的叙事路径不同，众多的村民作为普通参与者，更喜欢讲述葬礼中的奇闻轶事，诉说葬礼参与过程中的两难处境，指责葬礼中不守规矩的参与者。这些村民大多已不在村庄生活，甚至已经不再耕种土地。离开了农业种植和村庄生活的农民，在葬礼中再回归村庄。

时空成本与仪式意义形成张力，村民不断改变参与形式、重构参与叙事，面对葬礼参与难题。例如形成葬礼“合理缺席”的规则，原有的葬礼并没有相关的说法，现在随着人口流动范围的扩大，“距离”成为参与葬礼新增的界限。考虑到葬礼的时效性，以县域范围为界，居住在县域之外则称之为“远距离”，远距离的村民可以缺席葬礼。诸如此类的新的参与规则，不断拆解农村葬礼原有的严密的参与体系。

因此，理解改革开放后的村庄变迁，不仅需要看到农村葬礼的形式，更重要的是分析身处其中的村民的实践方式，以便深入了解村庄变迁的复杂性。笔者从最初对农村葬礼形式的关注，转向对农村葬礼参与形式的分析，以便探讨农村葬礼参与是否发生转变？如果存在，这些转变是如何产生的？形成了怎样的过程？

### 1.1.1 农村转型过程中的葬礼参与困境

改革开放后，我国大部分农村出现了两种变化：一是家庭联产承包责任制实施后，农村大量剩余劳动力流向城镇；二是城镇化程度提升，渗透到了农户生产、生活、交往各个环节、各个领域。上述“农村转型”过程，基本特征之一就是非农化，非农化的具体含义为：一是农民由农业转向非农职业。这类转化主要通过异地迁移和就地转移来实现。二是社区产业结构由农业转向非农业，社区形态由农村转向非农社区或城镇[①]。实际情况中，农业和非农业、乡村和城镇往往处于一种混合状态，称之为农村转型的过渡状态。

农村转型的过渡状态，是村庄社会基础再造的过程。简而言之，近代之前的农村社会基础，主要通过村落和家族结成群体，通过礼制制度约束群体成员；近代之后，通过人民公社制度组织，村民与国家产生了紧密联系，国家意志能够传达至基层社会，这样的社会基础使国家总体的现代化目标得以实现。改革开放后的社会总体目标是开放的、市场导向的，却延续了国家组织农民的基层社会运转方式，使得市场化的目标和原有的村庄社会基础不能兼容[②]。国家在现代化过程中寻求与农村社会基础的契合，农民也在实践中改造农村生活顺应社会发展潮流。

在城乡二元体制的影响下，城镇化一度成为农村社会发展的主要目

①折晓叶：《村庄的再造：一个“超级村庄”的社会变迁》，中国社会科学出版社1997年版，第3页。

②王立胜：《中国农村现代化社会基础研究（修订版）》，济南出版社2018年版，第3页。

标。然而，农村城镇化的道路曲折漫长。由于村民从村庄涌向城镇务工，农村成为留守人员的栖居地，生活方式的改变更为缓慢，与城镇的文化差异逐渐增加。除了经济发展的城乡差异之外，村民也常常处于工业文化和农业文化的张力之间。农村葬礼就处于两种文化的交会点。农村长期以村落和家族为社会基础，通过葬礼不断强化这种社会基础。对于参与者而言，在这种对死亡的哀痛和惧怕的复杂心态中，重新调整因社会成员离世改变的社会网络。死亡到葬礼的过程是一个“混乱的阶段”，生者对死者处于一种“既怜悯又惧怕”的情绪中，“他们[①]满足死者的各种需要，努力改善他的境况；同时他们又时刻处于戒备状态，避免与死者有任何不利于己[②]的接触”[③]。通过共同面对村庄成员死亡形成的世代更替、关系重组，村庄秩序得以稳固，成员之间形成紧密的共同体。

人口大量外流根本改变了仪式中主办者和参与者相互依存的关系。农民职业的转变和收入增加，使得仪式举办不再依赖亲属乡邻的物资支持。农村葬礼从物资匮乏的状况转变为缺少参与者的状况，葬礼举办压力从经济因素转向人际关系。然而，村民在进城务工的过程中没有成为正式的城镇居民，而是处于城乡间周期性流动的过程中，形成离土不离乡的情形。村民仍然是村庄和家族成员，需要参与村庄重大事件——葬礼，强化与所属群体的关系纽带，形成文化认同。

此时的农村葬礼参与困境存在两个层次。一是村民的生产生活方式变化后，没有产生新的村庄葬礼形式，形成葬礼参与传统与当代农村生活之间的张力。葬礼参与的形式来源于“传统”，是在过去的农村生产生

① 指葬礼参与者。

② 即中国葬礼中习俗中所谓的“不吉利”。

③罗伯特·赫尔兹：《死亡与右手》，吴凤玲译，上海人民出版社2011年版，第25页。

活方式和文化体系基础上形成的。改革开放后，村庄和村民都已经发生了诸多变化，村民作为葬礼参与者时，需要面临传统葬礼和当代生活之间的衔接问题。二是改革开放后的农村葬礼具有双重内涵。在殡葬改革中农村被视为现代化进程的阻碍，改革开放后国家通过殡葬文明、环境保护等话语推动农村殡葬改革，与目前社会发展格格不入的葬礼风俗被贴上保守、落后的标签。在农村葬礼的实际发生过程中则体现为传统习俗和现代元素的融合，任何的仪式本身既有"经验直观性"，从而可以观察现代，又有"容纳的历史事实和想象"，可以观察过去[①]。深层的矛盾在于，人们在讨论葬礼的思想基础和文化内涵时，农村葬礼作为为文化传统的载体，具备社会凝聚的功能；在讨论社会发展或社会变迁时，农村葬礼被排除在现代化进程之外，成为有别于社会进步的保守力量。于是，为了化解农村葬礼参与困境，在不同层面均要重新定位农村葬礼，国家通过葬礼参与改造推动社会整体的现代化，村民则在葬礼参与的两难之中不断调整参与形式，重整参与秩序，重建村庄生活。

### 1.1.2 葬礼参与秩序重构存在区域差异

本研究涉及的陕西地区，存在关中、陕北、陕南三个文化分区。在中国葬礼统一化的礼制背景下，掩盖了历史地理基础造成的礼制形成过程差异。在近现代的农村社会变迁中，社会发展现状进一步影响了葬礼参与的转变路径。因此，陕西的三个文化区呈现出一体多面的葬礼参与模式。在葬礼参与转变的过程中，国家不断改造葬礼以符合现代文化，不同区域则产生符合当地社会经济状况的现代化解释。具体仪式实践中"十里不同俗"的结果，使得葬礼参与的地方性意义更为突出。

区域差异在多点田野调查的过程中逐渐清晰。在同一个省级行政区

①彭兆荣：《人类学仪式的理论与实践》，民族出版社2007年版，第2页。

划中，丧葬仪式的意义体系是相似的，基本参与规则雷同，但其参与转变的思路则有本质差异。例如在一场关中农村葬礼中，逝者儿媳的家族房支代表从陕南来到关中这个村庄参加葬礼。关中农村很少出现众多儿媳家族成员参加姻亲葬礼的状况，引起村民的议论和围观。这些远道而来的姻亲，不仅准备了礼金，还准备了鞭炮、牌匾等物品，这都是陕南葬礼中的必备物品，关中葬礼中从未出现过。关中葬礼以哀痛为主要情绪，放鞭炮是葬礼的禁忌。这种文化差异的矛盾在送葬过程中达到顶峰，送葬队伍局限为父系脉络的家族成员，这些远道而来的陕南姻亲家族成员被排除在送葬队伍之外，无法送别逝者。姻亲亲属的进入打破了关中葬礼原有的参与体系，是对严格的父系宗族系统的挑战，却在现代亲属系统中重新被理解。类似案例体现了农村葬礼参与转变的实践，转变并没有固定路径，但存在明确的地域差异。如果试图为这些不同地域的村庄总结出统一的农村葬礼参与形式，会造成对农村葬礼参与形式的过度概括，将葬礼形式和社会观念混为一谈，失去对农村社会变迁复杂性的深入理解。

## 1.2 选题意义

### 1.2.1 理论意义

本书从理论视角上试图打破结构功能主义对仪式的解释垄断。结构功能主义认为仪式和社会的整合的是常态，仪式和社会的不协调是失范状态，归入社会的失序或解体状态。相应的，研究者更多关注仪式的系统化、稳定性和整合性，忽视仪式和社会之间的不协调，难以充分解释在社会转型的过程中仪式参与形式的转变及其根源。本书关注的农村转型中的葬礼参与形式转变，体现了文化和社会的混杂性、变动性和内在张力，能够进一步分析社会结构、文化传统与行动者之间的互动过程。因此，本研究具有以下理论意义：

一是对农村转型过程中的葬礼参与研究进行补充。现有研究一般将葬礼参与视为仪式研究的组成部分，本书更侧重从农村社会变迁的视角分析农村葬礼参与，认为农村转型不仅是经济转型的过程，而且是社会生活转型的过程。具有稳固葬礼参与形式的有两类村庄：一类是至今仍保持农业生活形态的村庄，农业时期的葬礼参与体系保存完好；另一类是完成城镇化转型的村庄，已经形成适合城镇生活的葬礼参与体系。本书关注的关中、陕南农村则介于两者之间，既有摆脱农业村庄葬礼参与规定的趋势，同时没有形成全新的葬礼形式。代表村庄正处于社会转型的过程中，葬礼参与成为理解其转型过程的典型事件。

二是关注社会、仪式和葬礼参与者之间的互动。无论是社会、仪式还是葬礼参与者，都不能单一决定葬礼参与形式的方向。因此，本书通过对不同区域的历史地理特征、农村转型过程、葬礼参与行为的综合分析，形成对农村葬礼参与形式转变的初步判断。经典的仪式研究中，参与者的行为被仪式框架束缚。而在具体的仪式实践中，我们可以看到实践场景的差异性、具体行为的特殊性。这些仪式实践过程在特定的时代背景、地方文化产生新的意义，形成不断更新的仪式参与规则，产生地方社会秩序重构。

### 1.2.2 现实意义

本书关注农村葬礼参与形式的转变，目的是分析改革开放之后农村社会生活秩序的调整过程。改革开放之后，农村在城乡二元结构之中占据劣势，以城镇化为代表的现代化一度成为农村发展的主要目标。不过，城镇化并非现代化的唯一途径，农村现代化还包括村民在城镇务工的职业改变、农业种植方式的机械化。人口、农业产品的城乡流动，使得许多农村处于文化融合状态。过去村庄仪式制度单一而明确，如今则夹杂了农业与工业、传统与现代的观念冲突，不断冲击原有的农村社会秩序。葬礼参与是农村社会秩序受到冲击的典型事件。因此，本书的现实意义在于：

一是通过分析农村葬礼参与形式转变过程，重新理解当代农村社会变迁。葬礼在农村社会生活中的重要程度，及村民对这种重要程度的理解，带有地域性和历史性。因此，在葬礼参与的行动中，在对葬礼参与的争论中，可以看出不同地方、不同时期的村民如何根据收入水平、居住地点、交往方式重新定义参与实践。最终体现在村庄葬礼参与人数、范围、时间、方式的变动中。葬礼参与实践成为农村社会变迁的缩影，可以通过仪式反向理解村民行为和观念的变化。

二是探讨葬礼参与转变对村庄社会秩序的作用机制。在近代农村，葬礼参与呈现三个变革阶段：民国时期的思想观念变革，中华人民共和国成立后对农村社会的改造，改革开放后的殡葬改革。农村葬礼的思想文化基础已经发生了改变。现有研究通常关注国家层面的殡葬改革，民间社会遭遇思想文化变革、生产生活方式转型后同样有殡葬改革的需要，只是民间习俗更替较为缓慢而受到曲解。经过改造的仪式再次发挥了维护社会秩序的作用，其作用原理和效果值得深入讨论，以推动农村社会秩序重构。

## 1.3 研究问题

整体而言，葬礼的形成过程是仪式“作为文化时空中人的活动的累积与过程”，也是“社会结构、文化传统与行动者参与创构活动的相互关系”[①]。因此，葬礼不是抽象的符号，而且是具体的实践活动。葬礼参与，可以称之为葬礼举办过程中参与者的实践，存在于具体的村庄社会环境之中。如果把葬礼当作葬礼参与者活动的累积，那么参与者与社会结构、文化的关系，则成为研究的核心内容。

本书以改革开放后的农村转型作为研究背景，通过观察农村葬礼参与实践，提出主要的研究问题：在目前的农村葬礼参与中，村民如何应对仪式传统和当代生活之间的冲突？即从葬礼参与的视角观察社会、仪式和参与者关系的重塑。主要包括以下几个层面的含义：一是农村转型的过程中，葬礼参与形式是否发生了转变？二是如果发生转变的话，是否存在葬礼参与形式转变过程的差异？葬礼参与形式转变差异是如何产生的？

首先，改革开放后农村葬礼参与形式是否发生了变化？改革开放后，农村社会的变化是显而易见的，农村人口大规模流向城镇，非农产业的比重日益增加。这意味着农村葬礼参与发生的社会背景已经发生了变化。如果仍然以传统葬礼参与的标准进行评价，显然不合时宜。目前的农村葬礼参与和传统习俗有着千丝万缕的联系，完全脱离传统文化的全新葬礼参与形式并不存在。改革开放后的农村葬礼参与情况如何？是否发生参与形式转变？仍需要回到村庄这样的小型社会进行具体分析。

其次，葬礼参与形式转变是否存在差异？村庄葬礼参与形式在时间上是历史累积的结果，历史累积包含文化传统和社会变迁。身处历史中的参与者，既是文化传统和社会变迁的产物，也是推动文化传统和社会变迁的力量。葬礼参与形式在空间上呈现地方性，地域差异将同一时代

①郭于华：《死的困扰与生的执着：中国民间丧葬仪礼与传统生死观》，中国人民大学出版社1992年版，第3页。

的村庄划分为不同部分，形成地域之间的类型差异，以及村庄之间的具体形式差异。在分析葬礼参与形式转变的过程时，需要对历史地理背景、农村转型和参与者进行综合分析。历史地理背景是指近代农村葬礼从礼法制度向民俗过渡，不同区域的葬礼文化传统和变化程度存在差异。农村转型是指改革开放之后村庄类型的差异逐渐增大，有的村庄保持农业生产的模式，有的村庄形成人口的城乡流动，有的村庄则迈向了城镇化。葬礼参与者的差异是指行为和观念的个体差异，例如流动状况、职业变化等，影响了具体的葬礼参与实践。

最后，葬礼参与形式转变是如何产生的？以动态过程分析看待村庄葬礼的发展变化历程，能够避免对农村葬礼参与简单定义。在过程分析中，葬礼参与仍然处于动态发展变化状态，仅从不同时期的调查资料就可以看出其细微变化。不过，其分析过程已经远远超出对一个村庄的研究，而是将村庄视为社会发展变迁的缩影，结合政策导向、经济模式和日常生活方式进行研究，将农村葬礼参与形式转变视为多因素互动的过程。

针对上述问题，本书将通过田野调查和文献梳理，结合社会事实和理论，对相关议题进行探讨。

## 1.4 田野选点和研究方法

### 1.4.1 田野选点

在关中农村，平坦肥沃的耕地不再是村民收入的主要来源，人口外流成为主要趋势。关中地区在历史上长期是经济、政治、文化中心，其中周原地区历史最为悠久，赵家台村正是位于周原地区。随着政权的迁移，政治中心的优势不复存在。然而，村庄葬礼没有因为人口流动而瓦解。为了了解农村葬礼现状，笔者借助赵家台村的亲属关系展开调研。关中赵家台村仍然是有明确社会边界的村庄，亲属关系增加了参与葬礼的合法性，笔者作为局内人参与葬礼的各个环节，自然地加入村民有关村庄事件的讨论。

与关中地区不同，陕南地区长期处于省内政治、经济和文化的边缘地带。笔者在一场关中、陕南村民的葬礼参与交会中，感受到区域文化的碰撞。这种交流在现代农村越来越多见，区域差异使得人们更容易划分彼此，同时在相互交流中对原有葬礼参与规则产生挑战。为了能够进一步研究葬礼参与的地方性特征，通过熟人介绍，笔者选择陕南王家庄村作为第二个调研地点，以便进行葬礼参与转变的比较研究。

本书选取的关中、陕南地区的两个村庄，以秦岭为界划分南北。北边的关中地区主要为黄河流域的平原地区，以旱作农业小麦种植为主，属于陕西文化的核心区域，地区内部的文化差异较小，其中赵家台村所处地区是关中文化的发源地，并且带有强烈的周人祖先崇拜色彩；南边的陕南地区为长江流域的水田、旱地混合种植区，种植水稻和小麦，本书选取的另一研究对象王家庄村，位于长江支流的丹江流域、鄂豫陕三省交界，是东部进出关中地区的重要通道，由于历代移民定居，形成了关中文化和移民文化的交融特点。

选取村庄作为研究单位，主要源于村庄是农村葬礼的组织单位，葬礼的发生地点在村庄的地理边界以内，参与者以同村村民和亲属为主。村庄成为研究葬礼参与的最佳分析单位。以村庄为单位进行比较研究，能够减少单一个案造成的推论误差，在比较研究中更为敏锐地捕捉葬礼参与转变的区域差异，便于进行多类型个案嵌套研究[①]，有利于总结农村葬礼参与形式转变的共性与区域特征。

### 1.4.2 研究方法

本书以葬礼参与作为研究对象，为了分析葬礼参与形式转变的过程，采用质性研究方法。将村庄作为葬礼参与的个案研究单位，选择两个村庄比较葬礼参与形式转变的差异，弥补单一个案的研究局限。

在个案研究的过程中，首先，通过参与式观察了解村庄整体状况，在对村情的了解的基础上理解村庄葬礼。其次，在对村庄整体情况了解后，聚焦葬礼参与的影响因素，针对性地挖掘事物之间的联系。采用的研究方法包括：围绕农村葬礼的参与观察，对焦点人物和村民的深度访谈，仪式相关的物质资料，以及地方志文献等辅助资料。此时的深度访谈，包括掌握了丰富的信息村干部、葬礼主事人、风水先生等焦点人物，也包括广大村民，他们每年都会参与多场葬礼，对葬礼参与有更为复杂的考量。此外，为了全面了解村庄的社会史，笔者查阅了从省志到村志的地方志文献。最后，田野调查分多次进行，在对调研资料的分析和研究中，形成对研究问题、资料搜集和研究验证的有序循环。

具体使用的资料收集和研究方法包括：

1. 参与观察法

参与观察既是对村庄及村庄葬礼、村民观念了解的过程，也是作为研究者融入村庄生活的过程。村庄概况包括村庄的客观现状，如房屋、耕地、广场分布情况，村民收入来源、居住地点、村庄家族脉络等；村

① 对不同类型的案例进行比较和分析，属于“多类型个案嵌套研究”，关键在于对案例合理、准确的分类，以描述和揭示不同案例间的差异和原因。载陆益龙：《定性社会研究方法》，商务印书馆2011年版，第102页。

民的观念包括本地信仰、价值观、死亡观念等。这些信息在村庄日常生产生活中得以体现。

随着研究的深入，观察焦点转向村庄葬礼。葬礼的参与观察资料包含笔者的田野调查笔记、仪式展演部分的影像资料。观察的内容包括：葬礼的举办流程，并以此为基础了解葬礼参与者的来源、参与者与主办者的关系、参与的环节、赠送的物品类型。参与观察者的角色根据研究距离分为：完全的成员、积极的成员、边际的成员[①]。笔者在三种参与观察者的角色中不断进行切换：笔者或作为完全的成员，以近亲身份参与葬礼的商议环节和核心仪式；或作为积极的成员，以亲属关系为纽带参与葬礼；更多的情况是作为边际成员，与葬礼的主办家庭没有亲属关系和往来，而是通过引导人介绍进入葬礼。笔者较多经历葬礼的报丧、悼念、送礼、宴席、唱戏等仪式展演环节，较少接触葬礼筹备和下葬这些有参与边界的环节。不同角色的葬礼参与过程，使得笔者能够从多种角度理解农村葬礼，形成不同层面参与式观察的相互补充。

本书研究的两个村庄的葬礼，具有相似的仪式举办结构。赵家台村和王家庄村葬礼组织均以村民小组为单位，每个村民小组的人数在130人左右，平均每年举办2至3次葬礼。两个村庄的葬礼规模相当，一场葬礼的参与人数在200人左右，每场葬礼平均花费约4万元。葬礼的参与观察通常不完整，很难贯穿葬礼筹备到安葬的整个过程。原因在于葬礼在时间上有不确定性，不能预测其发生的日期。而且葬礼参与环节有明确限制，作为研究者很难深入葬礼的筹备后台。因此，笔者根据葬礼举办情况、自己与主家的关系选择具体的观察方式。

①Peter Adler, Patricia A. Adler, "A Role Conflict and Identity Salience: College Athletics and the Academic Role," *Social Science Journal* 24, No.4 (Dec.1987): 443-455.

参与观察资料的类型包括：影像资料、实物资料和观察记录。其中，实物资料为研究葬礼参与做出了重要贡献，物质资料可以视为一种文本①，本书研究的实物资料分为：（1）葬礼的物质资料。包括讣告、礼单、礼物、墓碑等，体现了村庄的亲属关系和人际交往、葬礼风俗习惯等；（2）体现村庄生活的资料。包括居民住房、劳动工具、家谱等，一定程度上反映了村庄生产生活水平、居住格局、家族脉络等。

2. 深度访谈法

参与式观察为深度访谈的展开奠定了基础，便于理解村民叙述内容的形成背景。此外，参与观察过程促使笔者不断更新访谈框架，这是调研前没有预料到的内容，或者由于较为基础，在日常交谈中容易被忽略。

本书采用了半结构式访谈，以便于比较不同人对于相同问题看法的差异，并根据访谈对象身份和经历的差别，深入挖掘重点内容。深度访谈对象主要包括：①葬礼的主办者。这里的主办者指的是家中有丧事的村民，通常是直系亲属。②村庄权威人士。这些人包括村干部、家族长老、葬礼主事人、风水先生。他们是葬礼的核心人物，分别管理葬礼的不同环节。③葬礼参与者。参与者包含亲属、同村村民、姻亲关系、社会关系等，参与者有明确的亲疏远近之别，参与程度也存在差异。④殡葬服务者。这些人目前作为职业群体，葬礼主办者通过给付报酬购买他们的服务。同一个村民在不同葬礼中有不同的身份，有时是主办者，有时是参与者，有的村民在葬礼中也会成为仪式管理者，或者从事殡葬服务。

深度访谈的内容包括：村民的生产生活方式、葬礼参与或主办经历，以及对葬礼和葬礼参与赋予的意义。根据深度访谈的结果，本书选取了

---

①Tilley C., et al., *Reading Material Cuture: Structuralism, Hermeneutics and Post-Structuralism* (Blackwell Publishers, 1990).

40位受访者的访谈资料，其中王家庄村22人，赵家台村18人。最初的深度访谈主要针对村庄权威，这些人是村干部、家族长老、葬礼主事人、风水先生，他们掌握了更为全面的村庄信息，愿意对村庄的历史和现状发表见解。随着访谈范围的扩大，笔者发现村庄的葬礼参与秩序是一种理想型，不能完全决定村民的实践行为。普通的参与者通常认可村庄权威对葬礼的掌控权，所以在访谈过程中多以自己"不懂葬礼"为由进行推辞。谈及自己是否参加某次葬礼、该送多少礼金、如何解决不能到场的难题，则有完整的叙述体系。并由此展开对葬礼主办、葬礼参与事件的评价。

需要补充的是，村庄的劳动力多在村外务工或就业，他们也会参与村庄葬礼。由于来去匆匆，笔者主要通过电话、微信等通信工具对这部分群体进行访谈。此外，田野调查中的女性受访者较少，本书研究调查的两个村庄，均缺少女性村干部，更没有女性作为主事或风水先生的先例。葬礼参与时女性和男性的数量相当，但在是否参与葬礼、参与程度和参与方式中，女性缺少决策权。因此，村庄女性认为葬礼参与不属于自己的话语范围，访谈中拒访率较高，接受访谈的女性村民讲述内容较少。

3. 文献法

本书采用文献法搜集与村庄社会变迁、农村葬礼概况相关的资料。资料类型包括：

一是村庄的地方志、文件和普查资料。①村志文献资料较少，在对王家庄村的调研时发现，该村于2016年出版了《王家庄村志》，详细记录了村庄的发展变迁和风俗习惯的变化。②村庄文件主要是所属县、乡/镇下发的工作文件，内容涵盖村庄婚丧嫁娶、民间信仰、乡村建设、脱贫工作等方面，以及和这些文件相关的村庄宣传标语。③村庄普查资料包括官方和民间整理的村庄地名、民俗文化、文物等材料，这些材料详细记录了村庄地理边界、村民数量和土地面积、村庄名称的来源和变更、村庄建立的历史传说、村内家族的来源和分支等内容。这些图文并茂的村庄资料为研究葬礼参与变迁提供了直接的支持证据。

二是史志资料，包括县级档案馆保管的地方史志，省、市图书馆保留的公开出版史志，以及通过网络检索的地方志古籍文献。①县级资料包括地方志和文史资料。根据村庄所在区域可以划分为《岐山县志》《商南县志》,《县志》根据时间可以划分为清代、中华民国、中华人民共和国成立到改革开放后四个时期的不同版本。《县志》更详尽记录了地方文化和风俗习惯特点，且从不同时期县志可以看出村庄社会变迁、风俗习惯转变的趋势。此外，县级的“文史资料”丛书专门记录了葬礼风俗详情，便于理解农村葬礼全貌。②改革开放后的省志资料较为全面，出现了以主题划分的地方志丛书。本书在研究编写中查阅的是《陕西省志》丛书中的《人口志》《土地志》《民俗志》《公路志》等内容，这些文献详细记录了人口、农业、民俗、交通的数据和历史变迁。这些梳理了历史脉络的地方志资料为研究葬礼参与变迁提供了间接的支持证据。

4. 研究伦理

笔者在进行田野资料收集时以尊重当地风俗习惯为前提，在知情同意的情况下收集资料，并对受访者进行匿名化处理。首先，在田野调查资料收集时坚持知情同意原则，征询村民对录音、拍照和摄像的意见，说明资料收集的内容和用途。其次，面临无法参与葬礼环节的情形，使用文献资料和访谈笔记进行补充。面临不能进行影像记录、录音的情形，使用调研笔记、访谈回忆记录进行补充。最后，文中使用的受访者姓名均为化名，文中使用的村庄名称进行了匿名性处理，并对一些涉及私人生活的细节进行了模糊处理，以便保护受访者隐私。

笔者在分析材料的过程中，将村民视为时代洪流中的鲜活个体，避免对村民、村庄仪式进行标签式定义。既不夸大仪式框架和社会变迁对个人行为的决定作用，也不夸大个体对仪式变迁和社会发展的影响力。相对于宏观社会背景，村民的生活总是具体的、处于实践中的。村民参与葬礼的目标与文化复辟、社会改革的距离很遥远，而是处在特定的时代背景、地域、习俗中的个体，能够做出的最佳选择。

因此，在对这些庞杂的田野资料进行分析时，需要有一定的共情能力理解村庄葬礼，同时需要脱离资料成为一个审慎的旁观者。在研究过程中不断反思，小心求证，以达到论证过程的严谨。在分析访谈资料时，需要理解受访者对事实的选择性表达，可能存在对事实的夸大、隐瞒或者欺骗，这与受访者的顾虑、价值观念和希望留下的印象有关，同样具有研究意义。在分析物质资料和文献时，需要了解谁是资料的生产者，以便在限定范围内解释这些资料，关注没有参与资料生产的群体，还原村庄社会生活和葬礼参与面貌。

## 1.5 章节安排

本书的章节结构如下：第一部分提出研究问题，确定田野点和研究方法，在此基础上进行文献综述，提出本文的研究思路。第二部分是研究的主体部分。首先对关中、陕南的田野点概况进行介绍；其次对关中赵家台村、陕南王家庄村的葬礼参与形式转变进行过程分析。第三部分是研究结论和讨论部分，总结农村葬礼参与形式的转变路径，讨论葬礼参与的研究意义。第一部分包括第1章和第2章，第二部分包括第3章、第4章、第5章，第三部分包括第6章。

第1章为绪论。主要介绍本书的选题背景和选题意义、田野选点和研究方法。本书的研究编写源于对农村转型过程中的葬礼参与现象的观察，笔者发现在葬礼传统深厚的村庄，村民的葬礼参与行为也难以做到和传统习俗保持一致，面临着传统习俗约束和城镇务工的冲突带来的葬礼参与困境。由于地域文化风俗的差异性，不同区域的村庄面临着不同的葬礼困境，对葬礼参与形式的调整也存在差异，使得地域特点更为显著。根据上述现状，本研究课题的田野选点主要是处于葬礼参与转变过程中的陕西农村，选择了分属秦岭南北的关中地区、陕南地区的村庄，这两个村庄在改革开放前都是典型的农业村庄。并根据研究主题采用了质性研究方法。

第2章为文献综述。主要介绍葬礼参与研究的源起，简述对改革开放后葬礼参与转变的主要解释，提出本研究的研究设想。笔者对农村葬礼参与形式转变的关注最初来源于近代中国的葬礼变革：民国时期的葬礼变革主要是发生在城镇的思想变革，对农村葬礼的影响较小，但是初步形成了农村葬礼和城镇葬礼的区分，农村葬礼成为有别于城镇葬礼的研究领域；中华人民共和国成立之后，现代国家制度逐渐将农村纳入管理体系，原本农村社会的礼法被法制代替，农村葬礼参与受到国家制度的约束；更为剧烈的转变则开始于改革开放，村庄不再是村民社会生活的边界，葬礼参与的基础发生动摇。从以往的研究中可以发现，学界对葬礼参与形式的转变存有争议：一是源于葬礼参与形式转变是社会的解体还是社会变迁的正常状态？二是源于葬礼参与形式转变是中国葬礼统一标准的瓦解还是区域性的转变？针对改革开放后的葬礼参与形式转变，相关解释主要有以下几种：从人际关系转变角度形成的关系-伦理说，从社会变迁推导葬礼参与转变的社会变迁说，从个体能动性和个体转变形成的个体行动说。本书通过对文化传统、社会变迁和个体行动互动过程的分析，进一步分析农村葬礼参与形式转变的过程。

第3章为田野点概况。本章以陕西省的两个村庄——关中赵家台村和陕南王家庄村——的概况为主要内容，关中赵家台村位于关中平原的文化核心区，目前仍然是农业村庄，村民认同本地周文化，葬礼是本地家族活动的主要内容，改革开放后家族成员的关系较为松散。王家庄村是位于三省交界的移民村庄，现村民大多不再从事农业种植，虽然迁居至此的历史悠久，仍然对移出地文化存在强烈认同。从地理位置上来看，这两个村庄因秦岭分隔成南北两地，社会生活存在区域差异，也因为同属一个省级行政区而往来密切。改革开放前的葬礼参与状况较为相似，改革开放后两个村庄转型道路不同，同样是收入增加和职业转变，关中赵家台村是通过城乡流动，陕南王家庄村则是通过城镇化。

第4章详细分析关中赵家台村从村庄转型到葬礼参与形式转变的过程。改革开放之后，劳动密集型的农业村庄逐渐失去了经济发展的优势，大量村民流向城镇务工。此时的村庄葬礼参与受到居住距离、人口流动、村民分化的影响，需要借助外部因素和内部惩罚机制，应对劳动力流失对葬礼造成的影响。赵家台村所处的周原一带具有深厚的礼制传统，本地葬礼以厚葬为特点，葬礼参与以重礼仪为核心。由于葬礼参与传统和当代生产生活的张力，为了避免城乡流动中当代生产生活角色对葬礼参与角色的影响，村民在对葬礼参与者角色认同的基础上，在葬礼参与中及时转换角色，重新回归家族成员和村庄乡邻的角色定位，履行相关的角色义务，从而实现了葬礼参与传统和当代生产生活的平衡。

第5章详细分析陕南王家庄村从村庄转型到葬礼参与形式转变的过程。改革开放后，相较赵家台村，王家庄村临近的集镇重新焕发生机，村庄受到城镇化的影响，市场交易普遍存在于村民生活之中，其中就包括葬礼参与。村民对葬礼参与形式的多样化采取包容的态度，由于村庄行政力量的发展和家族力量的减弱，组织葬礼的核心从家族转向村庄，随着临近集镇的发展，葬礼参与的范围扩大至以集镇为核心的多个村庄，形成了以村民个人人际关系网络为中心的参与范围。为了应对葬礼参与形式的变动性，王家庄村村民在葬礼参与中不断平衡人情往来和市场交易，通过将市场交易编织在伦理道德体系中，从而接纳市场因素的介入，达到葬礼参与形式的转变。

第6章为结论和相关讨论。根据上述分析可以看出，改革开放前，关中赵家台村和陕南王家庄村同为农业村庄，并在同一个省际政区形成相似的葬礼参与形式。改革开放后，随着村庄转型道路的差异，村庄的地域特征更加显著，调动了原本的地域文化元素，形成了不同的葬礼参与转变过程。这种参与转变，不仅是村民对文化传统和村庄转型的被动适应，而且是重组农村社会生活的重要途径。共同参与葬礼使差异增大、居住分散的村民重新聚集，通过参与互动重新调节彼此之间的关系，应对村庄变化带来的难题。赵家台村由于地处关中文化核心区，葬礼参与有一套明确而完整的参与体系，缺少转变的空间，并且村庄转型以人口的城乡流动为主，其转变过程较为缓慢。总体而言，本书对葬礼参与的探讨，根本上是对农村转型时期重建礼俗秩序的探讨，葬礼参与转变，是村民重新调整礼俗秩序的具体行动。

# 第2章 文献综述

## 2.1 改革开放后关于葬礼参与转变的主要解释

改革开放之后农村葬礼参与进入了一个新的阶段，沉寂的农村葬礼又重新恢复生机，许多研究以“复兴”来概括这种变化，用以说明农村葬礼传统的回潮。随着研究的深入，研究者发现，改革开放后农村葬礼出现的诸多现象已经不能用传统复兴简单地解释，从而产生了更为丰富的研究视角。其中有关葬礼参与转变的解释主要有以下几种：从人际关系转变角度形成的关系-伦理说，从社会变迁推导葬礼参与转变的社会变迁说，从个体能动性和个体转变形成的个体行动说。

### 2.1.1 关系-伦理说

关系-伦理说主要关注的是葬礼中参与者的关系类型、关系层次，以及葬礼参与伦理，集中体现在对差序格局和伦理本位的探讨中。传统葬礼参与的关系-伦理是差序格局和伦理本位的紧密结合。如果费孝通所说的差序格局是中国社会结构的基本特征，那么梁漱溟所说的伦理本位则是这种社会结构背后的基本精神[①]。中国葬礼的参与范围和次序通过丧服

①周飞舟：《差序格局和伦理本位：从丧服制度看中国社会结构的基本原则》，《社会》2015年第1期。

制度得以明确，丧服制度虽然在形式上没有完整地流传，但丧服制度的“亲亲尊尊”不仅包括亲属关系和君臣关系的次序，而且包括“推己及人”的人际交往原则。

葬礼参与中最为核心的是亲属关系，在葬礼参与转变的过程中，研究者形成的基本共识是，由于葬礼具备的族群整合功能，丧服制度有利于维护族群秩序，因此葬礼参与中的亲属关系相对稳定。体现葬礼中亲属参与范围和层次的丧服制度，在后世的葬礼多有简化和变异，而其基本结构和体现的伦常秩序仍然存在，“其主要内容、过程仍然未离其宗”，相对于古代，目前葬礼中通过“血缘宗法关系”形成“乡土社会中基本的社会人际联系”的需求仍然存在[①]。在葬礼参与秩序中，“直系与旁系，父方与母方，血亲与姻亲，长辈与晚辈，年长与年幼，男性与女性，均是前者为尊为主，而后者处于从属地位”[②]。葬礼建构“差序”社会秩序的过程是：以“逝者”为中心的象征隐喻；葬礼通过三类空间——秩序空间、精神空间、物化（展演）空间建构“差序”社会秩序；乡村社会“差序”秩序的再造和再生产的机制，主要是建立在三种对葬礼的象征功能分析上：圣-俗、中心（逝者）-边缘、制度-信仰。提出了乡村社会的“差序”秩序概念与“时空-文化-制度”（TSCS）平衡框架模型。这一文化模型在四重关系（时空、内外、历史感和地方感、中心与边缘）上均呈现“差序”化特点，呈现出乡村“差序”社会秩序的重建与再生

①郭于华：《死的困扰与生的执着：中国民间丧葬仪礼与传统生死观》，中国人民大学出版社1992年版，第54-55页。

②郭于华：《死的困扰与生的执着：中国民间丧葬仪礼与传统生死观》，中国人民大学出版社1992年版，第69页。

产过程①。

当代葬礼参与的范围，除了亲属关系外，还包含因职业等关系形成的参与集团，“由职业等关系构成的参与集团在完全以小农经济为基础的传统社会中是不存在的，它是农村工商业初步发展后的产物”②。原因在于，农民私人生活的决策较为直接地依赖社会关系，日常生活互动和特殊事件的互动，共同构成了农民自身的社会关系网络。特殊事件主要有遇到急事、急需用钱、托人介绍工作、办理红白事、化解家庭纠纷等，血缘和地缘关系是农民主要依赖的社会关系，较少考虑业缘关系，村民的健康状况、受教育程度、经济状况和从事非农业工作均对社会关系有显著影响，年龄、社会身份和婚姻状况对社会关系的影响不显著③。

在相对稳定的亲属关系结构中，阎云翔发现亲属关系随着不同的事件、情境、时代背景进行了不同的划分，说明亲属关系也具有实践性的一面。阎云翔在对生产队时期葬礼参与的分析中发现：一是国家对亲属关系实践重塑显然已经取得一定成效，以至于村民在决定是否要举行一场合乎传统的葬礼的时候不得不考虑很多因素；二是村民不得不对他们的仪式实践进行改动，比如缩短葬礼的时间以及简化仪式程序；三是尽管吊孝者作为一个临时性集体而参与了传统葬礼的行动，每一个人在这一过程之前和进行中，不得不决定是否要在社会上、政治上和情感意义上对这一事件作出何种回应。亲属关系在仪式中相当有弹性，“个体行动

①赵旭东、张洁：《“差序”秩序的再生产——围绕皖南一村落丧葬仪式的时空过程而展开》，《民俗研究》2019年第3期，第124–135页。

②郭于华：《死的困扰与生的执着：中国民间丧葬仪礼与传统生死观》，中国人民大学出版社1992年版，第55页。

③白描、苑鹏：《农民社会关系的现状及影响因素分析》，《中国农村观察》2014年第1期。

者根据更大的范围的社会变化对这套关系加以变通和利用”，所以“个体的能动性同诸如国家政策和社会变迁这样的外在因素同样重要”[①]。当代乡村的传统葬礼实际上是参与者和多种主体合谋的产物。死者的遗愿、生者的履约心态，再加上亲戚领里及长辈们的督促，让“孝子”难以拒绝，新式葬礼难以实施，其原因在于它忤逆了乡村社会中多数人的信仰与情感。乡村丧礼对于乡土社会的意义，主要是作为一种仪式化的沟通渠道与联结手段，促进了乡村社会的整合与团结：定纷，并进而止争[②]。

在葬礼参与转变的研究中，产生了对目前葬礼中关系-伦理的反思。一类是从结构层面比较不同时期葬礼参与的关系结构，认可关系-伦理的延续性，主要集中在对亲属关系的研究中。另一类是从伦理层面进行反思，认为伦理本位的基本精神在葬礼参与中丧失，改变了葬礼参与的关系性质。仪式伦理在当代葬礼参与研究中则争议较大，不仅在于其缺乏类似丧服制度这样明确的界定，而且在于当代社会变迁过程中，仪式伦理以及人情关系的性质发生转变。仪式性人情和社会秩序的关系在于，仪式性人情是镶嵌在血缘关系所组织的社会秩序中的，人情的背后是道德伦理规范及其秩序状态，而人情也在不断表达和再造着这种规范和秩序[③]。生命礼仪本身包含着参与者的人情循环，农民通常综合衡量三个变量后决定是否人为地终止与亲属的人情关系：亲疏程度、对方潜在的支持力量、人情付出的多少。并且考虑的原则包括集体性原则和不可逾越

①阎云翔：《中国社会的个体化》，陆洋等译，上海译文出版社2016年版，第114–115页。

②喻中：《乡村丧礼的逻辑：一个法人类学的考察》，《比较法研究》2011年第4期，第132–143页。

③宋丽娜：《河南农村的仪式性人情及其村庄社会基础——深化理解村庄社会性质的新视域》，《民俗研究》2010年第2期，第248–259页。

原则。而人情循环本身具有矛盾性：一方面，其本初祝福的含义逐渐被异化，生命仪礼空有形式且负担沉重；另一方面，生命仪礼为农民提供了建构自己支持网络的机会[①]。有研究者认为，这种矛盾性不仅是仪式和社会变迁的结果，更是参与者仪式性人情的异化。林耀华在对近代农村葬礼的研究中已经发现：民间丧葬“相互竞争豪奢，礼仪形式虽存，而哀悼真情，则等于零”[②]。这种仪式性人情的异化，是当前乡村社会剧烈变迁时期发生的，一种名义与实质相分离的现象。仪式性人情异化的原因在于社会变迁，参与者对生活缺少长远预期，受经济利益、人际关系离散等因素的影响，缺少结构化的制约力量。仪式性人情的异化经历了两个阶段：第一阶段，先是有人发现自己在人情交往中总是吃亏，于是想办法找各种机会来实现人情的来往平衡。第二阶段，当人们发现可以通过在传统之外找机会实现人情的来往平衡时，有人便通过找同样的机会来实现财富聚敛[③]。

此外，葬礼的“礼”和“仪”有所区分，葬礼参与更多划入礼的范畴之中。礼的功能就是决定个体行为的尺度，《礼记·曲礼上》认为，礼的功能之一为“定亲疏，决嫌疑，别异同，明是非”。并且在一定程度之中才能称之为“礼”，儒家学说称之为“无过无不及而已”[④]。由此提出，

①黄玉琴：《礼物、生命仪礼和人情圈——以徐家村为例》，《社会学研究》2002年第4期，第88-101页。

②林耀华：《义序的宗族研究》，三联书店2000年版，第151页。

③陈柏峰：《农村仪式性人情的功能异化》，华中科技大学学报（社会科学版），2011年第1期，第106-113页。

④李安宅：《〈仪礼〉与〈礼记〉之社会学的研究》，上海人民出版社2005年版，第12页。

中国仪式研究中“礼”的内容是与西方仪式研究的主要差异①，葬礼本质上是“礼”的社会性实践，凸显了汉人葬礼的伦理之维。这种超越在葬礼的区隔化空间中最终实现，并通过伦理关系而得以表达和确认。在“礼”的表达与实践过程中，死者的伦理生命得以实现，家庭和社区秩序实现再生产②。

### 2.1.2 社会变迁说

社会变迁说从社会发展阶段特征的视角，讨论葬礼参与转变的原因和过程。一是在近代社会变迁的过程中，民间葬礼作为一种文化在近代社会变革中形成。民国时期的丧葬礼俗变革，从“亲亲尊尊”的等级制度转向民主科学精神，形成葬礼参与的“制度革命”和“身体革命”，葬礼自此“由身份性转向经济性”，“由礼制走向民俗”③。近代新经济解释体系和新的操办方式的形成，导致民众和上层人士在具体操办方式上产生差异。民众的操办方式依旧主要取决于家庭经济因素，而上层人士的操办方式则是个人家庭和国家利益共同作用的结果。近代中国虽然运用了政治手段推行新上层人士理性、经济的阐释方法，但由于家庭经济结构的存留甚至重新增强，这种阐释方式只能部分地获得民众认可，人们在行为上则犹豫不决。因此，民间文化就在最近几十年间得以形成，它无论是在具体操办方式还是在阐释上都不同于新上层人士的文化，和欧

①彭兆荣：《“礼”之体与“仪”之用——中国与世界的仪式人类学对话》，《云南民族大学学报（哲学社会科学版）》2013年第6期，第5-9页。

②李永萍：《仪式的“礼”化：一种社区秩序再生产机制——关中地区丧葬仪式的田野考察》，《西南大学学报（社会科学版）》2018年第6期，第179-188、192页。

③沈宏格：《社会变迁视角下的民国丧葬礼俗变革》，《江西社会科学》，2015年第10期，第123-130页。

洲最初的工业社会的情况相似，它是工业化进程延续的产物，并且表现出同现代化进程的对抗性而担当后者的恰恰是新上层人士[①]。李亦园认为，中国葬礼的冲突，源于参与者需要面临文化异质性问题。格尔茨分析爪哇社会葬礼的不协调，主要是“传统文化作用于异常社会”，另一类则是异质的（heterogeneous）与纯一的（homogeneous）社会不协调的表现。李亦园关注的东平村的冲突仅存于葬礼，而社会关系和互动的形式仍然是传统的。近代中国文化的变迁，可看作异质化了的文化与统一的社会互相作用的表现[②]。

二是近代国家和市场的形成和相关制度的完善，形成了国家、市场和传统仪式之间的关系调整。在这个过程中，“国家”与“基层社会”的关系为利益权衡关系，利益权衡的动态性决定了“国家”可以随时作出是否及多大程度介入“基层社会”的抉择，同时也决定了基层政权必然具有国家经济体制的特征。这样，我们方可解释为什么在国家基层政权架构前所未有地膨胀的20世纪90年代的孙村，民间权威反而在基层社会舞台扮演重要角色[③]。改革开放后，国家并未放弃对传统习俗的继续改造，而是通过国家法规的执行和自上而下的执行，继续推动葬礼变革。此时的变革，主要通过国家设定的话语，将火葬与文明、节俭、先进、科学相联系，传统的土葬与愚昧、浪费、落后、迷信相联系，从而推行殡葬改革。在这种“国家化”的过程中，由于将法律和民俗进行对立，

①罗梅君：《北京的生育、婚姻和丧葬：19世纪至当代的民间文化和上层文化》，王燕生、杨立、胡春春译，中华书局2001年版，第448页。

②李亦园：《宗教与神话》，广西师范大学出版社2004年版，第202-203页。

③吴重庆：《孙村的路——“国家—社会”关系格局中的民间权威》，《开放时代》2000年第11期，第4-20页。

从而加剧了殡葬改革的推进难度[①]。

改革开放后，市场对葬礼参与的影响显著。市场所代表的工具理性和葬礼所代表的价值理性发生了冲突，农村转型的过程中，市场力量要求土地和劳动力全部从村庄共同体中分离，纳入作为价格形成体系的市场。故农村转型的核心问题之一就是听任市场力量，还是保留村落共同体[②]。在仪式参与转变的过程中，首先，乡土社会中个体基本是按照男系血缘（父系家族）来决定自己和他人关系的远近和亲疏的，所谓差序格局的行为方式即是建立在这一基础上。其次，血缘社会与商业活动不相容。商业活动奉行的是“理性”原则，而血缘社会中奉行的是“人情”原则，两者是相抵触的，因此，血缘社会抑制商业活动的开展，而“理性”才是现代社会的特性[③]。

市场如何影响葬礼参与？一种说法认为，国家（无论是抽象的国家还是具体的国家代理人地方政府）、市场与社会的边界越来越明显。国家为了发展经济和稳定社会秩序，在基层群众不违反规则的前提下逐渐隐退于社会背后，而市场在社会中发挥的作用越来越重要[④]。在殡葬改革的过程中，国家力量进入民间葬礼，当强制性的殡葬改革压力减缓，市场力量进入，村庄形成了“花钱买土葬”这样的均衡状态。更深层的逻辑是，地方传统和现代化进程的角力减缓反而让村庄面临“秩序真空”，市

①郭星华、韩恒：《对一起丧葬事件的法社会学分析》，《学海》2003年第1期，第102-106页。

②毛丹：《村落共同体的当代命运：四个观察维度》，《社会学研究》2010年第1期，第1-33、243页。

③杨善华、侯红蕊：《血缘、姻缘、亲情与利益——现阶段中国农村社会中“差序格局”的“理性化”趋势》，《宁夏社会科学》1999年第6期，第51-58页。

④贺卫光：《裕固族地区祭鄂博仪式中参与者的行为逻辑分析》，《兰州大学学报（社会科学版）》2016年第4期，第68-73页。

场则以另外一种力量渗透于村庄葬礼之中。此时“经济理性和利益最大化原则”很可能主导仪式举办和参与行为，难以制约葬礼规模和经济支出[①]。另一种说法认为，市场和仪式价值并非对立关系，例如在市场经济发达的温州农村，其礼仪经济和生产性经济相互嵌入（the mutual imbrication）。如市场经济一样，对于参与者而言，礼仪经济也有真实的货币支出和劳工投入，与市场经济的不同之处在于。礼仪经济中鲜明的神圣和伦理维度大大淡化了后者的逐利逻辑。例如家庭企业，关于家庭认同、记忆和团结的礼仪表演的自我构建和维系与家庭企业的发展同样重要。仪式和宗教消费（包括对神的祭祀和转移或“浪费”此世的物质财富至神界）是普通百姓获得“自主存在的时刻”（sovereign moments）[②]。

三是改革开放后农村社会边界的变化。改革开放后，大量的村民尤其是农村劳动力流向城镇。葬礼参与的变化过程，从空间上看也是村落边界变化的过程。李培林认为，在对村落共同边界的研究中，存在五种能够识别的边界：社会边界、文化边界、行政边界、自然边界、经济边界。传统村落的五种边界重合度较高，也是农民的全部生活半径。随着村落的非农化、工业化等趋势，村落的边界发生分化，分化次序存在从边缘到核心、从经济边界到社会边界的开放次序。具体地说，“社会边界”是基于血缘、地缘的社会关系圈子；“文化边界”是基于共同价值体系的心理和社会认同；“行政边界”是基于国家或者自治的管理体系；“自然边界”基于土地归属权的地理范围；“经济边界”是基于经济活动

①董磊明、聂良波：《均衡与混乱的变奏——一项关于农村丧葬变迁的考察》，《华中科技大学学报（社会科学版）》2007年第4期，第119-124页。

②杨美慧：《“温州模式”中的礼仪经济》，何宏光译，《学海》2009年第3期，第21-32页。

和财产、权利的网络和疆域[1]。这时的乡村是费孝通所说的“熟人社会”，在“熟人社会”里，血缘和地缘合一，其自然地理的边界和社会生活的边界都是清晰的，也是重叠的，属于封闭的社会空间。“熟人社会”的结构是“差序格局”，行事注重亲情和礼俗规约，但讲究亲疏远近有别。青壮年大量离土离乡后的农村社区称为“无主体熟人社会”，是因为青壮年是农村社区里最为活跃的成员，是家庭的顶梁柱，是社区公共事务的参与者以及利益冲突的当事人。经历了新文化运动的冲击之后，年长村民的传统权威式微，青壮年日渐成为农村社会生活的主体。大量青壮年在农村社区的长期不“在场”，构成了农村社会主体的失陷[2]。村民的社会交往体现为“从封闭式交往向开放性、从依赖性交往向自主性交往转变、从单一化交往向多样化交往转变”，这种转变带有乡村社会的独特性，族内交往向族外交往、农业领域交往向非农领域交往、农村社会交往向农村社区外交往的拓展和延伸[3]。

也有学者认为，乡村的闭合和开放性一直是并存的，只是存在程度上的差异。乡村社会生活的同质性造就了一种自我的闭合，而乡村社会生活的异质性则造就了另外一种开放性。边界就是一种区分，它使边界的内部和边界的外部之间有了一种分野，并同时造就出了一种可以使边界内部的事物闭合起来的契机。社会边界往往就是一种模棱两可的地方，可以有渗透和泄漏的孔道。因此社会空间从来就不可能完全是密封的，存在与界外之人、事、物的频繁交流与沟通，差别仅仅是在于这种交流和沟通的范围和强度。村庄的边界不仅是地理意义的，许多村庄对死亡

①李培林：《村落的终结》，商务印书馆2004年版，第39-40页。

②吴重庆：《从熟人社会到“无主体熟人社会”》，《党政干部参考》2011年第2期，第25-26页。

③刘祖云：《社会转型解读》，武汉大学出版社2005年版，第332-334页。

和埋葬地点划定的村庄边界，说明村庄边界不是通过设置专门的界碑来标示出边界，而是通过社会的意义区分来划定出边界①。

葬礼参与转变和社会变迁的关系不可分割，随着对仪式和文化研究的深入，许多学者注意到葬礼参与转变所代表的文化变迁和社会变迁不同步，无论是奥格本所说的“文化滞后”，还是格尔茨所说的文化结构和社会结构的紧张，均建立在对文化和社会加以区分的基础上。在中国葬礼参与转变的研究中，文化变迁和社会变迁的关系成为不同观点产生差异的基础。

### 2.1.3 个体行动说

研究者们在对葬礼个案分析的过程中注意到，个体不仅是葬礼文化和社会变迁的接受者，而且个体的葬礼参与具有能动性和差异性，从微观的层面影响了葬礼参与转变。对葬礼参与的微观研究，采取的分析方式是在认可葬礼和个体参与行为差异性的基础上，将葬礼研究和个体的葬礼参与划分为不同的研究主题。针对个体的葬礼参与行为，主要有如下的几种观点：

葬礼参与不仅是个人行为的集合，而且是作为群体成员的行为集合。如果说仪式中礼教促成仪式的统一性，礼教本身就是社会的产物，不是精英所在机构能够包办的，必然会存在种族和地域上的隔膜，缺乏放诸四海而皆准的制度。以民族为例，礼仪制度的标准是以本族礼教为标准，“合者为是，不合者为非，为外道，为异端”，因而个体行动不仅存在互动，而且存在制约，触犯禁忌是集合责任（collective responsibility），不

①赵旭东：《闭合性与开放性的循环发展——一种理解乡土中国及其转变的理论解释框架》，《开放时代》2011年第12期，第99-112页。

是个人责任（individual responsibility）[①]。葬礼的形成基础是人与人之间的互动，从而形成一定的习惯和制度。李安宅认为，中国的“礼”字就包含了“仪式”“制度”这些概念，大至文化小至礼节。礼的制度形成过程在社会学的研究中，起源于萨姆纳所说的“一切民风都起源于人群应付生活条件的努力”。某种应付方法显得有效即被大伙所自然无意识地采用着，变成群众现象，那就是变成民风。等到民风得到群众的自觉，以为那是有关全体之福利的时候，它就变成民仪。直到民仪这东西再被加上具体的结构或间架，它就变成制度[②]。

对于个体而言，参与葬礼既是个人的精神需求，而且具备建立认同感的作用：增强家族凝聚力，构建社会秩序，增强族群认同感[③]。在这个层面上，葬礼参与可以称之为信仰实践，正是透过长期积累形成的感觉结构，人们彼此相似并达到对日常生活现象的相似理解，对疾病、遭遇做出同一性的解释，进而在共同的恐惧与危机感受中紧紧凝聚起来共同行动，成为仪式对村落发挥整合功能的前提[④]。个人在移民的过程中遭遇的跨文化困境，能够通过葬礼参与重构社区文化，形成新的凝聚力量。例如生活在同一地区的不同民族存在互斥的葬礼参与传统，通过相互之间参加葬礼的吃席、赠礼等环节，增加了共同生活经验，产生超越民族差异的更大范围的文化认同，形成“跨文化的共生”。同时，不同丧葬文

①李安宅：《〈仪礼〉与〈礼记〉之社会学的研究》，上海人民出版社2005年版，第4页。

②李安宅：《〈仪礼〉与〈礼记〉之社会学的研究》，上海人民出版社2005年版，第3页。

③建红英：《仪式符号与文化功能——豫西地区西水头村建氏族丧葬礼仪个案的考察》，《求索》2011年版第3期，第66-68页。

④台文泽：《地方感、民间信仰与村落整合——西汉水流域“犯丧”信仰的人类学研究》，《中国农业大学学报（社会科学版）》2016年第1期，第77-82页。

化的接触产生了对自身文化的反思和移风易俗的倾向①。在不断变动的农村社会中，稳定的葬礼参与则成为个人的精神寄托。例如当代湖南湘乡的葬礼将多元的礼俗传统融合于生活实践，通过不同的仪式行动建构礼俗秩序。在现代社会中以葬礼传统的程序化和集体参与解决现代“个人”因无结构而产生的焦虑，并为群体和社会提供团结一致的核心精神与行为规则②。

关注个体行动的研究者更为关注个体在葬礼参与过程中的能动性。个体在葬礼参与中行为与观念的变化在于，在整个社会变迁的大背景下，人们在生活世界中建构的事实、参与仪式的行动者之间的关系及其所建构的规范状态，展现出传统仪式在这种变化的背景下如何立足。参与者的能动性同样在葬礼的环节中得以体现，例如葬礼中“找中线”的环节，不仅具有位置意义，即“祖先”在民间宗教的宇宙观中的位置，而且具有注释意义，即葬礼参与者的解释。参与者作为活着的人，必须适应死亡引起的原有人际关系的失衡，重新调整各自的位置与角色，以求建立新的稳定与平衡③。村庄仪式没有在现代化的过程中彻底消亡，而是在现代社会变迁之中重新获得了生存和发展的机会，逐步参与到村落的日常活动中，正是在于仪式完成了在面对社会变迁和国家力量时，参与者由被动调节到主动适应的过程④。个体在葬礼参与中的能动性，从葬礼参与

①高小岩、全美英：《超越回汉关系的“熟人社会”——以张家川的汉族葬礼为例》，《西北师范大学学报（社会科学版）》2011年第6期，第42-46页。

②龙晓添：《当代民间礼俗秩序与日常生活——以湖南湘乡丧礼为例》，《文化遗产》2018年第4期，第96-104页。

③肖坤冰、彭兆荣：《汉民族丧葬仪式中对“运”平衡观念的处理——对川中地区丧葬仪式中“找中线”环节的分析》，《民俗研究》2009年第1期，第179-189页。

④贺卫光：《裕固族地区祭鄂博仪式中参与者的行为逻辑分析》，《兰州大学学报（社会科学版）》2016年第4期，第68-73页。

范围调整中可见一斑。葬礼参与中村庄血缘关系的衰减，发展出亲戚、关系户、乡朋的社群组织。这种组织是在小世系群内部和整个村落世系群基础之上，由家庭和个体通过仪式和日常生活中的交往发展出来的，通过仪式中的礼物与劳务的分享、债务关系而形成的人群结合方式[①]。说明所谓农民的"原子化"是一种推测性概念，而不是合作广泛存在于农民的生产、生活和社会交往之中，即使在农民分户经营之后，也存在相互之间的合作，合作的进行"主要依靠行动者之间利益默契和长期形成的乡情信赖而产生"[②]。

在葬礼参与的变迁中，由于文化身份认同的可变性、可选性与多元性，文化因此就失去了类似"抽屉体系"般的固定归属性，而具备了运动性与杂交性。因此，学界对作为"全部生活方式"的文化的认知影响了对葬礼的认知。当代研究者对文化内涵形成的共识在于：一是修正了对高等文化和大众文化的区分，二是注重精神、物质、符号的文化实践融合，三是通过行为者的经验将历史与现实连接在一起，四是提出文化实践的过程性和灵活性[③]。个体的能动性在移民过程中更为突出，形成"困境-重构-例行化"的演变路径。移民所面临的政策性人口流动与村民面临的发展性人口流动，成为传统风俗变迁的根源。新风俗诞生并发展于行动困境和主观能动性，反映了个体行动者的文化创造力和实践水

①董敬畏：《关中地区丧葬中互惠共同体——以临潼区S村丧葬仪式为例》，《青海民族研究》2008年第3期，第83-89页。

②徐勇：《如何认识当今的农民、农民合作与农民组织》，《华中师范大学学报（人文社会科学版）》2007年第1期，第1-3页。

③包汉毅：《文化变迁——卡舒巴城市文化思想评述》，《民俗研究》2017年第4期，第43-49页。

平，体现了文化变迁与社会变迁的紧密联系[①]。随着群体迁移的发生，葬礼变迁产生了随着迁移群体形成的空间转移。这样的文化群体共享同一传统葬礼，当他们进入一个全新的环境后，仪式的功能可能产生功能的转化，例如客家人迁移至马来西亚后，葬礼中的由“做花灯”转变为“打斋”，在精神需求之外，增加了参与者“对于族群认同的集体潜意识表达，以及对于文化认同、历史遭遇、现实处境的隐喻和调试”[②]。个体在葬礼参与的过程中，既遵守规则又改变规则，在葬礼中既是对观念和规范的实践，也体现为参与行为的变通。

由此可见，葬礼参与中的个体行动与仪式本身形成了不同的研究路径。土家族山寨双凤村的一个充满了种种冲突的葬礼，则凸显了文化以及社会内部的矛盾因素，是造成社区生活冲突的、更为内在也更为重要的因素。仪式的举行还表明了遵守传统规则的必要性，而作为一种实践活动，遵守规则还意味着制定规则以及改变规则[③]。从文化意义框架和社会互动模式之间的不和谐来解释社会生活中的诸多矛盾和冲突的做法，无疑是极具启示性的。如果仅仅将社会生活中的矛盾根源就归结于此，那就有可能忽视文化与社会自身内部的矛盾的存在。在看到文化与社会之间可能存在的不调和的矛盾的基础上，还应看到文化结构和社会结构并非铁板一块，特定的文化除了整合的机制还有对抗的机制[④]。

---

①张大维、安真真、吴渊：《移民搬迁中传统风俗的重塑及其例行化——三峡库区GZ镇丧葬仪式个案研究》，《中州学刊》2012年第5期，第98-102页。

②冷剑波：《从“做香花”到“打斋”——马来西亚居銮客家丧葬法事功能探析》2018年第5期，第147-156页。

③马翀炜：《何以“当大事”——双凤村丧葬个案的人类学分析》，《广西民族研究》2005年第4期，第57-63页。

④马翀炜：《何以“当大事”——双凤村丧葬个案的人类学分析》，《广西民族研究》，2005年第4期，第57-63页。

此外，出于对葬礼参与中个体的关注，出现了一些有别于经典仪式理论和社会理论的研究范式。从身体社会学的角度来看，葬礼的参与从本质上而言，就是身体的参与，仪式开始于“对亡者身体的处理”，在各种身体参与得以完成，包括丧礼筵席、礼物交换、仪式表演等，切实的身体感受与创造，展现了具体而鲜活的知识传统与文化建构。身体不再被视为抽象话语的载体，而是重新恢复了其丰富的各种感觉和肉体性，是能动的创造与实践主体①。共同体成员经常性地面对面互动，以身体在场为前提，因此身体性是共同体属性的一个重要层面；共同体生活的形成和呈现需以身体感知为基础，共同体的属性和规则也反映在了身体的意义和活动中。当代社会的共同体出现了衰变的趋势，其中一个明显的征候就是“祛身化”。物品对社会生活的嵌入导致了身体间的隔离以及身体感知的钝化，而抽象系统的扩张则加剧了身体的隔离和流动，这两方面均导致了共同体纽带的松动，共同体生活也变得抽象而单一②。

## 2.2 研究评述与本研究设想

现有的葬礼参与研究通常是作为仪式研究或者社会研究的一部分，因此葬礼参与形式转变更多表现为对仪式结构和社会结构的调整和适应。微观层面的葬礼参与研究更为关注个体之间的关系和互动，强调个体的能动性。从研究视角的差异而言，一些研究微观层面问题的学者，拒绝承认有社会结构这种东西存在，认为社会学家应该关注社会关系和人际

①龙晓添、萧放：《“热闹”的白喜事：复合的仪式过渡与身体表述》，《云南民族大学学报（哲学社会科学版）》2017年第1期，第21-29页。

②黄剑：《身本性与祛身化：一种关于共同体衰变机制的分析》，《民俗研究》2018年第1期，第25-33、153页。

互动，这些微观活动才是社会秩序的起源。另一些研究社会结构的社会学家则坚信，尽管我们可能看不见这些结构，但它们是真实存在的，且可以通过其他方式间接加以观察[①]。当分析视角转向对事物过程的分析时，微观活动和社会结构分析缺一不可。

中国葬礼的参与形式转变研究正是对事物变化过程的分析，根据分析的侧重点不同，形成了三种主要解释：一是通过中国社会文化结构的讨论理解葬礼参与形式转变；二是通过对中国社会变迁的不同阶段，分析葬礼参与形式转变的社会因素；三是从微观视角关注葬礼参与中的个体变化和个体能动性，葬礼参与中“人”的研究越来越突出。整体而言，改革开放之后的葬礼参与形式转变引起了研究者的关注，研究者由于研究视角、田野调查地点以及个人经验的差异，形成了对葬礼参与形式转变的不同理解。现有的对葬礼参与形式转变的解释归根结底没有超出对葬礼现状的解释和对社会变迁的解释。在这样的解释视角中，葬礼参与形式转变要么等同于葬礼现状，要么被等同于社会变迁。这样的解释方式建立在葬礼参与和葬礼或者社会整合的基础上，只能代表结构功能主义对葬礼参与形式转变的解释，以格尔茨为代表的学者则认为在社会发生剧烈变化时，参与者并不能完全按照葬礼的规定行事，甚至不断遭遇文化意义框架和互动模式的差异带来的困境。改革开放后是中国社会发生剧烈变化的时期，尤其对于农村而言，变化涉及文化、经济、政治的各个方面。接下来，由于转变过程主要通过参与者的行为和观念得以体现，所以对个体行动的分析逐渐增多。葬礼参与是个人在农村变动中的精神寄托，也是个人适应社会生活的途径。个体并不是葬礼参与形式转变的分析单元，而是处于葬礼文化和社会变迁互动之中的行动者，葬礼

---

①安东尼·吉登斯、菲利普·萨顿：《社会学基本概念》，王修晓译，北京大学出版社2019年版，第205页。

参与总是在一定范围内形成规律，葬礼参与的规律体现在葬礼参与范围和次序的规定、参与方式的规定之中。因此，对参与者的关注仍然需要将其放置一定的社区范围或群体之中，一方面能够从葬礼参与中对参与范围和次序、参与机制进行归纳；另一方面认可参与者的能动性，由于葬礼参与实践具有一定的调整空间，参与者既可能按照葬礼参与标准行动，也会对葬礼参与标准进行变通。

那么，本书对葬礼参与形式转变的分析，既需要厘清葬礼、葬礼参与和农村社会之间的关系，而且要避免将葬礼参与局限在对参与者的分析中。葬礼是与死亡和埋葬相关的仪式。人类举办葬礼的意义，既意味着生命的结束，也意味着生命的重生。首先，葬礼作为生命仪式有“转换”的意义。葬礼和其他的仪式，例如出生、结婚，都属于生命仪式（ritual of life cycle），或者说是在生命危急时刻的仪式，特纳（Victor Turner）将其称之为生命危机仪式（life crisis of rites），这些生命危机仪式是人一生中重要的“转换时刻”[①]。其次，葬礼是关系重组的过程。生命危机仪式中，“不同位置上的关系以及这些位置上的人之间的关系会被重组”，并且这种重组十分彻底[②]。为了描述生命仪式的这种特征，仪式研究中将其统称为“通过仪式”（rites of passage），体现了生命仪式从一种状态到达另一种状态的转换过程。葬礼的转换过程意味着，人类社会的死亡不是瞬间完成的行为，死亡不只是心跳、呼吸停止的瞬间，人的死亡是一个过程，人们在葬礼的转换过程中塑造死亡的意义。在葬礼中，对于死者而言，葬礼是一个具体的个体从亡者转换成祖先的过程；对于

①维克多·特纳：《仪式过程：结构与反结构》，黄剑波、柳博赟译，中国人民大学出版社2006年版，第170页。

②维克多·特纳：《仪式过程：结构与反结构》，黄剑波、柳博赟译，中国人民大学出版社2006年版，第177页。

参与其中的个人而言，通过葬礼调整自己在社区生活中的位置，参加葬礼时个人暂时脱离平时的生产生活，结束葬礼时，个人重建人际关系，恢复生产生活[①]。因此，葬礼中的死亡不仅是结束，而且是另一个开始，死亡的意义在转换的过程中得以塑造。以上是对葬礼象征意义的总体概括。在中国传统的儒家社会中，葬礼通过对世俗生活的约束，从而维护地方社会的秩序，成为从思想和行为上约束个人的礼法制度。儒家学说以“慎终追远”作为葬礼的核心内容，通过葬礼形成国家到民间的思想观念、意识形态、社会体制的同一和合一[②]。此时的葬礼产生于个人对死亡意义的原始追寻，逐渐成为家族制度的政治经济学，呈现了社区的社会再生产机制，映射了地方民众的人格建构和宇宙观想象，更是王朝典章制度的治理手段[③]。近代之后，中国葬礼的礼法性质弱化，葬礼更多作为礼俗，约束个人形成，维护社区和集体的秩序。本书中的农村葬礼，主要是指安顿死者的过程，在土葬中包括从停灵、吊唁到下葬的过程，其中“头七”到“三周年”的仪式也包括在内。在目前的农村葬礼中，“三周年”仪式的结束代表整个葬礼正式结束，“三周年”之后则是将死者作为祖先祭祀的过程。本书中农村葬礼的社会意义在于：①葬礼是群体观念和实践行为的积累；②葬礼划定了社会边界，尤其是村庄和家族的边界；③葬礼能够约束个人的行为，并对破坏秩序的个人和家庭进行惩罚；④葬礼体现了主办家庭的经济收入、社会地位和人际关系。

---

①罗伯特·赫尔兹：《死亡与右手》，吴凤玲译，上海人民出版社2011年版，第35、38页。

②李泽厚：《〈论语〉今读》，生活·读书·新知三联书店2004年版，第36页。

③张佩国：《汉人的丧葬仪式：基于民族志文本的评述》，《民俗研究》2010年第2期，第76–94页。

近些年，学者开始关注葬礼参与研究和葬礼研究的差异，葬礼文化塑造了葬礼参与行为，葬礼参与同样在塑造葬礼文化。华琛认为，参与者对葬礼转换能力的期待，是葬礼不断重复的动力，由于民族、区域文化差异较大，对死亡的观念和信仰存在差异，明清时期中央要求的中国葬礼的统一结构，在民国之后就失去了约束力[①]。于是，近代之后的葬礼参与研究更为关注参与者的实践，人们在举办和参与葬礼时，面对复杂的葬礼流程，专注于在行为上遵循葬礼传统，注重的是“如何去做”[②]。葬礼参与和葬礼的研究内容有所区别，例如对葬礼参与的角色分析，萨宾（Theodore R. Sarbin）将葬礼参与划分为“传统性仪式参与”，对应的角色是“婚丧仪式中参与的亲友”[③]。在葬礼中，个人的参与行为限定在葬礼的规则中。同时，对于个人来说，葬礼参与不仅需要考虑仪式的规则和禁忌，而且需要考虑自身的经济情况、人际关系、目的等。本书中的葬礼参与，是指个人融入葬礼的过程，个人通过悼念、送礼、主事等方式，成为葬礼中的一员。葬礼参与的要点包括：①广义上的葬礼参与者，包括所有融入葬礼的个人。由于参与者彼此之间存在关联，所以参与者不排除葬礼主办者、村干部、风水先生等。②葬礼参与的范围和层次。哪些人必须参与葬礼，哪些人不能参与葬礼，葬礼参与者的次序如

①华琛：《中国丧葬仪式的结构——基本形态、仪式次序、动作的首要性》，《历史人类学学刊》2003年第2期，第98-114页。

②郭于华：《死的困扰与生的执着：中国民间丧葬仪礼与传统生死观》，中国人民大学出版社1992年版，第48页。

③ 萨宾的角色参与分类共有7个等级，第一等级的参与程度为“0”，例如街上的行人、电影院观众，第七等级参与程度最高，是“精神与外物合一的参与”，例如神灵附体的道士。“传统仪式性参与”为第三等级，属于参与程度中等偏下的类型。引自Sarbin T. R.，“Schizophrenic Thinking：A Role-Theoretical Analysis，” *Journal of Rersonality*，No. 2（1969）.

何排列。③葬礼参与程度。包括葬礼参与的规模，以及个人在葬礼参与中投入的时间、精力等。④葬礼参与的评价标准。葬礼参与依照怎样的标准进行，这些标准产生了何种对参与者的评价。

总而言之，本书明确地以葬礼参与形式作为分析对象，所关注的葬礼参与形式转变不仅是作为结果，更多的是作为过程，是社会行动者对自身及所处社会情境的持续反思。对于当代农村葬礼参与而言，农村转型中的人口流动、产业转型等特征，促使参与者不断反思葬礼参与和生产生活之间的关系，这种反思和调整是有序的，存在一定的转变规律。那么，由于不同地区的葬礼参与形式存在特定的历史地理背景之中，并且改革开放之后农村转型走上了不同的道路，葬礼参与的社会基础发生了变化，那么在以特定村庄作为分析个案的时候，需要将区域特征和农村转型过程考虑在内。因此，本书试图在已有研究的基础上，推进对葬礼参与形式转变的讨论，已有研究已经对葬礼参与的关系-伦理、社会变迁和个体转变有所涉及，但是缺少对葬礼参与形式转变的综合分析。本书试图以综合的视角，将葬礼参与的文化传统、社会变迁和个体转变之间的互动作为基本分析框架，通过对两个村庄参与形式的不同变化进行比较，讨论当代农村葬礼参与的转变过程。

# 第3章 关中、陕南田野点概况

## 3.1 关中、陕南调研村庄概况

本书所选取的村庄均处于陕西省境内。陕西省位于我国西北地区的东部，属于暖温带区域。自元代起，陕北、关中、陕南构成基本陕西高层政区建置。陕北、关中、陕南三个区域历史地理差异较大。从地理分区而言，陕西省内由南北地理分界线秦岭-淮河线分割，岭北有黄河水系支流，岭南主要为长江水系支流，从而将整个陕西分成地形地貌特征、水文土壤条件富有差异的陕南山地、关中平原和陕北高原三个部分（图3-1）[①]。"关中"的范围是"东函谷、南武关、西散关、北萧关"，四关之间。按照这种定位方式，商洛地区大部分（武关以北，商南县除外）应该属于关中。但由于秦岭横亘，与关中地区之间的往来有隔阂，对关中文化的认同较弱，陕南商洛地区称关中平原地区为"山外""关中道"[②]。按照地理边界和地域认同划分，商洛属于陕南地区。从文化分区而言，关中为陕西政治、经济、文化中心，是陕西正统文化发源地。北部的陕北地区为高原，受边疆文化影响。陕南和关中地区因秦岭相隔，主要为山区，陕南西部受四川文化影响，陕南东北受湖北、安徽文化影

①刘俊凤：《民国关中社会生活研究》，人民出版社2011年版，第14页。

②孟万春：《商洛方言语音研究》，中国社会科学出版社2010年版，第247页。

响。在政区整合的过程中，陕西内部文化表征从差异极大到清代以后逐渐趋同，与周围的三晋、巴蜀、陇东文化已有明显的差异①。

本书在关中、陕南地区各选取了一个村庄作为田野调查地点：一个是赵家台村，位于关中平原，属于岭北的黄河水系。另一个是王家庄村，位于陕南山地，属于岭南的长江水系。关中赵家台村处于传统文化深厚的周原地区，村民以种植小麦、玉米为主要收入来源，至今仍然是农业村，大量村民向城镇流动以拓展收入来源。陕南王家庄村位于三省（陕西省、河南省、湖北省）交界地带，移民较多。村庄性质从小麦、水稻种植为主的农业村庄，转变为混合经济村庄，村民多在本地务工就业，或成为个体户以增加收入。

两个村庄存在一定的相似之处。改革开放前，它们都是典型意义上的农业村庄，以农业生产作为主要收入来源。自然村为生产生活的基本单位，生产队时期称自然村为“生产小队”，如今改称“村民小组”。最初自然村的边界整齐而清晰，随着宅基地和耕地变更，一些自然村的土地延伸至邻村、宅基地分散的情况较为常见，许多村民小组在居住分布上已经产生了混居的形态。然而，自然村仍然划定了人际关系层次，形成亲属和自然村邻居为核心的人际关系网络，这也是村庄葬礼的参与范围。

赵家台村和王家庄村的概况比较如下（表3-1）：改革开放前，这两个村庄均是农业村庄，赵家台村是地处黄河支流渭河的关中平原腹地，以种植小麦、玉米为主，目前村民多外出务工就业。王家庄村地处长江支流丹江流域的山谷平原，以种植小麦、水稻、玉米为主，目前常住村民居多，村民就近选择非农产业作为收入来源。

①张晓虹：《陕西文化区划及其机制分析》，《人文地理》2000年第3期。

**表 3-1 关中、陕南村庄概况**

| 村庄名称 | 赵家台 | 王家庄 |
| --- | --- | --- |
| 定居时期 | 明清 | |
| 地域 | 陕西省关中地区 | 陕西省陕南地区 |
| 地理形态 | 关中腹地 | 丹江通道 |
| 地理区位 | 黄河流域,平原 | 长江流域,山区 |
| 粮食作物 | 小麦、玉米 | 小麦、水稻、玉米 |
| 方言 | 中原官话 | 南北融合、东西过渡 |
| 文化认同 | 核心文化 | 移民文化 |
| 村庄经济 | 农业 | 混合 |
| 交通区位 | 省道(关中环线) | 312国道 |

### 3.1.1 关中赵家台村

1987年，赵家台发掘了西周遗址，随后发现两处西周墓葬群。遗址和墓葬群的发现，对西周历史文化的考证意义重大，赵家台遗址逐渐有了名气。在村庄合并的过程中，“赵家台村”代替了原有名称。2016年后，赵家台村管辖的自然村增多。2018年，赵家台村下辖6个村民小组（自然村），居民约510户，户籍人口约为2100人，常住人口不足五分之一。人均耕地1.8亩，土地种植多为小麦和玉米。[①]由于一直是农业村庄，出于耕地保护的原因，村集体土地的性质没有发生改变。

以农为本的观念限制了村庄产业转型，例如改革开放初期经历了一次失败的集体经济实验（创办纺织厂），村民集资投入后没有收回成本，此后再没有人带头搞集体经济。赵家台村内恢复了农业生产，土地有限、农业收益难以提升，村民只能走出村庄寻求赚钱机会，花在耕地上的时间和精力越来越少。村庄原有的精耕细作模式不复存在，以采用化肥、

① 数据来源：第二次全国村民普查村委会、居委会登记表，2016年。

农药和机械耕种高效农业生产成为主流。

村庄最初根据姓氏和房支自然形成聚居区，宅基地四周是村庄平坦的农地。从聚居方式上来看，村民住房以东西为“街道”①，房屋为南北朝向，形成整齐而有序的居住分布（图3-1）。村庄原本的活动中心是戏台和打麦场，这两个地方连在一起，一个是村民集会的核心区，一个是村民劳动的核心区，成为村庄主要的公共空间。随着戏剧的没落、村集体权力的分散，戏台的主体衰败且不再修理。近些年，村庄的农业种植也走上了现代化道路，机械收割代替了人工，打麦场也随之荒废。作为一整块平坦的土地，打麦场甚至被种上了庄稼（图3-2）。

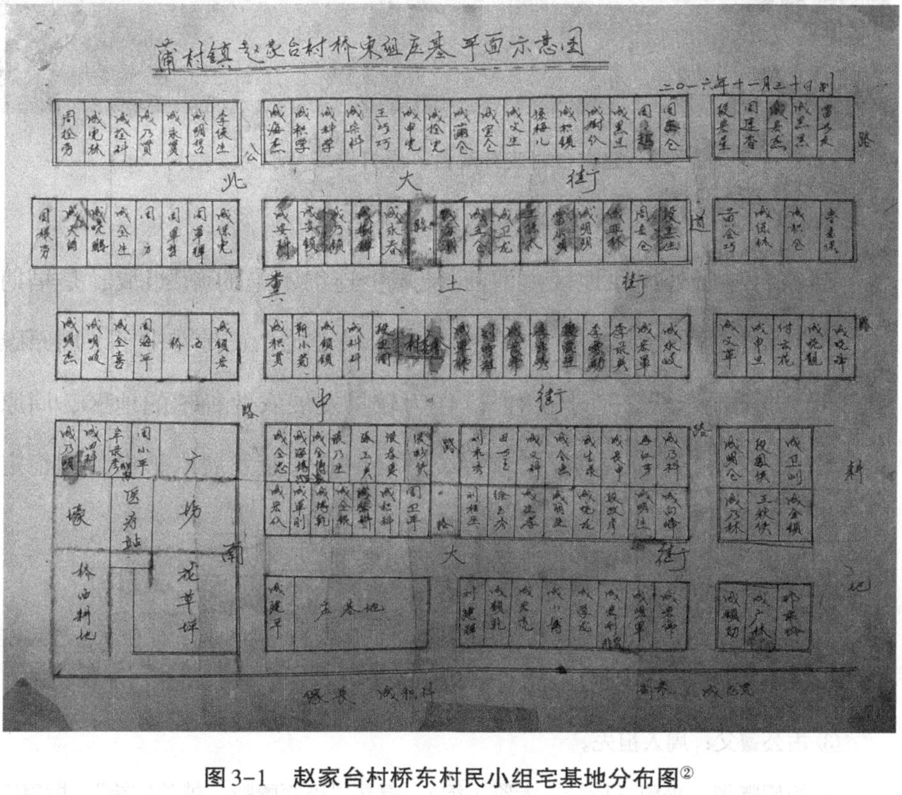

图3-1　赵家台村桥东村民小组宅基地分布图②

① 街道：指房屋之间的道路。

② 图片来源：赵家台村委会。

图3-2　赵家台村废弃戏台、原打麦场（现为麦地）

1. 关中平原的文化核心区

赵家台村所处周原地区由渭河[①]流域上连绵不绝的塬[②]组成，是早期人类的生活栖息地。周人祖先古公亶父[③]定居于此，正是看中了“周原膴膴”[④]，即土地肥沃，适于耕种[⑤]。作为较早发展农业种植的地区，周原地区以粮食种植为主，具有农耕传统。早期的农业发展水平保证和稳定

① 渭河：黄河最大的支流。

② 塬：我国西北黄土高原地区因流水冲刷而形成的一种地貌，呈台状，四周陡峭，顶上平坦。

③ 古公亶父：周人祖先。

④ 周原膴膴：来源《诗经·大雅·绵》，原文“周原膴膴，堇荼如饴”，指周原地区土地肥沃。

⑤史念海、萧正洪、王双怀等：《陕西通史（第12卷：历史地理卷）》，陕西师范大学出版社1998年版，第12页。

了粮食来源，成为人口增长和聚集的基础，产生了早期社会雏形。因此，周原地区是周文化的发源地，也是陕西文化的源头，陕西饮食、建筑、方言、民俗、戏曲等均来源于此地。周人在周原地区奠定了礼的儒家社会基础，形成了政治权力和血亲道德双重制约的宗法制，规定了婚丧等礼仪的严格等级[①]。这些礼仪在《周礼》中有详尽记载。

赵家台村正是一个典型的儒家文化村庄。儒家文化在村庄社会具有主导权，体现为恪守婚丧礼仪，认同血亲道德，以及崇敬权威。同时，自耕农为主的农业生产方式奠定了关中农村的社会结构基础，造成人们“竞争意识淡漠”且“身份意识强烈”，从而缺乏积累、创业和竞争意识，更为强化了自然经济，“抑制了交换和市场机制的发展”[②]。

改革开放后农业村庄的优势不再。过去，赵家台村土地肥沃、粮食充足，甚至吸引了周边省份的流民通过缔结婚姻定居在赵家台村，村民也缺乏离开村庄的动力。随着市场经济的发展，农业生产效益低，粮食的收购价格也受到限制，村民想方设法提升经济收入。交通网络的成熟为村民离开村庄提供了便利，1996年G30连霍高速西（安）宝（鸡）段正式通车，村庄到省会西安的交通时长缩短为2小时。2006年省级公路关中环线全线贯通，以西安为中心，环绕关中经济腹地。[③]关中环线主干道直接穿过赵家台村，形成了由村到县，由县到市，再到全国的交通网络。

---

①张岱年、方克立：《中国文化概论》，北京师范大学出版社2003年版，第63页。

②秦晖、金雁：《田园诗与狂想曲：关于模式与前近代社会的再认识》，语文出版社2010年版，第66页。

③ 陕西省地方志编纂委员会：《陕西省志·公路志》，方志出版社2014年版，第97页、230页。

2. 祖先传说和松散的家族

赵家台村的家族主要为周、成两个大家族，占村庄人口的三分之二。这两个姓氏的祖先是姻亲关系，通过“换亲”结成一家，即周家的男性娶了成家的女性，同时成家的男性娶了周家的女性，从此两家分别有周氏、成氏祠堂，但祭祀共同的祖先，周家人称“周家公公，成家婆婆”，成家人称“成家公公，周家婆婆”。因姓氏不同，这两个家族并未合并成一个大家族。赵家台村最大的家族活动是葬礼和祭祀，除了春节祭祖，其他家族活动均以“门子”[①]为单位。从五服亲属的送葬，到死者成为祖先进入祠堂，在清明、春节供后代祭祀。

祖先传说成为赵家台村家族认同的根基。村庄内对祖先来源的主流看法是认为周姓和成姓均为周人后代，其中成姓是周成王后代。这种说法直接与周文化接轨，加上赵家台遗址的发现，为祖先传说增添了证据。另一种说法是本村人为山西大槐树移民，是明清时期迁移而来的。这种说法与周、成两家家谱的记载相吻合，两份家谱的“一世祖”[②]出生年份均在明清时期，这是村庄最早的文字记录。在成氏家谱中，曾有记录“陈”姓者改“成”姓以融入本地家族，可见村庄家族也有一个融合过程。

赵家台村家族祠堂只记录死人不记录活人，祠堂毁坏后，家族成员的脉络、辈分情况只能通过墓碑进行确认，重新修建祠堂和整理家谱难度较大。2010年前后，各地兴起了重修家谱、祠堂的风潮，赵家台村的周、成两大家族也开始了筹款修谱、翻新祠堂的“工程”。重修工程并没有引起全体村民的重视，甚至对修家谱的事情颇有微词，“现在这潮流过去了以后，有的人也不感兴趣了”（ZNK，20150223）。随着村庄的外流

① 门子：方言。指同一个房支的成员。

② 一世祖：村庄家谱中记录的第一代祖先称为“一世祖”。

人口越来越多，家谱的确认成本越来越高。加上有的家族分支搬离了村庄，有的家庭进行了重组，有的家庭成员发生了变化，彻底与村庄成员失去了联络。

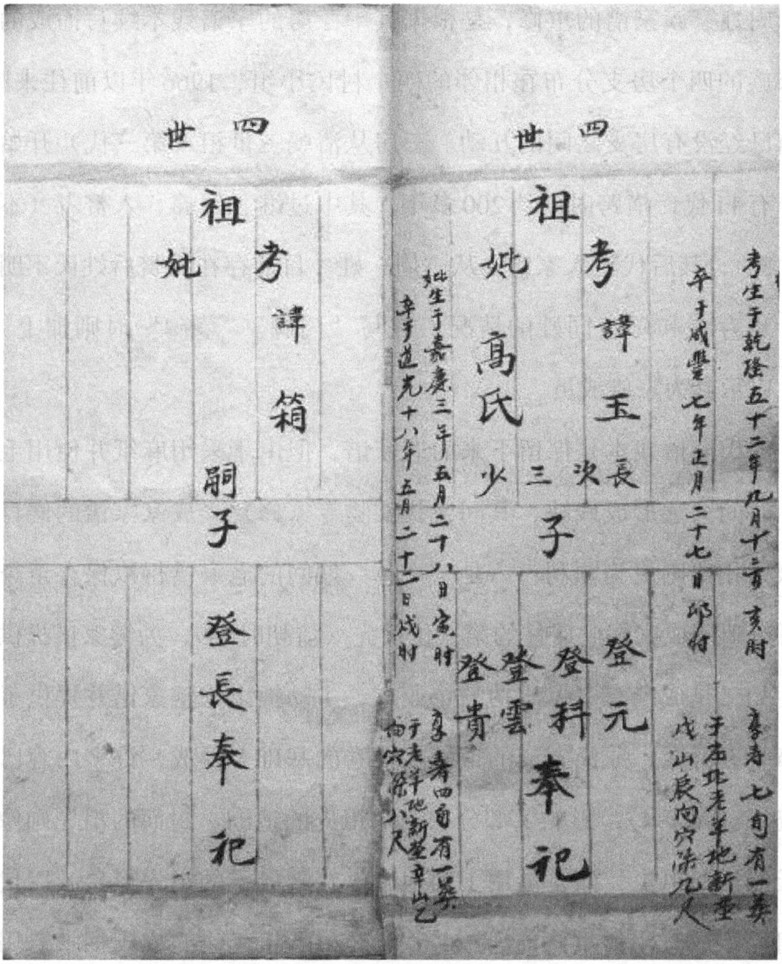


**图 3–3　赵家台村周氏家谱残本**

根据赵家台村周、成两家的家谱残本，大致能够看出本地家族结构（图 3–3）。首先是辈分、年龄为排列次序。如果是同一房支的同辈人，则按照年龄大小进行排列。其次，以父系血缘关系为核心。家谱中的所有成员关系通过“父”展开，包括夫妻关系、父子关系、继嗣关系，妻子只有姓氏没有名字，女儿则完全没有记录，第七代开始记录妻子亡故后续弦以及一夫多妻的情况。最后，改革开放后家族成员的姓名开始有了完整记录。从第九代开始，妻子的全名出现在家谱上，女儿也开始被记录在册。

周姓家族家谱的重修，是根据其中三房的家谱残本续写而成的。周姓家族的四个房支分布在相邻的四个村民小组，1966年以前往来频繁，目前已经没有房支之间的互动。三房从清朝三世祖（第三代）开始延续至今有11代，横跨时间约200多年。其中过继、领养、入赘者（不记录原姓氏），其后代记入家谱，从"周"姓。目前存在入赘后姓氏不明的情况，也存在和母亲同姓的情况，在写"门牌""墓碑"时则加上"周"姓，以示其为家族成员。

成氏家谱残本是保留下来的老家谱，但由于采用麻纸并使用毛笔书写，时间久远形成残缺，其间曾找文物专家修复。成家家谱的修订与周氏家谱相比则更为顺利：一是"文革"期间的老家谱得以保存至今，从而可以追溯成家在此居住的第一位祖先（清朝时期），为续家谱提供了可能性；二是成家有一位成功的企业家，主动提出修整家谱并提供了资金保障十五万元。成氏家谱的重修在残卷的基础上形成，许多内容已经无从查证（图3-4），影响了部分房支对祖先的追溯。封面的祖先画像并非成氏的任何祖先，而是借用了其他族谱穿戴隆重的祖先形象，以代指成氏祖先。成家家谱重修前后历时8年，2015年复建的成氏祠堂启用，主要用途是正月初一的祭祖活动。为了壮大仪式场面，不再忌讳外姓人进入祠堂参与活动。

### 3.1.2 陕南王家庄村

王家庄村正位于商南县富水镇，处于陕南地区东段，丹江北岸，与河南省相邻。地形四面环山，中部地势平坦，拥有商南县山区中少有的

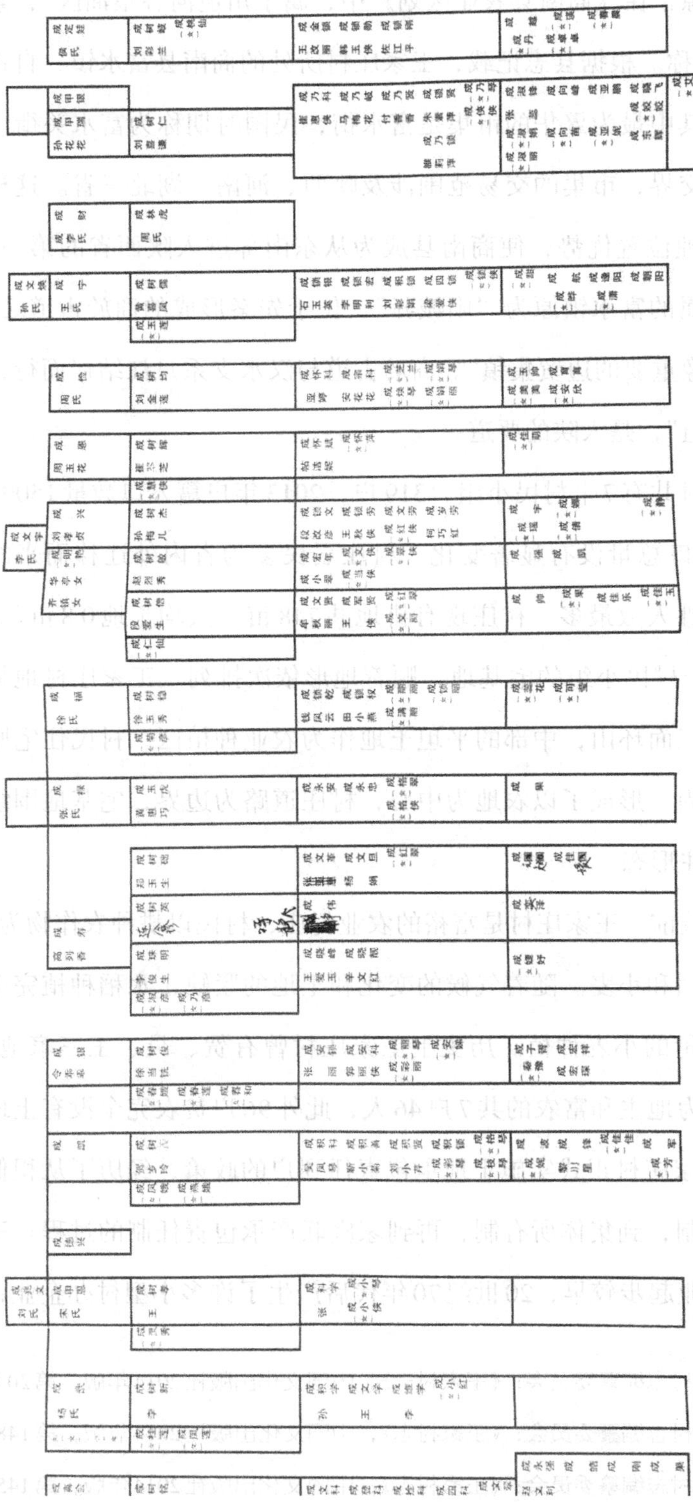

图3-4 赵家台村修复后的成氏家谱内页

优质土地资源，在《商南县农业区划》中，属于川道河谷粮油区[①]，素有“金富水”之称。根据县志记载，王家庄村所处的商南县富水镇，自古为当地集市，其中最为繁华的市集是富水街，民国时期称为富水关街。由于位于三省交界，市集的交易范围涉及陕西、河南、湖北三省。这种得天独厚的地理位置优势，使商南县成为从东南部进入陕西省的第一站。王家庄村所属的富水镇原为“阳城驿”，位于先秦形成的商於古道之上，是“出秦入豫重要的边贸集镇”。商於古道与汉水支系丹江结伴而行，名为“丹江通道”，是入陕的要道。

王家庄村共有7个村民小组，319户，2013年户籍人口数量1509人，至2018年人口总量没有显著变化。村庄居民多为省内外迁移而来的移民，其中贺姓人数最多。村庄现有耕地共748亩，人均土地0.8亩[②]。王家庄村的7个村民小组的宅基地，顺着地形依次排列。王家庄村地势呈现中间平坦三面环山，中部的平坦土地作为农业种植区，村民住宅则分散于农地四周。形成了以农地为中心，村庄道路为边界，宅基地围绕农地的基本居住形态。

改革开放前，王家庄村是富裕的农业村庄，村民以耕种农作物为生，主要种植水稻和小麦。随着气候的变化和土地的紧缺，水稻种植完全消失，仅有少量的小麦种植。历史上王家庄村曾有贺、吴、王三家地主，土改初期划为地主和富农的共7户46人，此外96户贫农完全没有土地[③]。1981年，王家庄村正式实施土地承包责任到户的政策，经历了从租佃和自耕农混合制，到集体所有制，再到家庭联产承包责任制的过程。王家庄的非农产业起步较早，20世纪70年代后产生了许多小型村办企业，包

① 王家庄村志编纂委员会：《王家村志》，中国文化出版社2014年版，第20页。

② 王家庄村志编纂委员会：《王家村志》，中国文化出版社2014年版，第148页。

③ 王家庄村志编纂委员会：《王家村志》，中国文化出版社2014年版，第145页。

括水电站、茶园、林场、药厂、编织厂等。

改革开放后，王家庄村的社会结构发生变化。农业发展中的土地红利随着人口的增长而减少，在集镇的带动下村庄非农产业迅速发展。20世纪80年代末村集体产业总产值超过11万元①。2010年左右，村庄农业产业经历了再次转型，因人均耕地面积缩减（平均耕地0.5亩/人），粮食作物种植难、收益低，粮食种植变为大棚蔬菜种植。王家庄村由本县的粮食主产区转型为蔬菜主产区。

1. 三省交界的移民村庄

王家庄村有鲜明的文化混合特征。一是源于本地移民历史。王家庄村所在的陕南地区，历来是官方安置移民、民间人口迁移之地。清代前期就有来自湖北、湖南、安徽、四川、江苏等省份的移民，从事农业种植和其他经济活动②。王家庄村的移民主要来自安徽省，根据民国时期县志记载："邑自明末被李自成杀伤殆尽，清顺治、康熙时，民少地荒，禽兽逼人。乾隆二十年（1755年）后，江南安庆数县人襁负迁商，援得我所，闻风兴起，接踵者日益众。此商南有小太湖之名也，地虽为陕而服食器用文字语言，实有南方风气。"也就是说，安徽移民迁移至此后，并没有完全接受陕西本地文化，而是保留典型的安徽文化习俗。例如葬礼中的道士打醮、唱孝歌等楚文化元素。

王家庄村两次较大的人口迁移，第一次是明洪武二十一年（1388年）的山西大槐树移民，山西省洪洞县移民局将大批移民迁移至商南县，即早期王家庄村的王氏人口。之后因自然灾害和农民起义战争导致人口锐减。第二次大规模的人口迁移是乾隆年间，贺、汪等十几个家族分别

① 王家庄村志编纂委员会：《王家村志》，中国文化出版社2014年版，第168页。

②史念海、萧正红、王双怀等：《陕西通史（第12卷：历史地理卷）》，陕西师范大学出版社1998年版，第114页。

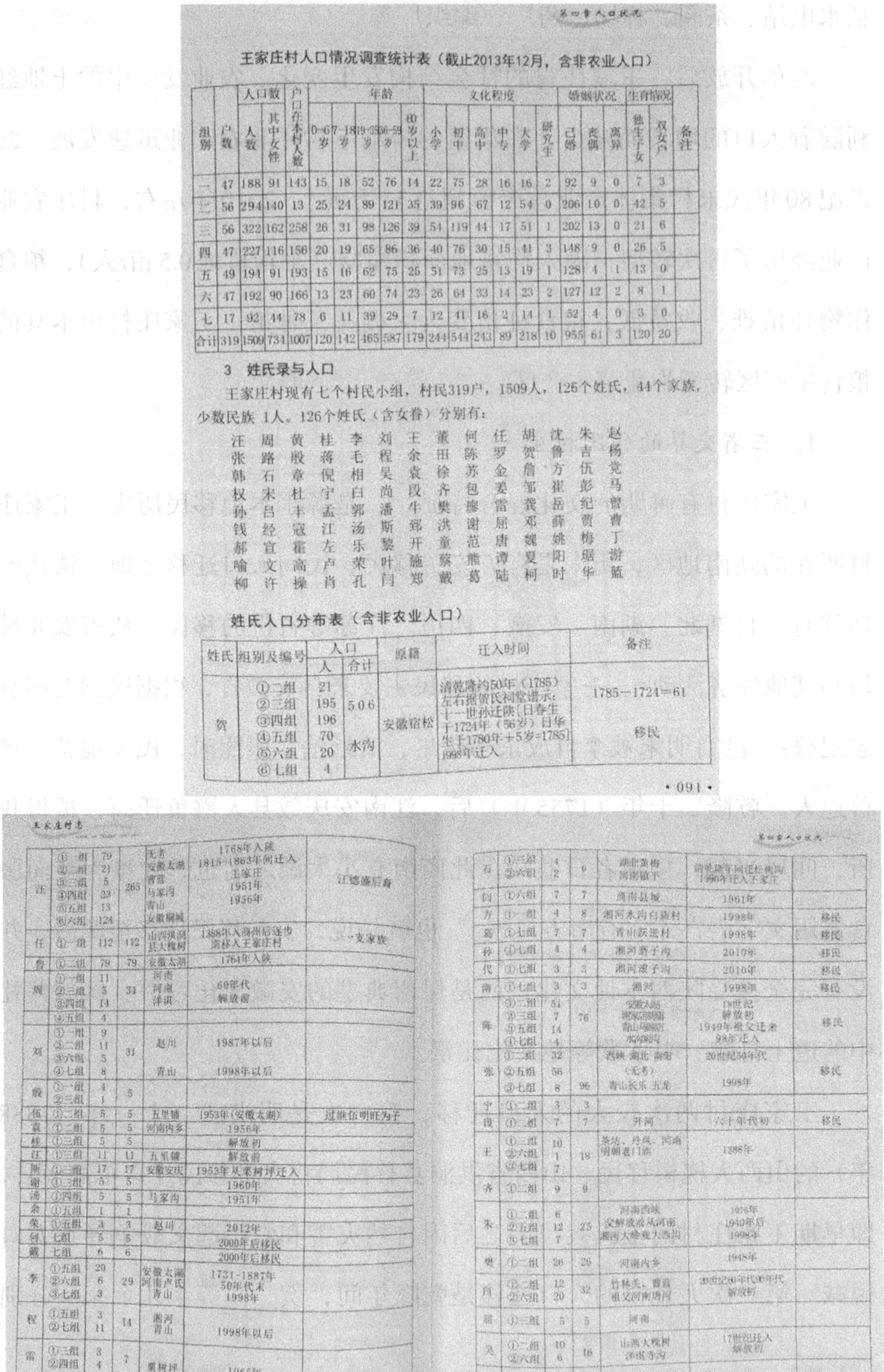



王家庄村人口情况调查统计表（截止2013年12月，含非农业人口）

| 组别 | 户数 | 人口数 | | 户口在本村人数 | 年龄 | | | | | 文化程度 | | | | | | 婚姻状况 | | | 生育情况 | | 备注 |
|---|---|---|---|---|---|---|---|---|---|---|---|---|---|---|---|---|---|---|---|---|---|
| | | 人数 | 其中女性 | | 0-6岁 | 7-18岁 | 19-35岁 | 36-59岁 | 60岁以上 | 小学 | 初中 | 高中 | 中专 | 大学 | 研究生 | 已婚 | 丧偶 | 离异 | 独生子女 | 双女户 | |
| 一 | 47 | 188 | 91 | 143 | 15 | 18 | 52 | 76 | 14 | 22 | 75 | 28 | 16 | 16 | 2 | 92 | 9 | 0 | 7 | 3 | |
| 二 | 56 | 294 | 140 | 13 | 25 | 24 | 89 | 121 | 35 | 39 | 96 | 67 | 12 | 54 | 0 | 206 | 10 | 0 | 42 | 5 | |
| 三 | 56 | 322 | 162 | 258 | 26 | 31 | 98 | 126 | 39 | 54 | 119 | 44 | 17 | 51 | 1 | 202 | 13 | 0 | 21 | 6 | |
| 四 | 47 | 227 | 116 | 156 | 20 | 19 | 65 | 86 | 36 | 40 | 76 | 30 | 15 | 41 | 3 | 148 | 9 | 0 | 26 | 5 | |
| 五 | 49 | 194 | 91 | 193 | 15 | 16 | 62 | 75 | 25 | 51 | 73 | 25 | 13 | 19 | 1 | 128 | 4 | 1 | 13 | 0 | |
| 六 | 47 | 192 | 90 | 166 | 13 | 23 | 60 | 74 | 23 | 26 | 64 | 33 | 14 | 23 | 2 | 127 | 12 | 2 | 8 | 1 | |
| 七 | 17 | 92 | 44 | 78 | 6 | 11 | 39 | 29 | 7 | 12 | 41 | 16 | 2 | 14 | 1 | 52 | 4 | 0 | 3 | 0 | |
| 合计 | 319 | 1509 | 731 | 1007 | 120 | 142 | 465 | 587 | 179 | 244 | 544 | 243 | 89 | 218 | 10 | 955 | 61 | 3 | 120 | 20 | |

3　姓氏录与人口

王家庄村现有七个村民小组，村民319户，1509人，126个姓氏，44个家族，少数民族1人。126个姓氏（含女眷）分别有：

汪　周　黄　桂　李　刘　王　董　何　任　胡　沈　朱　赵
张　路　殷　蒋　毛　程　余　田　陈　罗　贺　鲁　吉　杨
韩　石　章　倪　相　吴　袁　徐　苏　金　詹　方　伍　党
权　宋　杜　宁　白　尚　段　齐　包　姜　邹　崔　彭　马
孙　吕　丰　孟　郭　潘　牛　樊　廖　雷　龚　岳　纪　曾
钱　经　寇　江　汤　斯　郅　洪　谢　屈　邓　薛　贾　曹
郝　宣　霍　左　乐　黎　开　童　范　唐　魏　姚　梅　丁
喻　文　高　卢　荣　叶　施　蔡　熊　谭　夏　阳　琚　游
柳　许　操　肖　孔　闫　郑　戴　葛　陆　柯　时　华　蓝

姓氏人口分布表（含非农业人口）

| 姓氏 | 组别及编号 | 人口 | | 原籍 | 迁入时间 | 备注 |
|---|---|---|---|---|---|---|
| | | 人 | 合计 | | | |
| 贺 | ①二组<br>②三组<br>③四组<br>④五组<br>⑤六组<br>⑥七组 | 21<br>195<br>196<br>70<br>20<br>4 | 506<br>水沟 | 安徽宿松 | 清乾隆约50年（1785）左右据贺氏祠堂谱示：十一世孙迁陕[日春生于1724年（56岁）日华生于1780年+5岁=1785]<br>1998年迁入 | 1785−1724=61<br>移民 |

• 091 •



| | | | | | | |
|---|---|---|---|---|---|---|
| 汪 | ①一组<br>②二组<br>③三组<br>④四组<br>⑤五组<br>⑥六组 | 79<br>21<br>5<br>23<br>13<br>124 | 265 | 无考<br>安徽太湖<br>曹营<br>马家沟<br>青山<br>安徽桐城 | 1768年入陕<br>1816-1863年间迁入王家庄<br>1951年<br>1956年 | 汪德盛后裔 |
| 任 | ①一组 | 112 | 112 | 山西洪洞县大槐树 | 1388年入商州后逐步南移入王家庄村 | 一支家族 |
| 鲁 | ①二组 | 79 | 79 | 安徽太湖 | 1764年入陕 | |
| 周 | ①一组<br>②三组<br>③四组 | 11<br>5<br>14 | 34 | 河南<br>河南<br>洋县 | 60年代<br>解放前 | |
| | ④五组 | 4 | | | | |
| 刘 | ①一组<br>②二组<br>③六组<br>④七组 | 9<br>11<br>5<br>8 | 31 | 赵川<br>青山 | 1987年以后<br>1998年以后 | |
| 殷 | ①一组<br>②三组 | 4<br>1 | 5 | | | |
| 伍 | ①二组 | 5 | 5 | 五里铺 | 1953年（安徽太湖） | 过继伍明旺为子 |
| 袁 | ①二组 | 5 | 5 | 河南内乡 | 1956年 | |
| 桂 | ①三组 | 5 | 5 | | 解放初 | |
| 江 | ①三组 | 11 | 11 | 五里铺 | 解放前 | |
| 斯 | ①三组 | 17 | 17 | 安徽安庆 | 1953年从栗树坪迁入 | |
| 谢 | ①三组 | 5 | 5 | | 1960年 | |
| 汤 | ①四组 | 5 | 5 | 马家沟 | 1951年 | |
| 余 | ①五组 | 1 | 1 | | | |
| 荣 | ①五组 | 3 | 3 | 赵川 | 2012年 | |
| 何 | 七组 | 5 | 5 | | 2000年后移民 | |
| 戴 | 七组 | 6 | 6 | | 2000年后移民 | |
| 李 | ①五组<br>②六组<br>③七组 | 20<br>6<br>3 | 29 | 安徽太湖<br>河南卢氏<br>青山 | 1731-1887年<br>50年代末<br>1998年 | |
| 程 | ①五组<br>②七组 | 3<br>11 | 14 | 湘河<br>青山 | 1998年以后 | |
| 雷 | ①三组<br>②四组 | 3<br>4 | 7 | 栗树坪 | 1965年 | |
| 黄 | ①六组 | 10 | 10 | 马家沟 | 解放前 | |
| 郑 | ①六组 | 1 | 1 | | | |
| 孔 | ①六组 | 10 | 10 | 河南荆紫关 | 60年代初 | |

• 092 •



| | | | | | | |
|---|---|---|---|---|---|---|
| 石 | ①三组<br>②六组 | 4<br>2 | 6 | 湖北[illegible]<br>河南镇平 | 清乾隆年间迁松树沟<br>1990年迁入王家庄 | |
| 闫 | ①六组 | 7 | 7 | 商南县城 | 1961年 | |
| 方 | ①一组 | 4 | 8 | 湘河水沟白庙村 | 1998年 | 移民 |
| 葛 | ①七组 | 7 | 7 | 青山跃进村 | 1998年 | 移民 |
| 孙 | ①七组 | 4 | 4 | 湘河蒋子沟 | 2010年 | 移民 |
| 代 | ①七组 | 3 | 3 | 湘河蒋子沟 | 2010年 | 移民 |
| 南 | ①七组 | 3 | 3 | 湘河 | 1998年 | 移民 |
| 梅 | ①二组<br>②三组<br>③五组<br>④七组 | 54<br>7<br>14<br>4 | 76 | 安徽太湖<br>[illegible]<br>青山[illegible]<br>水沟[illegible] | 18世纪<br>解放初<br>1949年祖父迁来<br>98年迁入 | 移民 |
| 张 | ①二组<br>②五组<br>③七组 | 32<br>56<br>8 | 96 | 西峡 湖北 [illegible]<br>（无考）<br>青山长乐 五龙 | 20世纪50年代<br>1998年 | 移民 |
| 宁 | ①二组 | 3 | 3 | | | |
| 段 | ①二组 | 7 | 7 | 开河 | 六十年代初 | 移民 |
| 王 | ①二组<br>②六组<br>③七组 | 10<br>1<br>7 | 18 | 茶坊、丹凤、河南明朝老门族 | 1388年 | |
| 齐 | ①二组 | 9 | 9 | | | |
| 朱 | ①二组<br>②五组<br>③七组 | 6<br>12<br>7 | 25 | 河南西峡<br>父解放前从河南<br>湘河大岭魏大西沟 | 1976年<br>1940年后<br>1998年 | |
| 樊 | ①二组 | 26 | 26 | 河南内乡 | 1948年 | |
| 白 | ①二组<br>②六组 | 12<br>20 | 32 | 竹林关、曹营<br>祖父河南唐河 | 20世纪60年代90年代<br>解放初 | |
| 屈 | ①三组 | 5 | 5 | 河南 | | |
| 吴 | ①二组<br>②六组 | 10<br>6 | 16 | 山西大槐树<br>洋县寺沟 | 17世纪迁入<br>解放初 | |
| 杨 | ①二组<br>②七组 | 17<br>2 | 19 | 湘河水沟 | 1999年迁入 | |
| 胡 | ①七组 | 5 | 5 | | | 移民 |

• 093 •

图3-5　《王家庄村》记载的村庄人口与家族情况

从安徽、湖北、江西、河南等省迁入商南县，形成目前王家庄村的主要人口结构[①]。此外，近二十年里一直有移民迁入王家庄村，为此新增了一个村民小组，其成员全部来源于商洛地区“移民搬迁工程”的安置移民，从附近自然灾害频发的山区定居至王家庄村。

二是从地理位置上来看，王家庄村处于秦岭以南，在陕西、河南、湖北三省的交会之处。秦岭既是天然的地理分界线，也是一条艰险的要道。南北方向的秦岭古道经过汉中地区进入函谷关，东西方向的丹江通道经过商洛地区进入武关。1990年，312国道的修建和秦岭隧道的贯通，进一步疏通了这条交通动脉。312国道的陕西段主要位于商洛地区，与丹江通道的走向吻合。2012年，沪陕高速G40全线通车，改写了秦岭只有盘山公路的历史，形成了秦岭隧道群，商南县通往西安的路程缩短为四个小时。

总体而言，王家庄村受到陕西关中文化和安徽移民文化的双重影响，加上临近河南省、湖北省的文化元素，成为文化的融合地带，也是文化区域的交融地带。从陕西省文化分区来看，本地属于陕南文化区的商州亚区，但其文化的过渡性特征，无论认定其为陕南文化或是关中文化，都显得十分勉强[②]。商州亚区与关中文化存在同源性，而移民历史为本地增添了外来文化色彩，加上自然景观与安徽、湖北同属于亚热带地区，也可以视为陕南文化的组成部分。

这种文化的混合特征从方言的使用情况中可见一斑。几种方言在一

① 王家庄村志编纂委员会：《王家村志》，中国文化出版社2014年版，第89页。

②张晓虹：《陕西文化区划及其机制分析》，《人文地理》2000年第3期，第17–21页。

个地区同时使用，包括本地话、客户话①、过渡区方言②。客户话来源于清初大规模的湖广流民，“宁卖祖宗田，勿忘祖宗言”的文化情结，使迁出地的方言得以保留③。这些方言的使用在地理位置的分布上大体呈现出过渡状态④，一个村庄同时并存多种方言，人们根据方言大致可以推测其家族的迁移历程。例如本地使用广泛的“蛮子话”⑤，属于下江方言，是由移民从安徽、江西等地带来，与本地话结合而成的。

2. 移民祖先和联宗组织

王家庄的319户居民依据姓氏分为44个家族，迁出地包括安徽、湖北、山西、河南和陕西等省区，迁移时间最早为清代，最近的一次移民为1999年。空间变动并未导致家族谱系的中断，迁移后一直保留完整的家族谱系，有的家族甚至找到了迁出地的家族脉络，举办回原籍祭祖的活动。

以王家庄村最大的贺氏家族为例，该家族约占王家庄村人口的三分之一，家族体系完整，能够代表本地的家族形态。贺氏家族流传着祖先

①客户话：商洛方言类型。孟万春将商洛移民根据来源先后分为两批：一批是本地人，主要分布在商州、丹凤、洛南等地区，认为讲此种语言的人主要是当地原住民和明代移民至此较早的“大槐树人”，他们以主户自居。另一批是第二次移民高潮来陕的人。他们的祖先于清初伴随着“湖广填陕南”的浪潮，从江南和广东、福建沿海等地入陕定居，故被称作“客户人”。本地人说的是本地话，客户人说的是客户话。两种方言相互竞争，相互渗透，长期共存。

②孟万春：《商洛方言语音研究》，中国社会科学出版社2010年版，第249页。

③孟万春：《商洛方言语音研究》，中国社会科学出版社2010年版，第251页。

④ 靠近河南的区域受河南方言影响，靠近湖北的区域受到湖北方言影响。

⑤ 下江方言中“蛮子话”的母体方言，来自安徽境内江淮间的怀岳方言片区，怀岳片区属于江淮官话黄孝方言片区和赣语片区的交会之地，本身就存在语言归属的争议（孟万春：《商洛方言语音研究》，中国社会科学出版社2010年版，第242页）。

逃难至此的故事。贺氏祠堂牌位写着“吴贺氏”,“吴”是贺氏祖先妻子家族的姓氏。吴姓放在首位以示对吴氏贞烈的尊敬。当年有算命人说贺家会出一位皇帝,皇帝听闻后十分震怒,下令将贺家满门抄斩,大人、小孩一个都不留。贺家人被抄家后,为了防止有遗漏,宅门外面洒满了灰。当时贺家有一个孕妇躲了起来,她看到门口铺满了防止人逃跑的草木灰,于是找了一双男鞋穿上,让鞋头朝后、鞋跟朝前,悄悄出逃了。逃回娘家后,诞下一男孩,为贺家留下了后代。自此贺家祖先牌位写为吴贺氏,以铭记吴氏保护家族血脉的事迹。

贺氏家族通过完备的家谱、多样的家族活动得以巩固。家谱修订以五年为一周期,修订内容包括人口的增减、信息勘误和补充等。家族成员的增加和死亡,都详尽地记录在册。贺氏家族的家谱最早是雕版印刷,现在依照原有家谱格式排版打印。雕版印刷使贺氏家谱很早就有多种备份,在历史变迁中也未曾中断。每个家族成员以生平事迹的方式记录,包括名、字、配偶及其家族(男性妻子的姓名和家族,女性所嫁丈夫的姓名和家族)、生卒年月、埋葬地点等信息(图3-6)。五四运动之后,新文化风气影响了家谱的记录,女性地位有所提升。贺氏女性后代开始被录入族谱,并标识所嫁家族和定居地点。

贺氏家族的活动有来自全国各地的贺氏人。来源地有陕西省丹凤县,邻省河南的卢氏县,路途较远的四川省,甚至有台湾来此寻根的贺氏后代。因此,贺家的祠堂为氏族性质,祠堂修建中的资金筹集和建设过程中,商县、洛南县、柞水县、镇安县的贺氏家族,以及河南西峡的贺氏家族共同参与,自愿捐资,共筹资五六十万。祠堂重修时间为2007年至2015年,祠堂原址在抗战时期为“中美合作所”,在祠堂主体基础上修建了砖木结构的建筑。重修过程中,大到建筑施工,小到雕栏画栋,家族成员出钱出力,共襄盛举。氏族祠堂活动包括每年春节的例行祭祀,三年一次的清明节大型祭祖，五年一次的大型家族活动。

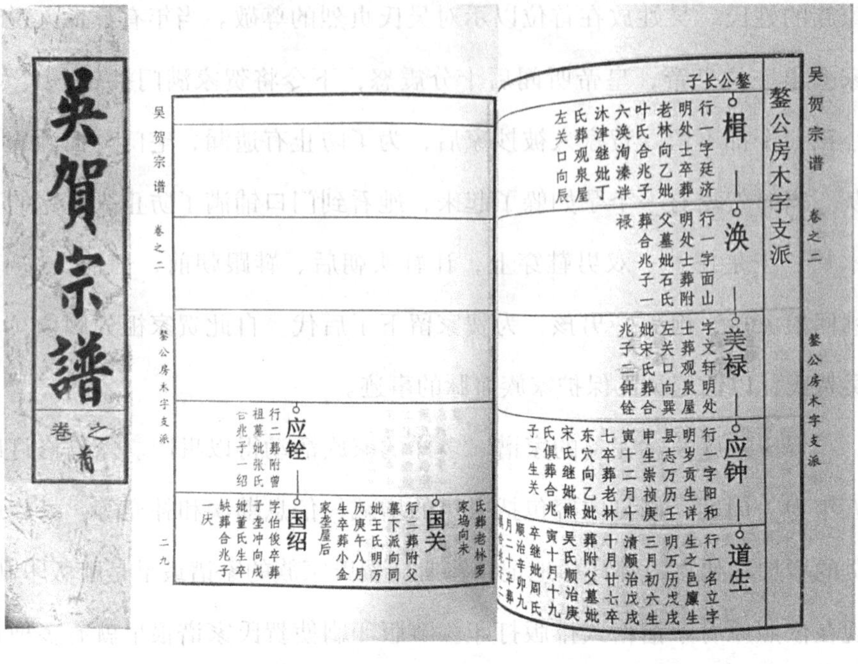


图3-6 王家庄村贺氏家谱内页

此外，王家庄村的家族与移出地的宗族形成联宗组织。贺氏家族的迁出地是安徽宿松县，宿松县保存有贺姓的总族谱，同宗的家族可以根据总谱追溯祖先。

## 3.2 关中、陕南的地理区位和历史沿革

本书主要关注的陕西省的农村葬礼参与。陕西省作为省级行政区划，从北向南划分为陕北、关中、陕南三个地区。三个地区有明显的地理环境差异，南部有秦岭横亘，陕南被划分为我国的南方地区，属于北方地区的关中、陕北则有平原、高原之分，因地理环境和气候差异，形成南稻北麦的基本种植格局。

关中地区气候条件相对优越，土地肥沃，是人类早期文明的发源地，

周人定居关中时期建立了封建社会礼法制度和政治制度的雏形，产生了周、秦、汉、唐的都城。关中是陕西省会西安的所在地，是陕西省的政治、经济、文化中心，处于秦岭以南的陕南地区则有边缘化趋势。为了能够理解同一行政区划内地方文化的关联和差异，选择了关中、陕南两个地区的村庄进行比较研究。

### 3.2.1 省域内秦岭的屏障和通道作用

关中和陕南分别属于秦岭-淮河一线的北方地区和南方地区。秦岭山脉的绵延和险峻，并没有阻隔关中和陕南地区。为了便于到达政权中心，秦岭山脉中修建了许多连通南北的古道，其中西南地区通过汉中的褒斜道等穿越秦岭抵达关中，而东南方位的商洛山势相对平缓，沿着河流形成东南地区进入关中的丹江通道。关中、陕南因自然环境和地理区位差异，形成了不同的发展路径。

最为明显的是自然地理造成的南北差异。关中、陕南地区的地形、气候、植被迥异。北部的关中地区位于黄河流域，黄河支流渭河流域形成广阔的平原，四季分明，为小麦种植区。南部的陕南地区是位于长江支流丹江流域的山区，气候温暖湿润，为水稻、小麦混合种植区。两地在房屋建造、着装饮食、风俗习惯等方面差异较大，风格分明。地理区位进一步造成了人口构成的差异。关中地区优越的自然地理环境和中心位置，使其长期作为人口迁入区，人口数量在陕西省内最多。历史上的关中地区存在因人口迁移而使得人口增长①，这些移民归化后成为地道的关中人。陕南地区人口相对较少。根据历史记载，陕南地区人口的剧烈增长主要来源于几次大规模的移民，这些移民来自乡邻的四川、湖北、

① 这一点缺少详尽的史料记载。在村庄的祖先传说中，我们可以发现许多移民的历史痕迹，例如山西大槐树移民说、战争匪患说。

河南、山西等省份，且存在远距离的跨省人口迁移，例如安徽移民。这些大规模的移民形成了各具特色的移民文化。在文化分区上，随着秦岭通道的延伸，形成了文化的过渡地带，并产生了在关中、陕南划分基础上的一些文化亚区。

秦岭同样是人口和资源的输入要道。秦岭虽然地势险峻，但连通关中和其他地区之间的人员、货物往来，仍然形成了多条古道，最为重要的几条古道包括西南方位的子午道、褒斜道、傥骆道等，以及东南方位以蓝田到武关一线的商於道，与丹江流域形成并行趋势。这些古道的形状与不同地段的山势相关，如西南方位地势险要，形成了多条陡峭的古道。相对而言，东南山区地势相对平缓，通过盘山道路和丹江河谷形成运输量较大的通道，有学者称之为"丹江通道"[①]。秦岭东南方位的商洛，其所守的关隘是位于关中东南的武关，也是商於道的终点。

### 3.2.2 区域间社会生活差异的形成过程

关中、陕南地区的社会生活差异，是在自然环境差异的基础上叠加了社会因素形成的，社会因素主要包括经济、政治和文化因素。由于陕南文化区的亚型较为复杂，本书主要以处于关中、陕南地区交会处的商洛为例进行说明。

关中和陕南地区因自然环境不同而形成了不同的劳作模式。关中平原地区气候环境稳定，适宜种植小麦等粮食作物，成为早期定居人口较为密集的地区，并在当地形成了基于小麦种植的劳作模式，农民可以以户为单位完成土地的耕种。陕南地区多山地，农作物种植主要集中在平原、河谷、山坡、沼泽等处，主要为小麦和水稻，并以林业、渔业作为

①侯甬坚：《丹江通道述论》，《陕西师范大学学报（哲学社会科学版）》1985年第3期，第104-109页。

补充。陕南地区的人口多来自南方，深受水稻作物劳作模式的影响。水稻种植是劳动密集型的种植方式，需要人与人之间紧密有序的合作，这种合作有利于移民抵御生活风险。

随着统县政区[①]的完善，陕西省内陕北、关中、陕南的文化区基本形成。原本陕北、关中、陕南地区曾分别隶属于不同的政区，到了元代，陕西的行政建制基本形成，陕北、陕南地区才固定为陕西省的组成部分。这些州、县划分最终固定为陕西省内的统县政区，统县政区大致以陕北黄土高原、关中平原和秦巴山地即汉水谷地三个自然区进行设置，并通过统县政区的划分形成更为细致的文化亚区。关中形成以西安、同州府为界的西同亚区，以凤翔府为界的凤翔亚区，陕南形成以汉中府为界的汉中亚区，以兴安府和西安府宁陕厅为界的兴安亚区，以商州和西安府孝义厅为界的商洛亚区[②③]。这种地方性差异同样体现在村民的描述方式中，例如本书中研究的属于凤翔亚区的赵家台村，俗称“西府”，显示出凤翔亚区文化积淀深厚、崇拜周人祖先的特征。本书中研究的商洛亚区所属的王家庄村，则带有关中、陕南文化交融的特征，受到移民文化的影响。

上述特征最终影响了关中、陕南地区的社会整合方式。根据行政区划变动史可以看出，关中一直是陕西的核心地区，行政区划的变化一直是以关中地区为中心进行的增减。陕南西边的汉中曾经被划分到四川省，后纳入陕西省政区，经过了从四川到陕西的地域认同的转变。陕南东边

① 统县政区：是指介于高层政区与县级政区之间的行政区划层次。

②张晓虹：《文化区域的分异与整合：陕西历史地理文化研究》，上海书店出版社2004年版，第21页。

③张晓虹：《陕西文化区划及其机制分析》，《人文地理》2000年第3期，第17–22页。

的商洛，由于其移民人口众多，在定居的过程中形成了地域认同，却难以完全融入关中文化，从而形成南北文化交融的局面。陕西省内的文化整合也以关中文化为核心，形成陕北、陕南对陕西省的地域认同。关中地区长期作为政治、经济、文化中心，首先是在关中地区形成了完整而系统的文化体系；其次，随着农业生产的发达和政治中心的建立，关中地区长期成为人口流入与融入地区，其中心地位得以巩固；最后，关中地区不再是我国政治、经济中心后，仍对陕西地区的社会生活具有深远的影响。

### 3.2.3 关中、陕南农村葬礼参与概况

改革开放前农村葬礼尚未发生根本上的转变：一方面，有别于城镇葬礼，农村葬礼尚存在封建社会礼法制度的影响；另一方面，集体化时期农村葬礼进行了简化，仪式转由生产队接管，反而强化了葬礼组织方式的统一性。

1. 基本形式

经过明清时期儒家文化对葬礼思想基础的规范和对礼仪文本的统一修订以及对地方葬礼的约束，在全国形成了相对统一的葬礼流程。在葬礼标准统一的过程中，以儒家文化为根本，也吸纳了佛教和道教对死亡的理解，同时为了避免宗教对礼制的影响，通过《家礼》等文本强化了儒家文化在葬礼中的正统地位。

在改革开放前，关中和陕南的农村地区，虽然各村之间缺少往来，并且有秦岭产生的南北分隔，但是在葬礼流程上存在相似性。关中和陕南地区具有不同的文化特征，但同属于儒家文化区，共同遵守中国葬礼的统一标准。近代农村葬礼较少受到礼仪革命的影响，农村葬礼一直按照平民葬礼的标准进行，只有少数的村庄精英会采用规格较高的丧葬仪

式。可见农村葬礼并没有改变古代礼仪文本对葬礼的基本规范，仍然沿用了传统葬礼的主要程序①。

农村葬礼结构是“中国葬礼的基本结构”的缩影，包括哭丧、易服戴孝、沐浴更衣、设奠荐祭、设神主、礼聘仪式专家、奏乐安魂、大殓、出殡②。上述主要是指殡葬仪式的基本结构，在实际发生的农村葬礼中，人们通常把殡、葬、祭视为一个整体。祭在农村葬礼中主要是指头七和七七、百天、周年，直到三周年结束，逝去的亲属真正成为祖先，之后按照祖先祭祀方式在春节、清明等特定时间进行祭拜。殡、葬、祭过程中参与人数最多、场面最为壮观的殡和葬的过程，一般统称为“葬礼”。由于农村葬礼中祭的环节缩小为家族内部成员，因此不作为本书关注的仪式环节。对葬礼的研究一般鲜少涉及葬礼参与的内容，主要原因是葬礼参与被划分在村庄人际交往、社会生活方式的研究范畴中，认为仪式中人的行为受到仪式框架的制约，没有太多的发挥余地。一旦了解了仪式的具体规定，就默认了解了人们参与仪式的过程，笔者认为这是对当代农村葬礼的极大误解。

本书仅涉及葬礼参与环节，主要是指从确认逝者死亡的葬礼准备到出殡安葬的过程，除了悼念死者外，更为关注农村葬礼中规模较大、流程较多的安葬仪式和送葬仪式。关中、陕南地区在农村葬礼的不同环节中，参与者范围、仪式形式有所不同，但涉及葬礼参与的流程基本一致，按照葬礼参与环节对应经典的葬礼参与形式，如图3-7所示：

①郭于华：《仪式与社会变迁》，社会科学文献出版社2000年版，第51页。

②华琛：《中国丧葬仪式的结构——基本形态、仪式次序、动作的首要性》，《历史人类学学刊》2003年第12期，第98-114页。

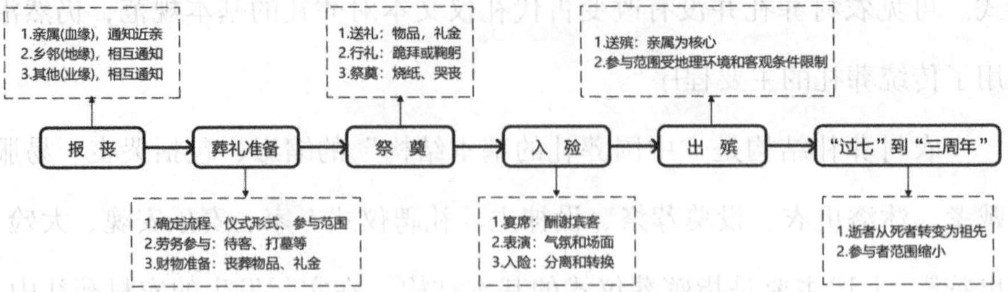


**图3-7 葬礼流程和葬礼参与形式**

上述环节没有覆盖中国葬礼的全过程，如沐浴更衣、守孝等环节不在本书的讨论范围内，重点关注涉及亲属、乡邻和朋友的公开参与流程。包括报丧、葬礼准备、祭奠、入殓、出殡，到最后祭的环节。最初“过七”和三周年是较为隆重的仪式，亲属、乡邻和朋友多有参与。从上述葬礼参与流程中可以直观看到，从知道葬礼的举办到完成葬礼参与的全过程，以自觉、自发、互助为基本特征。在村庄熟人社会中，忽视葬礼信息、回避葬礼参与是严重的道德问题，直接影响个体及其家庭受到的舆论评价，具有以一抵百的评价权重。

在葬礼参与过程中，主办者、亲属、乡邻和朋友不断调整生者与死者、生者与生者之间的关系，从旁观者成为参与者，完成逝者的“身后事”。死亡本身需要经过持续过程才能完成，因此死亡过程不仅是破坏，而且是转变[①]。本书根据参与性质的差异，将葬礼参与过程分为三个部分：

（1）报丧

准备阶段开始于“报丧”，报丧是葬礼的序幕。最初报丧是葬礼的第一个重要环节，主家须要郑重其事地跪请亲友参与，对葬礼中劳烦亲友预先表示感谢。随着生活方式的改变，电话告知代替了上门邀请，看似

①罗伯特·赫尔兹：《死亡与右手》，吴凤玲译，上海人民出版社2018年版，第35页。

礼仪上有所怠慢，但提升了葬礼信息的传播效率，也为参与者的准备提供了更为充分的时间。不同群体获悉葬礼信息的途径不同。最近一层是五服之内的亲属，作为葬礼中必须到场的近亲，主家会一一通知。其次是葬礼中管理各项事务的主事人、账房等关键人物，这些人或为家族长辈，或为地方精英，需要主家上门邀请，以象征性的礼物达成葬礼管事的契约。再次是乡邻，乡邻对葬礼信息的了解有两种方式：一是来源于人际关系网络，二是来源于主家门口的讣告。本地人会在熟人圈子中迅速传递葬礼信息，经过主家门口的村民则直观看到这家在举办葬礼，将知悉何时出殡。最后是远亲和朋友，这些人是葬礼参与中最不稳定的群体，一般远亲可能会由近亲告知，如果往来较多则会参与葬礼；朋友和同事则是侧面了解葬礼信息，根据情况考虑送礼或现场参加。

报丧已经超出了主家的职责范围，成为葬礼参与的第一环节。在同一个生活圈子的亲友相互主动通知葬礼信息，形成信息网络覆盖。一旦有人去世，村民见面时会省略寒暄，直接以“某某殁了”开头，然后交流死者如何去世，主家如何准备，现在该送多少礼金。在地理空间上，可以明显看出哪一家正在准备葬礼。逝者家里会张贴讣告、七单等明确的文字信息，或门口悬挂“望墓纸”等，这些只有葬礼中呈现的符号，成为对葬礼不言自明的宣传方式。

（2）葬礼准备

葬礼准备包括仪式准备和参与准备。仪式准备是指入殓、准备葬具、墓穴挖建。参与准备指的是参加葬礼的人对奠仪、礼物或礼金的准备。由于葬礼涉及人数众多、流程紧凑而繁杂，需要众多亲友的帮忙才能顺利下葬，住得近的乡邻就成为仪式准备的主要群体。仪式准备按照空间可以分为室内灵堂、室外帐篷和墓地三部分。室内灵堂一般由客厅改造而成，室外空地是搭帐篷宴请宾客、观看表演的区域。墓地挖建则需排除万难以符合预计的下葬时间。墓地挖建方式根据村庄的地形不同而有所不同，陕南山区为了保证葬礼的时效性，一般采用提前打墓的方式节约准备时间。

这个阶段的参与围绕着物品、劳动和情感来进行。①物品是指送奠仪，奠仪是用于葬礼的物品和礼金的总称。按照用途可以分为仪式型物品和消耗型物品。仪式型物品包括花圈、铭旌、纸扎、鞭炮等在仪式环节中使用的物品；消耗型物品主要是根据仪式过程中需要消耗的物品，包括食品和劳动用具。改革开放前，仪式型物品主要由参与者共同制作而成，消耗型物品则完全依赖于互助体系，粮食、桌椅等均需要村民和家族成员相互支持。改革开放之后，仪式型物品的制作逐渐转向购买，消耗型物品从实体物资的需求转向金钱需求，送奠仪主要包括仪式型物品和礼金。②劳动是指为了保证葬礼的顺利进行，位于室内灵堂、室外帐篷和墓地建造的仪式劳动。按照村庄内的习俗，这些劳动都是由亲友参与、主事人进行统筹管理的活动。作为每场葬礼临时拼凑的劳动群体，很难和职业的服务团体（如职业餐饮服务人员、职业工程队）的工作效率相比。葬礼劳动参与强化了“我们”的共同体意识，也为普通人举办盛大仪式节省了开支。参与的亲友主要做的是整理物品、准备饭食、建造墓地等活动。③情感是参与者表达对主家的支持和关怀，采用出力出钱的方式对丧亲家属聊表慰藉之情。逝者已经离去，而活人之间的纽带没有中断。关系亲近的参与者通常会劝说逝者亲属接受亲人离世的现实，并以“生前享福”“患病后解脱”等说辞劝慰亲属，安抚其情绪。其他参与者主要对逝者进行悼念，用鞠躬、磕头、烧香等仪式表达哀悼和尊敬之情，一些地方悼念时伴随着哭丧，边哭边唱以表哀思。

（3）仪式参与

仪式参与包括祭奠、入殓和出殡。到祭奠环节，葬礼的准备已经基本就绪，参与者从物品、劳动和情感的参与直接进入正式的仪式参与。祭奠仪式一般在下葬前一天举办。祭奠仪式当天是葬礼中最为郑重的正式宴席，俗称“吃席”，是一场葬礼中参与人数最多的一天，所有送礼、吊唁和帮忙的人都成为座上宾。祭奠时牌位摆放在案台正中，前方设有香炉，并摆放贡品、纸扎等。所有亲友依次在牌位前行礼，为死者践行。入殓前为了聚集人气，主家一般会请表演团队吹拉弹唱，进行戏曲、歌舞等演出。入殓时将逝者放入棺材，亲友最后瞻仰仪容，从此真正阴阳两隔不再谋面。

送葬是葬礼参与的尾声，送葬的群体范围各地存在差异。在以家族关系为核心的村庄，送葬作为特权，只能由亲属参加。有的村庄送葬范围较为模糊，愿意送葬的亲友均能加入队伍。这样一来，送葬的人数往往少于“吃席”的人数，或以血缘划分界限，或自然形成亲疏远近之别。送葬的核心是将逝者从家中埋葬在墓地，离开生者的世界进入逝者的世界，安葬是给逝者一块容身之地。从村民的交谈中可以看出，人们送葬的心情以往对死亡禁忌的恐惧逐渐减少，代之以依依惜别之情。此外，由于七天、百日、周年等仪式活动参与范围逐渐缩小，多数情况下已经成为仅限家庭成员参与的环节，在本书中不作为重点讨论的内容。

2. 区域差异

以上关中、陕南农村葬礼的基本参与形式，是建立在共同的农村葬礼流程基础上。在对区域社会生活差异的形成过程进行梳理时，可以看出关中文化的核心作用，也可看到陕北、陕南区域文化向关中文化靠拢的过程，其中包括葬礼参与基本形式的统一化。

无论葬礼参与形式如何标准化，总是存在特定自然环境、社会生活方式、思想文化来源的差异。因此，当我们把视角集中在具体的村庄时，能够观察到在农村葬礼参与的基本形式基础上，其形成原因却大为不同。

在这里我们以本书研究的田野点为例，概括关中、陕南地区农村葬礼参与形式的差异。

(1) 参与者的层次

根据葬礼参与的基本形式可以看出，葬礼参与者主要由家族成员和村庄乡邻构成，即通常意义上的血缘群体和地缘群体。其中血缘群体居于核心位置，围绕死者儿女的直系亲属集团成为葬礼的主办者。在关中、陕南地区，亲属和乡邻的角色则存在差异，最终形成参与者构成的差异。

在关中平原，地方精英、主办者、其他参与者之间层次分明。最为重要的参与者是地方精英，地方精英作为葬礼习俗的解释者和管理者，成为葬礼中的绝对权威，村民举办葬礼时也需要这些权威保障葬礼的顺利进行。其次是葬礼的主办者和其他参与者。多数家族支系集中居住于村庄之中，家族活动围绕葬礼和祭祀展开。在关中赵家台村的葬礼中，家族成员居于中心地位，只有家族成员才能够参与入殓、送葬这些仪式的核心环节。这种严格的家族成员划分以男性继嗣关系作为界限，将出嫁的女儿列入送殡队伍之中，却排除在主办者之外，并将姻亲关系视为完全的外姓人，不能参与入殓和送葬。有别于家族成员的深度参与，乡邻更像是主办者请来帮忙的外围人员。他们帮忙准备葬礼，主办者通过宴席答谢他们，却被排除在许多葬礼仪式环节之外。加上大部分村民是同一个家族的成员，乡邻在葬礼参与中处于较为边缘的地位。

在陕南的商洛地区，王家庄村处于一个人口流动较为活跃的地区，各地风俗习惯交融，很难形成有关葬礼的绝对标准。由于人口主要由外省移民构成，以及鄂豫陕交界处人员往来的常态化，本地鲜少形成支系庞杂的家族，很多家族迁移而来，历史悠久，却因居住分散、流动性强，很少形成大规模的家族聚居形态。

相对于关中地区，陕南地区王家庄村缺少葬礼中的绝对权威。一方面是不同地区移民保留了一些原有的葬礼习俗，另一方面本地小家族较多，家族权威的制约力有限。为了调和家族规模小、风俗差异大的矛盾，首先采取折中的方式扩大家族规模。王家庄村在以男性继嗣关系为核心的基础上，增加了女性后代及其婚嫁情况的记录，在葬礼参与中，女儿和儿子共同承担安葬父母的义务，并重视姻亲家族的葬礼参与。其次，提升乡邻在参与者中的地位，能够参与送葬等核心环节。由于小家族众多，如果在葬礼参与过程中严格区分家族成员和其他参与者，就会造成葬礼缺少参与者的状态，无法保障葬礼的体面。对于人数极少的家族来说，乡邻甚至占据参与者的大多数。

（2）葬礼参与活动

关中、陕南地区均以死者生前在村庄居住的房屋作为下葬礼前的仪式地点，活动内容主要为葬礼准备、悼念和宴席、葬礼展演及其他活动，不同区域农村葬礼参与活动侧重点存在差异。

葬礼参与活动贯穿整个葬礼流程，当葬礼的消息在村庄和家族中传播开的时候，葬礼就进入了准备的环节。葬礼准备一方面包括按照礼仪制度规范葬礼的流程，另一方面考虑本地的气候、地形的制约，以及经济成本、物资和人员的调配等，根据客观条件进行理性计算。对于葬礼参与者而言也是如此。首先，平原和山区的安葬方式大为不同。关中农村以平原为主，例如赵家台村的墓地分布在耕地之中，与村民宅基地距离很近，由于较少受到气候和地形的影响，墓穴的纵深较浅（约3米）。陕南山区中平坦的耕地较为有限，墓地则主要分布在周边的山林之中，加上降水频繁、存在山体滑坡的风险，王家庄村的墓地需要像房屋建造一样准备地基，墓穴的纵深在5米以上。相对而言，陕南地区安葬成本较高，准备墓地和上山安葬是参与者最为重要的准备活动。其次，葬礼参与者的分工方式不同。关中地区主要通过礼仪制度的传统，规定参与者的分工。在赵家台村，对家族成员在葬礼参与中的义务有明确而详细的规定，包括准备孝服、铭旌、纸扎等，根据亲属类型均有相应的义务。陕南地区的参与分工更为紧密，主要源于稻作农业形成的分工合作模式，以及移民历史形成的家族之间的相互依赖关系。王家庄村的成员，需要建立超越家族的广泛参与合作，才能够应对山区葬礼和物资匮乏时代的葬礼。

农村葬礼悼念和宴席活动中参与者云集，这也是人们通常对农村葬礼参与活动的印象，有络绎不绝的悼念者，不断轮换的流水席。一般而言，除了有特殊身份地位的人，参与者的数量相对固定，尤其是改革开放前，参与者由附近的家族成员和本村村民组成，形成相对固定的参与范围。悼念礼仪和宴席标准带有鲜明的时代特色。在以农耕为主要生活来源时期，悼念时参与者主要带着粮食作为礼物，以协助主办家庭招待亲友。关中和陕南地区悼念礼和宴席的区别，首先表现在南北粮食作物类型和生活方式的差异上。在关中地区赵家台村，以礼馍作为悼念礼物，并以岐山臊子面作为流水席的主要食物；在陕南王家庄村，物产类型较为丰富，参与者以面粉和稻米作为悼念礼物，宴席多以不同的本地特产作为菜品，并以“七碟八碗十三花”作为最高宴席规格。其次是悼念方式和宴席的评价标准不同。关中农村的葬礼不仅在中国礼制文化的框架之中，而且在历史上礼制和权威不断得以强化。在赵家台村，这种严格的礼仪制度体现为一种统一性。统一性意味着悼念方式、宴席都是标准化的。例如宴席的规格不能过高或过低，这都被视为逾越规矩。陕南农村的葬礼虽然也存在地方标准，这种标准有极强的包容性，不仅容纳了不同省份的葬礼参与传统，而且容纳了因时代变化产生的新的葬礼参与形式。例如王家庄村在近代葬礼变革中，接受了城镇葬礼中鞠躬的悼念方式，与过去的三叩九拜礼相结合，共同形成葬礼参与中的悼念礼仪。

从关中、陕南地区农村葬礼参与的基本形式可以看出，葬礼参与均围绕着儒家文化对葬礼礼制的规范，葬礼的仪式展演则带有地方文化元素。在关中农村，村民历来以厚葬为举办准则，将“视死如生”的观念投射在葬礼之中。本书研究涉及的赵家台村所在地周原，具有强烈的周人祖先崇拜传统，厚葬也成为对祖先礼制传统的追溯。厚葬的实现，一方面是主办者倾尽财力以保障葬礼的仪式、宴席等符合风俗习惯，另一方面是需要众多的参与者，形成葬礼隆重的场面，完成繁杂的葬礼仪式展演。许多仪式展演的含意已经被人们遗忘，却仍然保留着仪式的形态，已达到“丧尽礼，祭尽诚”的目标。相对而言，陕南农村葬礼则受到南方风俗习惯的影响。本书中研究的王家庄村主要受到邻近的荆楚文化的影响，在葬礼中多有火居道士[①]的斋事活动，以及大殓当晚名为“打待时”[②]的吟唱和舞蹈进行守灵。

上述葬礼参与活动的差异，体现了关中、陕南地区的区域葬礼文化差异。在葬礼文化方面，主要是关中文化区的厚葬传统，加上赵家台村所属的关中文化区凤翔亚区对周人祖先的崇拜，形成延续祖先礼制传统的重礼仪的葬礼文化。陕南文化区深受移民文化影响，在行政区域内，既与核心的关中地区葬礼一脉相承，同时在具体形式上融合多地域的葬礼习俗。王家庄村属于陕南文化区的商洛亚区，位于关中和陕南的文化交会地带，其葬礼习俗深受荆楚文化影响。结合本地的自然地理和历史渊源，葬礼文化的区域特征，形成了相似葬礼参与流程中对葬礼参与活动的不同理解。

① 火居道士：即在家修行的道士，不出家但可结婚。

② 打代时：方言。或称打待诗。是“下江人”的祭祀习俗。人死后的晚上，由几个人敲着锣鼓，围绕棺材，边打边唱，直至通宵。

3. 近代变革

本书研究的两个村庄，其葬礼参与传统具有相似性。本书所指的葬礼参与传统，主要是指民国时期至改革开放前这一时间段内的。从葬礼参与的情况来看，民国时期的葬礼改革对关中、陕南的村庄没有本质影响。这个时期的农村葬礼参与形式主要受到经济条件的影响。赵家台村和王家庄村村民的主要经济收入来源于农产品种植，但农产品收益受制于自然条件，即所谓“靠天吃饭”，村民经济收入不稳定。根据《岐山县志》《商南县志》记载，这两个地区均遭受较大的自然灾害，关中赵家台村主要面临旱灾，陕南王家庄村主要面临洪灾。由于经济条件和地理环境的限制，以及人均寿命低，单个家庭难以独自承受举办葬礼的重担，家族成员和乡邻间遂形成紧密的葬礼参与网络。

此时宗族是村民组织葬礼的主要单位。从家族活动形式而言，两个村庄家族的活动重心有所不同，赵家台村是以葬礼活动为核心，王家庄村是以宗族活动为核心。分析家族历史可以发现，家族活动形式的差异源于家族建构过程的差异。如果把家族纳入广义上的宗族，可以看出宗族的建构过程包括宗族的形成和发展、本地的开发和移民，也包括具有历史渊源的祖先传说、早期族谱世系①。这与本地的精英阶层在祖先记忆中的追溯方式、攀附名人的目的、自身支房的价值地位，以及由他们对于祖先创立延续至今的祖归民约所采取的“文化控制”相关②③。在两个

①常建华：《近十年明清宗族研究综述》，《安徽史学》2010年第1期，第85-105页。

②赵华鹏：《社会人类学视野下的族谱文化研究综述》，《中山大学研究生学刊（社会科学版）》2013年第4期，第88-97页。

③张运春：《困局于应对——对沂水刘南宅家族神话的一点看法》，《民俗研究》2017年第6期，第76-84页。

村庄的家族建构过程中，赵家台村缺少具体的祖先故事，而是以本地周原地区的周族建构祖先记忆，将周文王、周成王认定为祖先，融入本地文化，是一种文化归化过程。王家庄村则以英雄祖先的移民史建构祖先记忆，将移出地安徽和定居地陕西同样视为故乡，带有文化交融的色彩。

中华人民共和国成立之后，村庄作为行政单位的作用逐渐突显。其中生产队制度至今仍然对村庄葬礼产生深远的影响。国家划分的生产小队成为村庄的生产生活的基本单位，葬礼的组织成为生产小队的职责之一，村庄甚至代替了家族承担了管理葬礼的职责。葬礼参与的主要是以劳动互助、物资共享为主。单个家庭无法独自承担一场葬礼。葬礼中既需要大量劳动力完成下葬，也需要粮食、物资以酬谢前来帮忙的亲友。葬礼参与于是成为村庄集体生活的一部分，是由村小队主导，村民共同参与的公共事务。葬礼的旧风俗被国家定性为落后的风俗习惯，以“破四旧”“打倒牛鬼蛇神”去除村民对鬼神的信仰，包括在葬礼中的巫蛊之术和宗教仪式。道士、和尚、风水先生逐渐淡出葬礼，葬礼的选址主要由村庄决定。例如，赵家台村以生产小队划分公墓的形式进行选址，死者不分家族、辈分，按照死亡的时间依次埋葬。王家庄村缺少建立大片公墓的条件，则由小队长在山坡上选择能够埋葬的地点。

于是，这个时期的葬礼得到了最大程度的简化。一方面是中华人民共和国成立后，政府对农村风俗习惯的改造。中华人民共和国成立之后，村庄成为思想观念变革的主要落脚点，农村葬礼中，凡是和封建迷信相关的习俗均得到禁止，所谓封建迷信的涵盖面十分广泛，关乎农村葬礼的每个环节，风水、纸扎等均包含在内。另一方面源于村庄代替家族管理农村葬礼。村庄成为村民生产生活的基本单位。为了实现村庄的有效运转，葬礼的简化成为必要条件。对于村民个人来说，个人可支配的时间和物资十分有限，主要是维持基本生存需要，举办隆重的葬礼显得不切实际。

近代之后，中国葬礼的现代化之路，主要是形成了工业社会的城镇葬礼，却没有形成新型的农村葬礼。农村葬礼的变化更多的是在过去葬礼流程和殡葬文化的基础上进行的删减或者变通。改革开放激发了农村转型道路的探索，不同的村庄形成了全然不同的转型方式，越来越难以用一种模式概括中国农村的现状。陕西关中和陕南农村的自然地理环境和文化传统的差异，在社会变迁的洪流中凸显出来。农村葬礼参与不再受制于全国统一的葬礼礼制，在不同的地域中，是否会产生不同类型的葬礼参与形式转变？这就需要在关中、陕南的村庄转型中进行探索和分析。

## 3.3 改革开放后的关中、陕南村庄转型特点

### 3.3.1 收入和职业

改革开放后村民收入增加，从购买电视机这种非生产性消费，以及盖房这类大额的支出可见一斑。村民收入的增加可以分为三个阶段：第一个阶段，生产队的解体以及家庭联产承包责任制的实施。村民家庭可以支配自己的土地和劳动力，提升了耕地产量，增加了非农业收入。由于土地种植带来的收益有限，非农收入成为购买电视的必要条件。1978年改革开放后村民开始出现购入黑白电视机的先例。随着外出务工人员的增多，电视机从稀缺品成为家庭必备品；第二个阶段，是村民形成以家庭为核心的生产生活单元。以村民从土坯房到建砖瓦房为标志，家庭之间的收入差距日渐明显。1990年之后，随着收入的增加和个人可支配

资金的增长，村庄原本的土坯厦房[1]逐渐被拆除重建。2000年之后，随着基础设施建设的完备和村民收入来源的多元化，道路和房屋的建设基本代替了原本胡基[2]搭建的厦房，由砖木混合结构的新房屋代替；第三个阶段，村民职业技能成熟阶段。村民从最初的打零工到成为司机、建筑工人等，具备专业技能。到2010年，职业技能的价值得到村民的认可，即使在村庄内部也形成了建筑、打井等行业的用工价格。职业化使得村民的收入水平大为提升，收入来源长期稳定。

收入增加后，赵家台村的葬礼发生了一些明显的变化。在村集体时期，“那个时候也没有钱，箍墓啥东西都少，都是挖个坑往里面一瓮（埋）算了。现在的话也有钱了，人也想到人都住楼房，死人的话也给房子箍起来不挨土，箍墓都是改革开放以后。中间有一度，打倒那个旧风俗，像牛鬼蛇神，这一段当中没得。死了以后就是这家户成员抬棺材的人多，环节都差不多，就是挖个坑往里面一搁。”（HXR，20190620）改革开放前，村民的生产生活与土地紧紧地捆绑在一起，拥有的只是少量的粮食。葬礼中招待亲友的粮食，则是村民在葬礼参与时的粮食赠予，普通村民的厚葬只能通过人力的投入实现。村民收入增加后，葬礼消费项目随之增加。例如请演员唱戏，这是过去农村葬礼难以负担的支出。此外，葬礼参与时由送粮变成送礼金，礼金额度也随着收入升高逐渐增加。

王家庄村和赵家台村的收入增加阶段相似。不过，王家庄村随着粮食种植的衰落，收入来源的增多，以及人均耕地面积的减少，村民从事

① 厦房：关中地区把一边施椽的厢房叫作“厦房”。建筑形式为两侧是单檐厦房，中间为院落，两侧厦房相对而立。

② 胡基：指土坯，打胡基是关中传统房屋的建造方式，关中地区打胡基的方式是在特质的木模框中用黏土夯实。

非农产业的比例逐年增加。20世纪90年代以后，由于水资源匮乏和非农产业的发展，水稻种植逐渐消失。村民职业涵盖商品零售业、服务业、运输业、粮食加工等多种类型，个体工商户数量逐渐增加。随着改革开放，本地重启省际集镇，交通运输业和商品经济恢复活力。

### 3.3.2 外流和城镇化

1. 关中赵家台村的城乡流动

早期的村庄人口流动受到交通条件和“安土重迁”观念的制约。村庄成员的迁入迁出控制严格，个体或家庭搬出村庄，就是脱离村庄和家族，从而遭受村民的排斥。周姓曾有一房村民迁出村庄做生意，之后再想回村居住时，受到家族长老和村民一致反对，最后以为村庄修建娘娘庙为条件，才迁回村庄。此时的流动不仅缺乏条件，而且令人恐惧。改革开放之后，农村人口流动的政策有所松动，家庭联产承包责任制使农业生产出现剩余劳动力，陆陆续续有村民参与到县城和乡镇的基础建设之中。随着务工收入的增加，村民安土重迁的观念发生了动摇。“打工毕竟比农业上的效益高”，回村“一个是收、种，一个是打了三个月五个月的工，也回来休息下。家里还有老的呢，回来给收拾下。”（YGM，20180509）打工带来的经济收益是显而易见的，自给自足的小农经济已经不能满足村民的生活需求。

大规模的城乡流动发生在2010年前后，村民从在县域内务工为主，逐渐转变为跨越县、市的流动，这些流动的村民以青年群体为主，青年群体的流动带动了整个家庭的流动，在城乡间流动的村民开始超过半数。子女教育和务工机会增多，以及城镇生活便利，使年轻人更多地流向城镇，导致村庄缺乏劳动力。为了满足家庭生活的需要，家庭成员整体流动成为常态，积攒多年建造的新房屋大多数时间无人居住，在城镇租房或购房成为新的趋势。

2. 王家庄村的城镇化

王家庄村的转型经历了三个阶段：第一个阶段是村民经济状况的初步改善。王家庄村在1981年生产制度改革之后，村民的农业收入有所提升，人均耕地面积较少。改革开放促使王家庄村个体经营者和务工人数增多，村民收入得以提升；第二个阶段，从粮食种植转变为大棚蔬菜种植，同时非农产业有所发展。2000年之后，王家庄村原来的粮食生产衰落，加上非农产业的发展和早期个体经营者的成功，逐渐动摇了王家庄村作为粮食主产区的地位，正式由粮食主产区转变为蔬菜主产区。在这个过程中，随着收入的增加和需求的增长，村庄内形成村民盖新房的高潮，加快了从土坯房到砖瓦房的置换；第三个阶段，村庄经济作物实现规模化生产，多采用土地流转集中使用农地，彻底改变了村民和土地之间的关系，务农的村民从种植自己的土地，转变成为土地承包者雇佣的工人。

随着王家庄村粮食作物的种植逐渐减少，水稻种植则完全消失，蔬菜大棚的规模种植成为王家庄村庄范围内的支柱产业，蔬菜大棚种植成为主流，“现在种菜为了搞经济，他种菜卖嘛。现在发展经济，粮食不是主要的，经济是主要的。”（HXR，20190620）为了提升土地利用率，村庄采用土地流转的方式扩大大棚种植规模，许多农民通过土地转租，或者转变为大棚种植主的雇工，或者务工，或者成为个体户。2013年数据显示，村组内经营的个体工商户店铺、厂（场）、馆21家。[①]目前村庄内500多亩耕地，人均耕地面积0.5亩，种植小麦的耕地不足50亩，粮食亩产较高，但总量十分有限。土地产出已经不是村民的主要收入来源：

① 王家庄村志编纂委员会：《王家庄村志》，中国文化出版社2014年版，第171–173页。

我们村这块儿从上到下总体来说的话，以土地为主要收入的那种相当相当少，大多数都是以在外边务工为主。农业收入，你想农业收入它本身以土地说话是吧，我们本身土地占有量就比较少，然后你现在的又土地流转出去那一部分，再加上这块儿占那块儿占，你人均的土地占比它就越来越小，你指望那块土地你能种个啥，你能产个啥。再过十年，老一代的有相当一部分都不在了，你到年轻一点的，说实在话，头顶这一块了，他就不得（没有）那个概念，多了就多了，少了就少了，不得（没有）就不得（没有）了，没人管它。土地就不是他的主要收入来源。（HJ，20190506）

耕地面积的稀缺和土地种植的高投入、低产出，使得村民与土地的关系逐渐松动。相对耕地而言，宅基地则达到“寸土必争”的程度，耕地意味着收入来源，而宅基地则是私人财产。村民与耕地关系的变化是村庄产业转型的结果，村民更多地参与非农产业之中，从农民变为务工人员和个体户，并且由于本地集镇区位的优势，村民大多数能够选择就近务工和经营店铺。

# 第4章 关中赵家台村：葬礼参与中的角色转换

赵家台村一直以农业生产为主，期间村庄经历了从农业到工业的产业转型失败，村民开始去城镇务工提升经济收入，务工者以中青年劳动力为主。近十年村民以家庭为单位向城镇流动，流动人口比重增加，村庄常住人口大幅减少。村民举全家之力在村庄建造的新房闲置，比邻而居形成的紧密关系和频繁互动不复存在。村庄建房变为城镇买房，村民的常住地点越来越分散。

赵家台村已经成为典型“空心村”，参与葬礼的交通距离变长、参与过程的阻碍增多，及时的全员参与不复存在。在仪式层面，村民将葬礼习俗视为祖先遗产，不能随意更改，村庄葬礼仍然保持厚葬传统。许多村民形成了外出务工、葬礼时回乡的流动模式，产生村庄日常冷清和葬礼喧闹的鲜明对比。然而，村民外出务工和回乡参与葬礼的矛盾愈加突出。目前，赵家台村民如何看待人口外流后的村庄葬礼？村民如何处理流动过程中葬礼参与的难题？需要从村庄转型和葬礼参与形式转变过程中寻找答案。

## 4.1 村庄转型后的变化

村庄转型对葬礼参与产生了以下影响：首先，流出人口多为村庄劳动力，葬礼过程中的人力资源稀缺，如准备流水席、打墓等环节；其次，流动人口的居住地的距离限制，使葬礼参与从“帮忙”变为“探望”，村民的交通成本，成为葬礼参与的另一种付出；再次，人口外流减少了村民的共同生活经历，村民之间的陌生感增加，葬礼参与的公共性减弱，成为以农户为核心的家事；最后，村民的人际关系网络扩展至村外，产生了因教育、就业形成的村外人际关系网络，扩大了葬礼参与范围。因此，葬礼的参与人员形成了务农和务工村民的分化、村居生活和城居生活的分化。

### 4.1.1 务农和务工的参与距离分化

赵家台村因缺少集体产业，仅靠务农不足以维持村民的日常开销。外出务工成为常态，村两委班子换届时已经开始缺少合适的人选了。一些人口外流严重的自然村，只能由留守老人担任小组长，行政村的人选则更为严格，“现在村里是和高家庄村和赵家台合并的。这两天选举，村书记的事已经定了，还要产生一个副主任、正主任，和7个支委。各队小组组长在这一回都要换呢，队长现在也没人干。尤其是村上现在那主任，有人想干呢，有人也不想。现在年轻人，要求55岁以下的，55岁以下的，关键还要党员。55岁以下的党员咱村上本身就少，再一个弄下来，年轻人家弄下来40岁多一点，人家看发展，培养成村上的啥。人家出去一天打工，装修，一天不下三四百元，一月（收入）也可以。人家不愿意弄，但是人家是党员，现在支委选举，不弄现在再没有人。”行政村的主要任务就是管理人口（出生人口、死亡人口、流动迁移人口），收的费用和土地没有关联，主要设计养老、医疗保险、垃圾清运等。村庄除了行政办公的微博补贴外，其他开销则需要村民集资，例如修路、安装路灯等基础设施建设。

村干部除了完成日常事务外，最重要的就是维护村庄安全、调解纠纷，村里的事"一个害怕着火，一个害怕打捶（打架）"。一次村里几个年轻人开车把别人地里的玉米撞倒了，玉米地的主人气不过，叫上家里人揍了这几个年轻人。两伙人都觉得自己吃了亏，年轻人报了警，警察联系到村干部，由村干部出面调解纠纷。通过村委调解会，一边是七八个年轻人，一边是玉米地主人一家。最后商量了合适的赔偿金额，才算得以了解。因此，村里遇到大事，包括收麦、婚丧嫁娶，村干部都要预防出现因纠纷升级的暴力事件。在白事中，村里主要叮嘱食品安全问题，其他环节村里不直接插手，全权交由主事人管理。

赵家台村的葬礼中主事人统筹人力、物力，风水先生掌管仪式流程，与参与者相关的首要人物就是主事人。在人口流动频繁的当代农村，主事人的一项任务就是平衡人口流动和仪式场面之间的关系。

按照惯例，葬礼的7天里乡邻需要分担做饭、打墓、仪式准备等劳动。常年外出务工的村民太多，导致这个环节很难照常进行。对于村民而言，请假7天会耽误工期，从而失去一个工作机会，只好在时间上进行权衡。当外出务工成为普遍现象以后，规律的工作和突发的葬礼产生了直接冲突，参加葬礼需要付出更多的代价。在这种情况下，留在村庄有劳动能力的村民，承担了更多的葬礼劳动负担，却无法获得对等的回报，葬礼参与中的互助体系开始瓦解。

务农和务工村民的收入差异越来越大。在全村务农的情况下，村民的生活范围以村庄为边界，和周边村庄的人结婚，在村庄内生活和劳动。

村民生活水平较低，贫富差距较小。生产队时期，已经有村民成为在工厂上班的工人，由于生产队以劳动工分分配粮食，工人没有参加村集体劳动，反而需要用工资购买粮食，此时外出务工和村内务农的经济收益差距较小。市场经济发展后，城镇打工的收益明显高于务工收益，农民的衣食住行和教育医疗都需要按价付费。近十年来，工价不断上涨，粮食价格却没有太大变化。2015年，“小工”[①]一天工价60元，2019年，已经涨到一天100元以上。粮食价格没有上涨，种地进行浇灌、施肥和农药的价格越来越贵。村民对务农和务工的收益做出如下的计算：

> 浇地的电费国家给投资一部分。浇一亩地就是花费一百多，我在外面也能挣100块钱。你打的麦一斤才卖一块钱，我打三天工就是300块钱，我也不回来了，它打多少（粮食）够我吃就行了。现在不太关注（粮食）产量，这个就是你也听过“小农经济思想”，意思就是我只管我，我打工就能挣3000块钱，我家里只种三亩地，三亩地成了（收割了）卖3000块钱，我打一个月的工就是3000块钱收入。过来过去就是这么点事，要是我回去再浇一回地，本来我在这打工呢，人家老板这急着用工呢，我把地浇了人家不要我了，我干啥去呀。所以这地爱长成啥样长成啥样。（DHS，20180510）

村民务农一年的收入，最多不过是务工一个月的收入。务工村民的时间分配进了工业社会的齿轮，代替了以农时安排生活的习惯。务工时间总是密集而规律，短工需要工作几天到数周，签订合同的工人则会规律工作几个月到数年。雇佣者有时会放几天的农忙假，除此之外没有太多自主使用的时间。

---

① 小工：一般指工地上起辅助作用的工人，对专业技术没有特定要求。

城镇务工的选择改变了村民的生活方式，改变了他们参与葬礼的态度。从葬礼参与总人数的减少中可以看出，2000年至2010年一场葬礼的参与人数有400人，经济收入普遍提升，仪式成为展示财富和扩展人际关系的重要场合，那时“村子的（指同村的男女老幼）都走动了，客也就多了。现在待客其他村子也有来的人。四五十席、五六十席的待客，过去待客只有十几席。”（ZJL，20190406）2010年之后，随着农村人口总数减少和向城镇流动，葬礼参与总人数回落。

这种回落本质上是村民人际交往方式的改变，人们有了更广泛的社会网络，亲属和乡邻关系不再具有独占性。因此，葬礼的参与距离既包括空间距离，也包括情感距离。空间距离是在村庄人口外流后，人们参与一场村庄葬礼距离更远、时间更长。村庄葬礼参与从就地聚集人群，变成需要从外地赶回来参加葬礼，仪式环节难免受到影响。空间距离改变了人们与葬礼之间的关系，葬礼不再是塑造个人社会身份的重要场景，转而成为个人家庭角色的载体，成为日常生活中的特殊事件。原本贯穿整个生命的“葬礼准备”，也被分解成一个个的具体事件，例如村庄中子女为60岁以上父母准备棺材、寿衣的风俗，随着村里的年轻人离开家乡，这种风俗习惯自然被忽视，只好都由老年人自己准备，以完成理想中的体面葬礼。情感距离是葬礼对于参与者的重要性，空间距离降低了村民参与葬礼的程度，许多青年人几乎不再出现在农村葬礼之中。缺少了葬礼的生活仍在继续，缺少了土壤的殡葬风俗越来越得不到认同。一些见多识广的村民不断审视现在的农村葬礼，探讨“有没有啥好办法既能办得体面又不折腾人”。目前看来没有这样两全其美的办法，只好继续实践老祖宗流传下来的仪式，起码老祖宗也有他的道理。

### 4.1.2 村居和城居的群体成员分化

2019年，赵家台村2100人中，常年居住在村庄的人口数量只有十分之一。用村民的话说“有本事的人都不在村子里”，“有本事的人”是指能外出挣钱的人，因升学、就业成为“城里人”，或在城镇务工。留在村庄的群体主要有三类：一是老人，“儿女大了，现在他还能生活自理”，二是“残疾人比较多，不能出去打工”，三是“娃娃接回来，小两口打工，老两口在村里给管孙子”（DHS，20180510）。以往村庄选举这样的大事，村民已经不太关心。村干部召集附近的村民回来参与选举，要求达到1624个选民，实际到场的不到160个。只好由家庭出一个代表填写其他成员的选票。人户分离的村民最难办，户籍在这常年不回来。村干部电话联系说：“你户籍在这儿呢，人家选举呢你要回来呢。”村民则回答道：“选谁不选谁，与我有啥关系，我在这儿挣钱回去干啥，回去人家（用工单位）不要我了。”只有牵扯村民个人利益的时候，例如领养老保险、小孩念书需要开证明这些，才会主动找村干部。

随着村民在城镇从暂居变成长期居住，城居村民的务工目标从维系生活变为改善生活条件，包括教育、购房、医疗等需求。务工方式也从半工半耕、就近打零工，变为进入城镇的长期务工。村庄和城镇资源的不平衡，拉动越来越多的村民在城镇定居：

> 现在娃娃伙都在外面呢，还牵扯[1]下一代念书上学那事。咱这农村教育资源不平衡，这下（小孩）念书他妈他爸打工要挣钱，这么接送都成老人的事了，做饭、接送。老人为啥到那（指城镇）住去？比方说如果我80岁了，娃娃都大了，我一个在家人家不放心就接去

---

① 牵扯：方言。指有紧密的关联。

了。就这么个循环，以家庭为单位。你不挣钱不在那地方买房人家不让你在那上学。这一弄就是交个首付按揭一下把房买下，为啥，为下一代上学呢。这一上学账塌（欠）下来，年轻人还要打工挣钱，接送就成老人的事了。所以屋里把房盖得好好的，门一锁可到城镇去了。（DHS，20180510）

务工的村民没有迅速成为“城里人”，多数务工者仍处于城乡流动的状态。村民在“种、收的时候回来。他回来是做啥，一个事是收、种，一个是打了三五个月的工，也回来休息下。家里还有老的呢，回来给收拾下。所以（村民）喜欢打工，打工毕竟比农业上的效益高。”（DHS，20180510）随着人口外流，村小学的生源越来越少，校舍也多年未修整成了危房，最终没有逃过撤校的命运。

赵家台村的村民主要向县城、周边城市和省会流动，但人际网络没有随着人口外流延伸至城镇。村庄以家庭为单位的农业种植模式，使得农户成为生产生活的基本单位，当村民进入城镇后，家族和乡邻的纽带逐渐弱化。这些在外务工的村民，除了直系亲属和“关系要好”的村民，彼此之间没有太多联系。务工村民的流动根据农时、年节进行调整，一年打工时长约10个月，回村的时间不到2个月。除了春节前后，村民返乡时间不固定，村庄生活成为零碎的片段，村民之间的往来频率减少，农村的节日气氛越发萧条：

主要是（村里）没人了么，青壮年都出去了，出去了他们对这事情并不感兴趣么，他们有自己的表达方式。再一个现在这个对农村影响最大的就是电视。原来没有电视的时候，大家看春晚，还有就是消夜[1]么。我给你说过，我小时候消夜从晚上要串到凌晨两点呢，每家每户都要串，去了之后是一个凉菜，给大家发点水果糖，分些瓜子，喝点酒。挨户要串，后来萎缩到大门子，大门子萎缩到小门子。全村串，是这样的，同门子的组织一个串门的代表团。现在只剩下，谁家的老人在，大家才去。串门子就是出去拜年嘛，没有老人的话大家也不去了。现在咱门子老人剩下，你奶奶，还有我五爸，五妈不在一家，就这三家。然后同辈就不串嘛。电视对农村的影响非常大。原来在生产队的话，大家之间就比较有感情。原来你说一个村子谁家不知道的，那不可能。现在也出现一个村子互相之间不认识的，没有交流机会么。我现在回去很多人都不认识了。现在互相之间不发生联系么。还与市场经济有关系，过去大家都是互相帮忙呢，现在不存在帮忙的问题，现在就给人家付劳动报酬就行了。你叫人家盖房就得付钱。（ZDC，20150216）

人们回怀念以往热闹的村庄，却不愿回到村庄定居。城居村民在参与葬礼时，往往需要从城镇模式切换回农村模式。如果在农村生活得时间长，距离近，以往耳濡目染的村庄葬礼塑造了村民的仪式观念，回乡参与葬礼就成为应尽的义务。他们在城镇生活中难以形成的归属，在回到村子参加仪式时生了根。而年轻的村民则不遗余力地奔向城镇，他们从小就向往城镇生活，有的十几岁就离开村庄。同样是务工，村庄青年却很少主动参与葬礼。他们不像父辈一样有浓厚的乡土情结，在五光十色的现代生活回望村庄仪式，总感觉格格不入。

村居和城居的不同生活逻辑，使得外出务工的村民常常为了融入城市生活而改变了农村生活习惯，熟悉了城市的生活习惯。村庄则是未封

① 消夜：方言。指大年三十晚上挨家挨户给长辈拜年。

存的家乡，村庄埋葬的祖先和亲属仍然是在外漂泊者的心灵寄托。回到村庄，外出务工的人又回想起村里的生活和人情世故，作为被城市塑造过的村民回到农村，与一直在农村生活的村民差异越来越大。他们在葬礼参与中按照各自的逻辑看待仪式，试图改变参与形式以便符合自己的生活安排。

村居和城居群体是常住地的差异，也是不同年代的村民生活方式的差异，基本上可以称之为农村老人和农村青年的差异。上一代的村民有不少因照顾家庭而留在农村的能人，照顾年迈的父母或者患病的亲属。在农村生活面貌改变的趋势中，从事盖房、打井等基础建设工作。此时村里能干的村民，收入远远高于城镇务工或就业的村民。年轻一代则完全消失在农村生活中，村庄内赚钱的活计越来越少，也很难容纳青年人的生活方式。现在在村里做工，仅仅能够维持温饱，不能满足村民追求富裕的愿望。城镇生活中能够提供休闲和消费的街道，在村庄也无法实现。

居住格局的分化使村庄的留守老人面临前所未有的生活危机。村庄的生活保障体系是由人际关系网络交织而成的，养老是家庭这个小系统的应尽义务。人口外流造成的家庭分离，产生了养老还是养小的抉择，随着家庭资源向子代倾斜，照料父母的时间、经历和花费更为有限。由于农村老年人无法给予子女充足的经济支持，也不再掌握当代社会的生存技能，老年人失去了家庭中的权威地位，丧失了参与家庭事务、领导家庭成员的权力。村庄出现了一些不赡养老人的现象。可悲的是，一旦这样的家庭在老人去世时大办葬礼，村民就很难给予负面评价。一场葬礼就这样维护了两代人的体面：

桥东某某他娘活的时候是癌症，他娘说给买点止疼片吃。人家说，活着没相（没门），啥时候死了我啥时候给。死了（葬礼）还安

排得好得很。你孝顺下，死了别那么大做（大办）。人家说“活着《墙头记》，死了眉眉戏”①。（DXY，20150212）

母亲生前没有得到医疗资源，死后却安排了风光的葬礼。办葬礼还是治病，产生子女对有限家庭的资源分配方案，治病和照料是长期的无法计算的投入，而一场葬礼的花费是固定的，还能通过收礼降低成本，在仪式中获得“孝顺”的名声。

老年人面临的另外一个生活危机来自现代疾病治疗方式。在以自然生命观为核心的时代，疾病和死亡被视为一个人的命运，通过民间偏方、巫术禳解来缓解病痛。随着现代医学技术的普及，医疗观念和医疗行为发生了转变，在诊所、医院看病成为常态。科学的治疗方式和生活水平的提升，增加了村民的寿命，“过去人寿数短得很，活上五十几的人就是腰弯得路都走不动”，且“医疗条件也差，有病也不治”（DXY，20150212）。也改变了人们的葬礼安排计划。从葬礼准备阶段来看，在人均寿命没有超过70岁的年代，60岁是准备棺材、寿衣的起始时间，以保证葬礼的有序和体面。随着人均寿命的延长，70岁以上的老年人越来越多，提前筹备葬礼形成了两种生命观之间的反差。人们希望医疗技术能够消除痛苦、延长生命，却不愿在医院去世。在葬礼中，没有在家中去世的人会停放在宅院之外，最终成为不能回家的孤魂野鬼。现代治疗中的医疗空间和村民的死亡空间产生了割裂。

村庄中老年人漫长而孤独的老年生活，加重了对健康状况的焦虑。许多留守老人感到身体日渐衰弱，从疾病治疗上升至对死亡的担忧。村

① 活着《墙头记》，死了眉眉戏：俗语，用来讽刺老人活着的时候儿女不赡养，死了后唱眉眉戏大操大办。《墙头记》是一出戏，戏的内容是儿女不赡养老人互相推诿。

里70岁的刘老太上年纪后容易头昏犯困，感到自己身体状况糟糕，十分担忧，让儿女带去县城医院检查，做CT。医生诊断说没有疾病，她却不愿接受，仍然坚持住院治疗，在医院每天挂三瓶营养针。医生说刘老太的虚弱是活动量太小造成的，总不活动自然东倒西歪。这样来回折腾了几次，甚至还叫过救护车去县医院，救护车来了后问病人呢？刘老太早已自己上了救护车，大家一阵笑话。时间长了刘老太才逐渐接受了自己年迈体衰的现实。

时常在村里走街串巷的推销员则满足了留守老人的精神慰藉。推销员先是热情关心老人，然后在村广场给村民逗乐，最后才是推销产品。比如“那年不是卖那推销产品呢，人家抽签呢，抽了给你多钱，给我母亲抽了，说‘老姨，你有钱么’，回答‘有呢’，说‘老姨，你拿的钥匙呀。老姨，你拿了人家不生气么’，‘不生气’。推销的人就问她要钱，她拿了200块钱买回来锅用不成，这下不敢和家人里说。儿女知道了只好说她高兴花了，上当上去。”（DHS，20180508）这些推销花样让一些老年人难免上当，却也成为冷清村庄的一点色彩。

## 4.2 城乡流动中的葬礼参与现状

### 4.2.1 亲属中心的葬礼参与

赵家台村一旦发生葬礼，必然成为村里最大的新闻：

NSX：二嫂他娘才殁了[①]。

DXY：啥时候？

① 殁了：方言。去世了，死亡的隐晦说法。

NSX：夜黑[①]，夜黑9点的时候。往下走的时候，他伯叫着去，他伯给我长科打电话说二嫂他娘殁了。现在8点天才黑，天才刚黑（人就殁了）。二嫂打电话说，给她剪一点纸，说让我们就在屋里剪，剪完了拿过去。（NSX，DXY，20180509）

在村里的人都会抽空买点纸做纸花，一般是在丧家的院子里一起做，或者各自做完拿过去。交代完葬礼参与的准备，村民开始谈论人是怎么没的，“我看嫂子急巴巴下去了，没停，又上来了。说叫小霞她爸去看，心脏弱得听不到。嫂子犹犹豫豫，害怕人家发警灵醒[②]了。发了好几回警了[③]，又灵醒了，说让她没管[④]够。没管够的话拉下去[⑤]可要拉上来[⑥]呢。后来小霞她爸说拉下去，一会会儿就死了。”村民谈论能够及时从医院送回家才咽气，是死者最幸运的事。

人们参与葬礼有一定的自发性：

根据村民的描述，现在婚礼一般不在村里举办，直接在县城的酒店包宴席。葬礼则因为仍以逝者房屋、村庄公墓为两个中心地点，仍然以村庄地理位置为举办地。婚礼中请人捎礼的现象比较普遍，葬礼则一般不捎礼，一家总会出一个人来参与。

有葬礼的时候，大家都会相互通知，在村里免不了相互行情，

---

① 夜黑：方言。昨天晚上。

②发警灵醒：方言。从昏迷的状态中清醒过来。

③发了好几回警了：方言。好几次陷入昏迷。

④管：方言。照料。

⑤拉下去：此处指回家。

⑥拉上来：此处指去医院。

距离太远的不再特意通知。无论婚丧嫁娶，只要支了桌子、搭了凉棚，流水席就正式开始了。一般仪式头一天就会开席（仪式前一天晚饭，仪式当天早饭、午饭），主家会有人挨家挨户请大家来吃饭，是邀请人参与仪式的必要礼数。曾有因主家疏忽没有通知到的村民，后来会因为这种疏忽而结怨。最早请人吃席只请男性，妇女和小孩仍留在自家做饭。现在只要在家的，无论男女老少一律请来。一户只纳一份礼（乡邻葬礼中不纳礼），全家老少在主家吃几天的流水席。"人殁了就是去下子看下子，人情么就是那样，不去了好像失礼了""庄子就是图个热闹，叫的人多，都让去呢"。

葬礼中需要帮忙也是如此，"这会庄子人少，只要庄子有人去就给搭着做下子，也不一定是门子的。以门子为主，但是村子都去呢。需要谁叫一下就去了，有的寻一下叫一下就去了。"葬礼一般四五天，也有六七天的，只要有人来探望、吊唁，都会招待吃饭。仪式中的帮忙不计算酬劳，"有时候需要跑路做啥的，给谁说一下，自己人了或者村子人了，搭个手，那一般也不付钱，给吃个饭就行了，这就是干活呢吃点饭就对了。农村这事简单，因为这老几辈在这住着，讲人情呢，关系呢，门子上的亲戚都在这住着。互相帮忙，请人家吃个饭，有的忙了就不吃了，活一做就走了，有的吃一下。"等待葬礼结束，再特意招待一次帮忙的乡邻，以表感谢。最后以拆凉棚作为葬礼参与的尾声。

以往葬礼中，不仅需要劳动力，还需要筹集物资。从搭凉棚开始，先准备支撑的树枝、遮阴的布，再借助周围的树才能七拼八凑地搭好棚子。仪式中需要的碟子、碗、桌子、板凳都需要向乡邻借，好在那时一家只来一人吃席，招待的人不多。

在葬礼中，主家一“请”、亲友一“来”，都是应尽的礼数。此时在村庄中一定能够看到一户人家挂出纸幡，俗称“通天纸”，挂在院子门口标志这家有人去世。小殓后，丧家门口会贴上“恳告”具体说明葬礼仪式环节、家庭成员等信息。葬礼的准备似乎贯穿了村民的一生，可以说“中国人一直在准备死亡，咽气只是死亡的完结”[①]。儿童时期村民经过葬礼参与接受死亡教育，成人后人们将“死后风光”视为生前不能作恶的轮回。步入老年后，开始准备葬礼实物。为了能够有一个体面的葬礼，老年村民在身体健康时就开始挑选棺材和寿衣，这才有时间挑选上好的木头和衣料，使用做工精细的棺材。在葬礼举办之时需要有经验丰富的主事人，才能在短时间内安排好一场隆重而体面的葬礼。葬礼限制在自家院落之中，一般会在厅房设灵堂，成为亲友的吊唁、祭奠场所。院内则是招待亲友的场所，不过由于院子面积有限，流水席一般会延伸至院门口的街道。

村庄葬礼作为村民自发举办的活动，已经没有乡绅或国家对礼仪进行规范。但赵家台村所处的关中地区一向看重“正统性”，只有正统的、符合祖先规矩的葬礼仪式和参与方案才会得到村民认同。因此出现了地方习俗和方志记载的互动，即当地方习俗模糊或存在矛盾的时候，地方精英通常会翻阅地方志找到仪式的根据。这在关中农村的田野调查中经常出现，这些识字的、有本事的地方精英，为了证明自己说的事有依据，常常补充“《县志》也是这么写的”，可见官方文本对村庄生活的影响之大。

“正统性”的表现之一就是维护父系家族制度。随着农村家庭结构转型，家庭小型化、家庭资源向子代倾斜削弱了男性长辈的权威，农村的

①张铭远：《生殖崇拜与死亡抗拒：中国民间信仰的功能与模式》，中国华侨出版公司1991年版，第251页。

独女户增加更是强化了这种趋势。然而，上述趋势在葬礼参与中则被扭转。日常生活中女性地位的提升在此时烟消云散，儿子高于女儿地位、孙子高于儿媳妇地位的仪式形式又崭露头角，复礼、招魂、大殓、送葬均已死者的儿子为仪式主角。儿媳妇无论平时在家中地位高低，此时都被排除在家族成员之外。这种对家族外部边界和内部差序格局的维护，在送葬中到达顶峰。赵家台村的送葬队伍只限定在五服亲属之内，其他人无论平时关系如何均不能参与，尤其是男性逝者的姻亲关系，全部排除在亲属之外。

关中赵家台村多数村民属于周、成两个大家族，由于大家族人数过多，目前主要按家族房支为单位活动，不同房支之间是礼俗意义上的远亲，实际也会因为居住片区、人际圈子的隔膜几乎不发生来往。其余的村民分别属于一些小家族，也有独门独户的现象。这些家庭发生葬礼时同样以家族为单位举办仪式，区别是“拉扯少”，即参与的人少。

亲属中心的葬礼参与意味着村民应当有完整的亲属网络，上有父母下有儿子，有兄弟姐妹，兄弟姐妹也有儿子。这样父母去世时，五服亲属才能齐全，分配给这些亲属的角色和任务才能完成。身后事的要求已经深入影响了村民对于家庭成员的期待，结婚生子是必须完成的大事，否则“死了没人送终”。相对于五服亲属的系统性，其他参与者则支撑了葬礼的规模。五服亲属数量有限，乡邻的参与决定了葬礼的总体规模。因此，亲属参与是基本义务，而乡邻参与更多的是“情面”，如果生前不维持和乡邻的关系，“死了都埋不到土里去”。

族谱就成为亲属关系呈现的文本，如成家的族谱，“老族谱，就是十七代的族谱，过去用那个麻纸，用毛笔写的那个东西一直放到现在。为啥它能弄到十七代去，就是有谱呢，人说话要有谱。它这个东西做的时候是拿去故宫博物院让人家做的，他把那个东西拿着，现在不能动了，动了就跌花花了[①]。大概是新中国成立以后，没人记载那东西（指族谱）了，往后我们才补的。”（CZX，20180510）一般来说，死去的亲属除了身在墓地，姓名都在族谱之上。只有一种类型除外，二十岁以内去世的“小娃”没有记录。按照家谱对于血缘关系的梳理功能，无论多大年纪去世都应当是家族成员，儿童和青少年的夭折属于痛心之事。现在村里的长辈只好询问亲属是否需要记录，有的人希望不要遗漏自己的家庭成员，愿意在家谱中记录；有的人则避讳此事要求不记录，以免在家谱中被“揭短”。

根据亲属关系，赵家台村的参与者分为五服内亲属、乡邻朋友，基本构成了葬礼参与的内外之别。赵家台村送礼金统称为“纳礼”。五服内亲属参与葬礼是自家事，需要根据血缘关系远近纳礼，住得近的还需帮忙。乡邻参与葬礼是别人家的事，过来帮忙则无需纳礼。村民送礼的仪式仅限于婚礼（娶媳妇、嫁女儿），新生儿满月礼，葬礼的三周年。除了近亲之外，“门子”（即同一房支的亲属）只需送礼金50元；乡邻因提供了劳动力而无需送礼。礼金的额度与参与者的关系紧密度相关，尽量排除收入差异和社会地位差异，基本原则是较低的礼金和较小的送礼范围。“较低的礼金”是指相对于其他地区，赵家台村的礼金额度较低。如1996年打零工一天的收入是1元，葬礼礼金额度则是5角或1元。2019年，打零工一天的收入增长到100元，葬礼礼金额度增加到50或100元。“较小的送礼范围”是指，葬礼中只有家族同一门子的成员送礼，而“人殁了街头不纳礼[②]”，“街头”指同村村民。“门子的人家来就给纳了礼了，街头就不，街头人来就对了，人来了就是个热闹。”（ZJL，20190406）2019年，赵家台村葬礼参与送礼标准如下：

①跌花花了：方言。跌碎了。

② 纳礼：方言。送礼。

表 4-1　赵家台村葬礼礼金标准

| 关系 | 葬礼礼金 |
|---|---|
| 女儿 | 500 |
| 五服亲属 | 100 |
| 门子 | 50 |
| 乡邻 | 0 |

礼金数额将参与群体进一步划分为五个类型：女儿、五服亲属、门子、乡邻（同一村民小组）、朋友（村民小组之外）。女儿会分担一部分葬礼开销，一般会出请戏班子的钱，由于女儿出嫁后属于夫家人口，仍要以夫家为单位纳礼。五服亲属属于本家人，乡邻则是外人。随着村民外出就业务工增多，村外的社会关系数量有所增加，出现了不属于村内葬礼参与体系的"朋友关系"，这些人多为同学、同事、战友、工友等。送礼的金额不受村庄风俗限制，能够参与的葬礼环节和乡邻等同。随着村庄人口的减少，婚丧嫁娶的礼金一年里一般送给乡邻的有二三个，送给亲戚的有一二个，合起来不超过10人次。人际关系中核心的亲属之间金额上涨较快，与村民的人际关系变化保持一致。

### 4.2.2　村内葬礼和村外活计

关中地区虽为平原，但受到自给自足的小农经济的影响，近代以前村民的活动范围主要是村庄。从赵家台村的通婚圈可以看出，近代村民通婚主要在临近几个村子之间，形成了几个家族之间错综复杂的亲属关系。随着1931年陇海铁路建成通车，逐渐形成关中的交通网络。对于赵家台村而言，其距离县城不过20分钟的车程，但公共交通不发达，去县城十分不便。如果去省会西安，则要辗转一天的路程。随着2006年关中环线的通车，赵家台村终于有了便于出村的主干道，交通问题才得到一定缓解。由于村口到县城的人流量小，关中环线路口的公交车班次很少，没有固定时间。村民大多选择步行一个小时到县城，“上年龄的可能得走一个小时多，青年人的话不愿意走路。现在走去县城的人少了，电动车多了。有些上了年龄的走着去，有的老汉的话有三轮车、小电动车，骑上就跑去了。”（ZJL，20190406）最后造成了村庄直线距离很近，但路途很远的现状。许多村民从最初的村庄、县城两头跑，逐步变为常住县城、偶尔回村。

村庄内相对封闭的生活环境，使得村内仪式和村外生活形成了两套体系。村庄的大小仪式中最重要的葬礼，其次是婚礼、满月或过寿，最后是盖房、升学等。赵家台村葬礼的重要性已经渗透到日常生活伦理中，形成“事死如事生”的仪式传统。相对于其他仪式，葬礼需要安顿死者，与一般仪式的聚会性质有所区别。加上葬礼的不可预测性，很难提前通知参与者。最后葬礼往往是既重大又紧迫的，短短几天就做好了葬礼的筹备工作。

村里的葬礼总是一个突如其来的消息，是一段看似平静的日常生活中的一个涟漪。知道消息的村民只能“放下手中的活计”，去葬礼主家探望或帮忙：

> 一般（葬礼发生时）村里人有事离得近也就回来了。比方这家有事电话一说，离得近就回来，本村的一般都回来。这红白喜事家家都有，都互相回来帮忙。不可能所有人都回来，比方咱庄子[①]谁给娃娃结婚，红事一般（不一定回来），白事的话每家都回来一个人，但是红事不一定来，就是人家电话给你一说，祝贺一下就可以了。

① 庄子：方言。村子，这里指村民小组。

因为工作远得很，回来一次也不容易。红事不那么乱，白事乱得很。烧纸的、做啥的，一天繁忙得很。（ZDL，20190706）

上述葬礼的筹备和参与，围绕的是“发生在村庄的葬礼”，如果村民在村庄以外举行葬礼，自然不会发生乡邻前去帮忙的情况。村庄这个地理范围附带着文化与情感意义的“家乡”，是村里人累世生活和埋葬的地方，是村民的来处和去处。维系村庄边界既依赖于土地制度，同时通过仪式进行建构。在葬礼中，客死他乡的人无法按照正统流程举办葬礼，只能在房屋外停灵，至死成为不能回家的人。为了能够魂归故里，病重的村民也要在咽气前回到家中：

葬礼只要是在村子的人都在村子办，这个还有很多讲究。假如说你这个人在外面去世了，就不能进家门了，这是个讲究。所以某某，年龄大了为啥考虑不愿意出去。人要是在外面去世了，就不能进家门，就要把灵柩停在外面。像我的姨父，他是在水库淹死的，冬天那么冷，就把他的灵柩摆在外面。我的伯，他那个父亲就是在西安医院去世的，就是摆在外面，不能进家门。从把灵柩回来之后就是要放在大门外面，埋的时候埋在村子。农村讲究就是，人死在外面再回到家里面，就是对后代影响不好嘛。（ZDC，20150216）

以死亡地点限制人的流动，是过去划分村庄地理边界、维系家族团结的一部分。现在，村民流向城镇的脚步已无法阻挡，只能在死亡这件大事上继续加以限制。为了能够让村庄葬礼顺利进行，即使外出务工者，也应当回村参加葬礼，用村民的话说“都是自己给自己放账”。大家平时都不住在村子，以后都要埋在村子的公墓，现在参加葬礼积极一些，以后自己去世场面也能风光一些。参加葬礼如同储蓄，不能用礼物代替参与行为。

图4-1　赵家台村葬礼出殡

经过村民对死亡的确认，门口贴上丧期、插上招魂幡，亲属乡邻就开始主动前来帮忙。分为整理死者遗体、布置灵堂、准备孝服和后勤工作，房屋之外，还有重要的打墓准备。这些庞杂的准备工作需要有立即响应的参与群体：

ZJL：只要不是太远的就去了，村子只要说一般就都去了，基本上没有不去的。

问：那要是请客的时候正是忙的时候咋办？

ZJL：就把那事扔下，非得去不行，不管是亲戚也罢村子的也罢，也都去了。一家总得去一个人。

DXY：红事了哪怕把礼捎来，白事嘛，咋么①都要回来呢，埋人

①咋么：指怎么样。

那事要人多呢。

ZJL：那阵割麦都要停下都要去呢，我这一阵不割，参加葬礼后，哪怕我回来后不吃饭把麦割了，那也都去了。这在村里是个事呢，再就是以后我也帮你呢。（ZJL，DXY，20190406）

葬礼参与重要到什么程度？在村民以种植小麦为主要收入来源的时候，即便到了收割麦子的农忙时期，也要放下手里的活计在葬礼中帮忙。小麦收割按照节气在芒种到来时开始，在人力收割的时代小麦是在抢收中完成，全家老少一齐干活才能抢在最好的时间完成收割、晾晒。如果恰逢有村民去世，村民选择优先去办葬礼的主家帮忙，利用吃饭和休息时间再收割小麦。

现在小麦收割已经不再依靠人力，而是形成农民围观收割机收麦的景象。多数村民也不居住在村庄，葬礼参与从缺少时间变成时空矛盾。村民不仅要协调参与葬礼和生产生活之间的冲突，而且还要面对农村和城镇的社会空间冲突。外出务工的村民大多是受雇者，他们是工业社会生产过程的一环。在市场经济契约精神的影响下，村民的时间安排转向以工作为中心，在工作优先的基础上协调个人生活。一些特定的时间段参与者数量更多：一是在下班后的休息时期，例如周末或者轮休日；二是在务工的淡季，不同职业的淡季时间不同，例如冬季是旅游业的淡季，司机的休息时间增多；三是换工作时的衔接空档；四是春节前后的返乡高峰期。

由于葬礼参与是本地风俗，附近务工的村民大多能与雇主协商。随着年轻一代越来越多地进入城市，个体已经融入现代社会的组织制度，个人时间安排也完全由工作主导。和老一辈村民放下活计参与葬礼不同，年轻一代更多使用“因工作脱不开身”的缺席逻辑，逐渐与村庄生活拉开距离。

### 4.2.3 葬礼参与程度弱化

葬礼参与的情况从家谱记录中可见一斑。收藏老家谱的周家老三，原本想把藏在家中的一本清朝以来的家谱续上，中间却有几代人已经查不清楚姓名，尤其是他们的媳妇、儿女叫什么一直没有机会确认。这些人多为常年在村外生活，基本不参与葬礼的成员。于是家谱中的网格就断了线，很多人对续写并不感兴趣，信息的确认难度增加。赵家台村最年轻的一辈人很少回村，村民既没有见过，更不知姓甚名谁。周家"最开始是弟兄四个，就是四大家族，这就是一块的"，后来也经历过人口数量起伏，"那阵咱人欠①得很，你看这都是过继的，我和我二哥翻着看，把老弟兄几个就那么绝了，没有人了，那阵人欠得很。后来到了我叫爷的那一拨，人可上来了，可旺得很。你看这都是过继的，嗣子。你看周×过继给了几个人，给这个也过继，给这个也过继，周×过继给元哥，又过继给元弟，这弟兄俩都没有儿，统一这一个人给过继。"（ZKL，20180507）老一辈村民对祖先姓名耳熟能详，写春联时要避讳祖先，周家老三讲到"那时候有人写对子'半斤豆腐迎新春'②，被四爸骂'你连你先人名字都不知道，就写在墙上了'。"

现在，赵家台村的周家人口数量已经达到历史上的峰值，"过去我们这一门子人少得很，弱得很，只剩几个人了。后来才一点点发展起来了，现在人就多了。"（ZKL，20180507）人数的增加却无法重现家族兴旺的场面。家族关系已经不是生产生活的主要单位，葬礼参与成为融合自我认知、情感归属、死亡敬畏的仪式。

①欠：指生活艰难。

②此处指和其中一个祖先的名字"新春"重合。

赵家台村的葬礼，单从人数上看不出明显的变化，但参与程度已经发生了根本改变。早期务工的村民以打零工为主，工作时间灵活，地点距村庄较近。现在，越来越多的务工者进入了企业和共产，这种流水线式的生产模式，需要集体合作，有固定的工作时间。放下工作参加葬礼产生直接的经济代价。于是，村民只好根据自己的时间安排抽空参加葬礼，看似礼单上人数不少，但鲜有人参加了完整仪式，许多人是分批、分时段前来吊唁。以往场面最为盛大的出殡前夜的祭奠活动，也只剩下为数不多的观众。

为了能够权衡外出务工和回乡参加葬礼的时间安排，村民只能压缩葬礼参与时长，起码在行为上能够维持参与的礼节，“人殁了就是去下子看下子，人情么就是那样，不去了好像失礼了，礼节么。”维护葬礼中的互助体系，“这会庄子人少，只要庄子有人去就给搭着做下子，也不一定是门子的。以门子为主，但是村子的人都去。需要谁帮忙，寻一下叫一下就去了。”（ZJL，20190406）参与葬礼虽有难度，拒绝参与葬礼则带有“割席”断交的意味。

因此，在保留仪式完整性的基础上，参与者在数量、时间和环节上均有所下降。

1. 参与人数

参与人数的减少最为直观，赵家台村一场葬礼的参与总人数从300人左右降低至200人左右，这200人在不同的时段分散到场，喧闹的葬礼逐渐变得冷清。从葬礼参与记录上来看，家族和村庄每家仍旧参与了仪式，每个家庭参与的人数则越来越少。最初是一家三代悉数参与，后来是由留守的老年人和儿童参与，现在许多家庭只派一个代表参与。随着外流人口的增多，青年回村频率的降低，他们对农村葬礼的情景已经十分陌生。这种“代表制”的葬礼参与更为普遍，一场葬礼的总人数自然下降。

在吃面这件事上可以看出，参与者是如何逐渐退出的：

> 咱这白事上，一直是保持两顿呢，早上一顿，中午一顿。其他队目前是中午一顿，早上不吃，中午是吃的面，还要吃菜，面和菜吃一顿。早上吃的就是本家的自己人，再就是关系亲近的人叫来吃。现在基本上把这个都改变了。早上吃面花不了多少钱，就是麻烦。（ZNK，20150223）

从流水席的支出和收益可以看出人数减少的趋势。在赵家台村，虽然亲属之外的乡邻不必送礼，但多数村民同属一个家族，至少也要送50元礼金。那么一桌流水席即使全都是“代表制”参与，仍然不能覆盖流水席的成本：

> 你就算一家纳礼50块钱，一个桌上算上8个人，这本身办酒席的人贴着钱呢，一桌最多收礼400元，但是你办酒席一桌至少花600元，办酒席的人还往回贴[①]呢。按一家或一户送50，这家可能3个人来吃饭。一桌可能一二百都收不上。一般过事的人收礼，可能拉扯大[②]的人还能保持平衡，拉扯不大的人还得贴钱。（LSH，20180510）

随着参与人数的减少，“原先红白喜事待过35席客。像最近两年就是23席左右。”（CZX，20190707）按8人一桌计算，明确呈现参与人数下降的趋势，从300人左右缩减至200人左右。参与人数减少看上去减轻了葬礼的招待成本，但更多的是损失了葬礼举办中的劳动力。这些在流

---

①往回贴：指倒贴。

② 拉扯：方言。有关系。拉扯大：这里指人际交往多。

水席上节省的金钱，加倍地用在雇佣劳动力中，例如做饭、打墓等需要持续稳定劳动的环节。

2. 参与时间

村庄葬礼参与原本是全过程的，从葬礼的筹备到下葬，中间涉及的所有仪式展演、迎来送往的前台工作，以及葬仪准备、后勤保障等后台工作，由葬礼主事人进行统筹、亲属和村民合作完成。根据村民对赵家台葬礼的叙述，下葬到过“三周年”才算作葬礼正式结束。三周年等祭祀环节不再涉及繁重的仪式劳动，不作为本书的研究重点。在仪式简化的过程中，祭祀环节逐渐变成家事，亲属和乡邻不再参与：

> 过去的老讲究就是人在屋里要放7天，现在不等了，缩短了。一般说“死人不安葬，活人不得安然①”，多放一天就多乱一天。你看现在都是家里剩的老人了，老人不在娃娃伙都在外面，很快地安埋人家就都走了。时间拉长也没有多大用。这下按头②了，低下头了③打个电话，打墓箍墓一包交，安埋④时候丧车把你一送，去给你拿个机器把墓一刨，很快的三两天就把这弄好了。一般三两天人还弄不下，一般还得个5天左右。3天太短了，人家笑话呢。（CZX，20190707）

“只送礼不帮忙”在赵家台葬礼中越来越普遍，这是葬礼参与时间压缩后的典型表现。参与者专程回村送礼代表了其尊重逝者、慰问主家的心意，是个体生活安排和丧葬仪式参与之间的妥协。“送礼”就与葬礼参

① 安然：方言。安宁。

②按头：头垂下去。

③低下头了：指人去世。

④安埋：方言。安葬，埋葬。

与画上了等号，从人们相互通知葬礼时的语言变化可以看出，原来参加葬礼称为“去帮忙”，现在参加葬礼称为“去送礼”。指明了参与葬礼是去做什么，在村民普遍低收入的情况下，主要是出力气、出物资。而到了市场经济时代，浓缩为出钱，只要去送了礼，参与的目的就已完成。

村庄葬礼由此从“我们村的葬礼”变成“他们家的葬礼”，也就是葬礼不再是参与者和主办者共同完成的一场仪式，葬礼从公事变为私事，参与者成为局外人。在赵家台村的多场葬礼中可以看到，一边是忙得不可开交的主办家庭，一边是站在村头围观的群众。他们可以对主办家庭的仪式准备、流水席档次、孝子的表现品头论足。

参与时间的压缩，直接导致葬礼的许多准备环节面临瘫痪的风险，原本众人忙碌三四天才能完成安葬的准备，现在人手不足的情况下更难推进。葬礼中的劳动不计报酬，仅仅是作为人情的交换。对于务工者而言，在葬礼中帮忙不仅无法获得报酬，甚至损失了打工一天应该赚到的收入。在葬礼筹备事务总量不变的情况下，参与者投入时间的减少产生了仪式进行中不可调节的矛盾。

3. 参与环节

为了保持仪式环节不变，只好分解仪式劳动，主要方式为劳动外包和机械化。劳动外包和机械化减轻了参与者和主办者双方的道德负担，将劳动力不足的问题交给市场化解。市场化是赵家台葬礼走出的艰难一步，在葬礼参与劳动作为村民义务的时期，“交给市场”意味着村民之间情感的疏远。但是，随着劳动力外流，村庄产生了大家都不满意的现象：村庄的常住居民来说，总是葬礼参与中仅存的劳动力，这些少数的人口承担了全部的葬礼劳动，不仅劳动量增大，而且很难得到相应的回馈。对于流动人口而言，常年没有参与葬礼中的劳动，也成为沉重的道德负担。随着村民接受村庄人际关系已经发生变化的现实，人们发现，不如适量地把需要大量人力的环节交给市场，让参与者和主办者回归联络感情的主线。例如打墓环节和封棺方式的演变：

打墓：

（办白事的时候）这是把你那总管叫去，队长叫去，还是家门户族的主要成员，他爷呀长辈，叫一块商量。安埋你爸或你妈，经济情况咋样，准备咋弄，给人家先一说，看你是叫大戏、岐山戏还是戏曲研究院，一说人家就知道该怎么安排，该做啥。或者你打墓是自己打自己箍还是叫外人。现在农村人少，打墓还是寻不下人，这阵都是一包交，给人家工头包去，你给我拿挖掘机一挖，做毕一铺。埋的时候你把墓门拿上，安葬的时候你来两个匠人，安葬的时候把黑膛一扎，最后你拿挖掘机把墓碑的位置给刨出来。都是拿挖掘机，拿锨把墓的样子修理一下就对了。挖掘机弄的没有样子，拿铁锨给修理一下。（CZX，20190708）

图4–2　赵家台村挖掘机打墓

封棺：

封棺材过去那几年用的是醋浆子，用醋把咱那面粉煮成浆子，把口一抹拿棉花一粘，粘一层棉花。一个是浆子比较黏，而是棉花一盖，木头势必有缝隙，拿棉花一做封严了。光填缝，塌严就对了。现在用胶带，一转圈把那封上，方便一点。(ZDL，20190706)

关中地区送葬称为“发引礼”，出殡前先要辞灵，准备“馅食罐”(装最后一次祭奠的饭食)、“扫材”(棺材头抬起，放下铜钱，扫棺盖浮土)。发引时长子打幡在前，次子抱灵牌，次子以下的亲属手执“哭丧棒”，大儿媳妇抱“馅食罐”。路途中起杠(抬起棺材)时长子要“摔盆”，即摔碎祭奠烧纸的瓦盆。没有长子则按亲属关系顺延，摔盆者成为遗产的第一继承者。这些外显性的送葬仪式是参与者最为熟知的，也因此得以保留。大多人只说“应当如此”，并不深究其意义。

至于如何实现这些环节，总体而言是“就地取材”。送葬过程中人力抬棺改为灵车运棺，打墓过程中参与者劳动改为挖掘机入场，本质上体现了村民生活方式的转变。丧葬仪式的节奏随着现代生活的节奏一起加速，人们不再按照过去的生活节奏一点一点地完成仪式繁杂的细节，只要能维持仪式的体面，方式的改变总是可以接受的。当然，这也是物资得以极大丰富、生产力得到提升后的农村葬礼，生产生活的现代化已经开始走入仪式领域，自然而然地，仪式中的工业社会元素逐渐替代农业社会元素。与农田种植和收割的机械化普及同步，葬礼中的劳动参与也普遍接纳机械的入场，机械成为村民日常生活的一部分，替代了现代农村中难以负担的仪式劳动，甚至即将实现殡葬祭全环节的工业化生产。

工业化的环节使得赵家台村的葬礼实现了物质的极大丰富，打墓环节也不再受到自然环境的影响。但是出现了一个新的问题，如此隆重的葬礼观众却在减少，主办家庭对葬礼的投资没能扭转人口流失的趋势，即使在村庄的参与者，也不再被年复一年的葬礼环节吸引，他们送完礼就回到自己家开始了围绕电视机和手机的休闲娱乐。相比之下，仪式带给人的新鲜感已经衰落。

既然不能依靠人力实现葬礼的热闹景象，村民们开始依靠演艺公司和戏班子。由于高额开销，这些声势浩大的演出成为主办者的“面子”，也维持了逝者的体面。“人家有钱的人请剧团，你像某某，他妈死了那年在咱这广场，叫的是活动舞台，汽车拉过来，一打开那台子就换好了，抬上去汽车一开可跑了。”（CZX，20190707）剧团的演出已经实现了全流水线，有演出专用车方便装卸道具，像变戏法一样在村子演出。

图4-3　赵家台村葬礼——看演员唱戏

葬礼参与人数、时间和程度的改变，是主办者试图维持葬礼的意愿和农村生活方式变迁之间的折中方案。融入日常生活的死亡观念使得村民很难直接对葬礼进行解构，为了解决现代生活中的葬礼举办难题，产生了诸多方法，如葬礼参与的代表制，葬礼环节的工业化。改变了原来葬礼中以人为核心的举办模式，转向以物为核心的农村葬礼。然而，以物为核心的农村葬礼却无法满足人们的情感和道德需求，使村民陷入了一种十分矛盾的境地。最初为了孝敬父母、维持面子和人际关系的葬礼，越来像一种消费行为，仪式带来的安抚和满足，掺杂了些许消费后的空虚。

参与程度的弱化和葬礼消费的极端化先后出现，这是仪式消费兴起和葬礼参与质量下降的共同作用结果。葬礼消费的极端化作为国家殡葬改革的治理重点，在村庄存在执行困难。“去年国家倡导精神文明建设，建立红白委员会，治丧委员会。但执行不下去。我埋我先人呢，我想叫上30个吹鼓手，你还能管得了？他不是公职，想花那么多。有个村民不是正月埋他爸，人家既不是政协委员又不是党员，谁也查不出来，我有钱呢我就办，没钱的都花两三万。”（DHS，20180510）这些所谓的“超标”行为，往往在仪式发生时才公之于众，如果进行管理，无异于破坏葬礼。“破坏葬礼”和“执行制度”之间，前者面临最为严重的道德指责。在舆论压力面前，由于没有合适的执行方式、合法的惩罚措施，往往是以劝导为主，尊重个人意愿。

虽然没有直接制止超标葬礼的先例，但这类规定潜移默化塑造了人们的殡葬观，原本因为面子而不断攀升的葬礼成本得到了控制，简办葬礼因国家政策产生了合法性。村民对于私自提升葬礼流水席标准、礼金的行为进行谴责。看上去个人大方了，却成为下一次葬礼的参考标准，直接抬升了葬礼的举办、参与标准。可见，村庄在仪式场面、参与程度之间维持着微妙的平衡，传统习俗成为加以使用的工具，根据仪式目标重新迁入葬礼之中。

### 4.2.4 葬礼的缺席惩罚

赵家台村的葬礼参与主要由村干部、主事人进行管理。村民在日常生活活动中已经逐渐形成一套适用于仪式参与的习俗，村干部和主事人作为地方精英将这套习俗制度化。必须参与葬礼的主要有两个群体，一是亲属，二是乡邻，代表村庄生活中最为重要的血缘和地缘关系。既然大家作为共同体生活，互惠互助成为基本原则。

村庄葬礼管理源于两种制度，一个是传统的家族房支制度，一个是集体经济时期的生产队制度。也就是说，葬礼举办单位一个是家族房支，一个是村民小组。在赵家台村，由于村民按照家族房支自然形成聚居，其与村民小组几乎重叠，于是按照村庄事务管理的最小单位——村民小组——进行葬礼的管理。葬礼的主事人、风水先生、账房、支客等均来自同一个村庄。尤其是主事人，必须由同一个村民小组的权威人士出面，有时这个主事的权威直接由村民小组长出任。受到村民认可的主事人，会经常为村民邀请出面主持婚丧事宜，经验丰富的主事人参与的婚丧仪式多达四十余次。最终管理葬礼的多为家族长老、村干部，或者是退役军人、教师这些有社会地位的村民，作为为葬礼参与最有力的监督者。

村庄权威在组织葬礼的过程中，并不直接惩罚缺席葬礼的村民，而是根据缺席葬礼的原因区别对待。村民缺席葬礼一般有以下几种原因：①葬礼参与情况是对村民为人处世的检测。如果逝者生前品性不佳，或者其子女得罪了村民，那么村民缺席这场葬礼则是正义的。②客观条件的限制，主要是距离限制。一些村民难以及时参与葬礼，如果是远亲或者来往不多的乡邻，可以缺席葬礼。③参与者自己的原因。如果个人疏忽了葬礼的重要性而经常缺席，则是难以被原谅的。这三种类型的缺席有时难以区分，一个平时积极参与村庄事务的村民，可能某次缺席了葬礼，很难推测是有事无法离开，还是和主办者有矛盾。最终的解释往往依赖这个缺席者和主办者平时的为人，如果主办者家庭在村庄的评价很低，那么他人缺席则是容易被谅解的，如果缺席者的人品不佳，那么这种缺席会令他罪加一等。

当村庄地理空间不再是个人生活的主要范围，地方精英管理的资源越来越少时，葬礼参与的约束力开始动摇。

赵家台村已经不是人们永久生活的地点，村民之间的关系差异也随着社会经济地位的不平衡而增加，葬礼中严密的互惠体系基础开始动摇。在村庄以外，人们已经感受到自己和村子的联系在减弱，与乡邻和亲属的关系在疏远。报丧、出殡等仪式的细节已经逐渐被淡忘，葬礼的准备也会因孝子不熟悉礼仪而有所遗漏。此时主要依赖主事人提醒、家中长辈协助进行准备，那些模糊的仪式细节主要依赖村民的经验。随着时间的推移，一些难以坚持的仪式流程自然消逝，而与死亡、孝道、体面等相关的环节则受到加倍重视，甚至添加了一些民间习俗，例如放葱意味着保佑后代聪明。

由于赵家台村的亲属关系并未在外地形成社会网络①，人们主要通过葬礼和祭祀强化血缘纽带。回到村庄中，无论在外生活如何、有什么样的社会地位，都是村庄的成员，参与葬礼时要卸下社会经济地位带来的标签，重新成为一个村民，一个家族成员。

在赵家台村的葬礼中，“一般离得远的亲戚、平常不怎么走的，在白事上也都来了，白事就是亲戚走动到最后了。结婚都是经常走动的那些，不走动的就不联系。”（ZRH，20150225）这种说法包括两个层面的含义，

① 根据田野调查，赵家台村的村民居住在县城乃至省会城市西安的人数众多，但村民、家族成员之间一般往来较少，没有形成共享用工信息、相互介绍工作的社会网络。

一是对于五服亲属制度对参与葬礼的规定性；二是葬礼参与体现了亲属关系的层层剥落。一些处于最外层的亲属，通过葬礼进行结构更新。亲属参与葬礼的强制性，即使在村民务工、向城镇流动的过程中，依然没有松动。务工和流动的分散性，使得亲戚之间的往来频率减少，加上赵家台村缺乏家族活动，许多亲戚之间甚至没有见过面。造成的结果是，越来越多的亲戚之间的往来，仅仅发生在葬礼参与中，也就是所谓的“离得远的”“不走动的”亲戚在葬礼中都来了。由于葬礼的举办意味着亲属关系最外层的剥落，村民认为“白事就是亲戚走动到最后了”，五服关系下降一层，原本处于最外层的亲戚不再往来，参与葬礼不仅是生者与死者的告别，也成为生者之间的告别。

葬礼中的惩戒故事，更为戏剧化地在村庄流传。据说村庄有位出去做官的人叫德海，是老三的儿子。德海因为做官的身份，总感觉自己的村民要高一等，回村的时候一不问候乡邻，二不给乡邻发烟。村民只是看到德海回村，却从没有机会和德海交谈。村民对德海的印象就是“牛得很”，自认为是干部，等着别人主动和他打招呼、发烟。德海在外做官是什么样子的，没人知道，村民却直接感受到一个原来在村里长大的小孩，现在也不把乡党放在眼里了。村民对这种地位的不平等心怀不满，却无计可施。

等到老三去世的时候，德海回村操办葬礼，这下有求于亲戚和乡邻了。看上去村民人也来了，干活的家伙也拿了，大家虽然手拿干活的铁锹，却都站在房屋周围不迈出一步，安葬无所进展。说尽好话也没人帮忙，这让德海出尽了洋相，眼看着亲爹已经入棺却没法下葬。最后，村小组组长出了主意，让德海和自己的亲弟兄带着老婆孩子给每家磕头，请大家帮忙。行了大礼，这才顺利下葬。“你官再大，地方上你有叫爷的、叫爸的、叫叔的，你回来要把官架子要抹了。”不参加“就是对他不满，行动上把他教育一下。”（CZX，20190707）从本质上而言，葬礼中的互相帮忙建立在人情的基础上，如果没有这层“人情”，就失去了帮忙的理由。无论在外做官还是做生意，回村则是村庄的一员，是村里的晚辈。如果没有这层关系，村民自然不会参与葬礼。

由此产生了按照身份认同判断缺席性质的方法。凡是想脱离村庄、与村民产生区别的人，已经不再对原来生活的村庄有归属感。具体表现为不采用村子的人际交往方式，不理会同村的村民，在生活方式上不入乡随俗。这些可以等同于脱离乡村和家族的行为，必须受到应有的惩罚。一个目中无人的人需要受到冷落，除了葬礼没有可以惩罚的事件。

然而，在厚葬的大环境中，也有主办者尝试突破这层束缚，对等地卸下葬礼参与者的压力：

> 某某老婆死了，来的人就是去酒店，去那里就是看戏的，把饭吃了再看戏，人家不让你上礼，就我去也不叫上礼，人家不收礼。但是比方说朋友那些人当然有（礼）呢，比方说朋友啦，关系好的这些人。你来了就光吃（吃席），只要你来把纸一烧就光吃饭。看戏人家给我下的任务，你认识的不管是哪儿的，只要你认得人家有专人在那儿（招待）。图热闹，人家也想把人都待（招待）一下。（YGM，20180508）

此时的葬礼参与者完全成为客人，既不需要参与的人送礼，也不需要帮忙。创造了越过村庄葬礼参与制度的新规则，由于简便而取巧，将村民放在客人的位置上看戏、吃席，相互之间不再进行道德的对等约束，使葬礼的主办和参与更为轻松。加上待客的主家是成氏的经济精英，在修祠堂的时候最为热心，捐赠了十三万元，占据了祠堂花费的大头，也是最初修祠堂、族谱的唯一出资人，其他家族成员后来才陆续有了捐款。祠堂的兴建、装修，使得这位经济精英的地位再次抬升。他在办白事时“请客不收礼”自然更容易被村民接受。

“请客不收礼”虽然未成为乡村仪式的主流，在村民的叙述中已经明显具有接纳甚至赞美的意味。研究者认为，这是资助型互惠的变为单向互惠，或资助型互惠的范围缩减（郑姝莉，2022）。这种互惠机制的产生在赵家台早已有群众基础，可以解释为参与者地位的变化。在物资匮乏时期，广泛的互惠有利于村民抵御风险，在举办婚丧嫁娶这类大型仪式时，更是要主动参与以便获得今后他人的人力物力支持。随着生活水平的提升，仪式服务市场的发展，村民可以依靠自身的财力举行葬礼，但葬礼场面仍需要参与者支撑。单向互惠成为仪式场面的有力保证，哪怕参与者与主家没有亲友乡邻关系，也能够成为座上客。

葬礼缺席惩罚的力度随着村庄权威的没落愈加难以执行，因前期缺席导致的葬礼运转问题也可以通过市场进行弥补。以往通过互惠维护的葬礼参与制度，是在物资匮乏、村庄生活的基础上建立的，随着人口流动性的增强，生活水平的提升，依靠参与者举办葬礼的局面逐渐淡化。如果说转变之初，人们因为文化惯性、村庄认同难以缺席葬礼参与，那么后来的趋势可能是随着缺席者越来越多，人们更为在意的不再是如何惩罚缺席者，而是如何笼络参与者，建构如“请客不送礼”这类新的葬礼参与文化。

此外，村庄自上而下存在推动葬礼管理改革的线索，即用“红白理事会”代替葬礼主事人、风水先生的位置。这原本是殡葬改革的一部分，但村庄的主事人、风水先生已经属于村庄的留守人口，想在这些人之外建立强有力的红白理事会十分困难，最终只能把主事人、风水先生、村干部都纳入红白理事会的名单，而葬礼的管理权按照村庄习俗。主事人、风水先生在葬礼中的角色也在向服务者转变，根据主家需求决定葬礼的花费和规模。

### 4.2.5 困境：参与者的差异与整合

在城市化和工业化的进程中，农业村庄失去了自身的发展优势，农业村庄或成为被改造的对象，或成为在发展中被遗忘的角落。赵家台村在改革开放初期，村民尚且对自己所处的土地肥沃、文化核心地带的区位优势存在认同。20世纪90年代之后，这种农业生产的优势反成为村民提升经济收入的劣势。原本在集体化时期因外出就业对家庭造成劳动力的损失，此时反而成为经济收入优势，成为购置电视、翻新住房的先驱。

许多赵家台村民在进入城镇之初，在城镇中找不到自己的位置。许多人拥有的是在城镇中的职业角色，身份归属仍然在村庄。使用村庄的文化与道德体系审视城镇，更多感受是无法理解，然后产生隔膜。随着青年群体步入城镇，村民与城镇的关系更进了一步。他们自小在电视媒体中接纳了城镇文化，更为坚定地离开村庄，更快适应城镇生活方式。真正能够在村里参与葬礼的群体是中老年人，他们虽然看到了城镇的发展，甚至在城镇居住过，仍然感到自己是赵家台村的一员。作为异乡人回到家乡参与葬礼：

> （参与葬礼）那是图热闹，现在屋里有啥事有服务队，人殁了就包住（通过服务队外包流水席）。这会儿文化缺失，没有那快乐感了，就凑合一块说下笑下，帮忙就是为了那。你说整个庄子就那些人，我从西头过来就抬几个桌子扫王（打扑克）么，就在那谝，也不管啥。现在收种就是机械化了，就是在那趁热闹呢。（ZYW，20180510）

村民使用的“文化”一词，指向工业社会中人们收入提升和压力增加，似乎是因为“文化”变了，人们更富裕了也更不快乐。离开村庄的人时常怀念在村庄的生活，借葬礼参与在感觉上仿佛回到过去。

因此，村民总是处于不同时期、不同文化、不同生活方式的矛盾之中。在葬礼参与事件上更为明显，既要有过去的味道，也要符合现代的生活的节奏。参与者本身也产生了极大的分化，不同的职业、收入、社会地位和居住方式，产生了前所未有的观念的碰撞。现在的村庄葬礼，是儒家文化为根基、参与多方共识为形式的“新的传统”。加上赵家台村缺乏商业活动、没有建立集体经济制度，这个古老的农业村庄的时间仿佛静止了。

赵家台村的葬礼因此达到一种主办者和参与者、流动人口和常住人口之间稳定的平衡。人们既不能颠覆葬礼使之成为全新的仪式，也无法完全接纳葬礼传统从而放弃现代化道路，由此形成了几对相互对抗的力量。在主办者和参与者之间，人们在葬礼便利和体面之间摇摆，简化的葬礼当然方便高效，但不符合村内表达生死情感的方式，容易落人口实。而体面的葬礼则要协调诸多问题，且在社会转型时期带来无尽的麻烦，比如葬礼准备中的资源整合，既要考虑村庄以往的惯例，也要考虑时代变迁的影响（如仪式标准），以及不同类型参与者的预期评价。

最终，村庄葬礼的三方通过互动形成动态关系：①主办者既希望葬礼体面，也试图控制葬礼花费。讲究的仪式流程和数量多的参与者能够保证以上两点需求。仪式繁杂、参与人数众多，意味着葬礼规格的提升，也意味着送礼数额的增多。回村参与葬礼本身就是一件烦琐的事件，难以保障时间和精力的投入，在当代农村难以兼得。②葬礼主事者既需要控制葬礼的标准，又需要平衡葬礼参与多方的要求。在葬礼中，所有的流程规定既有实施的可行性，又有相应的文化意义，例如一味压缩葬礼的举办时长，就失去了葬礼作为仪式的庄重，以及破坏了葬礼对时长的制度规定，于是既需要对葬礼参与进行文化解读，也需要适当地增加葬礼参与的灵活性。③其他的参与者目前成为农村葬礼中的稀缺资源，同时他们缺席葬礼也会造成自己的损失。这些数量众多的参与者，既是葬礼中主办者、主事者试图拉拢的对象，也是主办者、主事者进行评判和约束的对象。村庄葬礼的三方关系由于存在内在矛盾，只能在每一次具体的仪式中进行新的平衡，仪式很难一次性进入形式更新的时代，有时反而进入了更为复古的潮流中。

## 4.3 葬礼参与者的角色转换

从社会变迁的整体环境来看，赵家台村的村庄生活已经发生了变化，生活环境得以改善，村民的活动范围不再受到农业生产的束缚。相对于城镇的飞速发展而言，村庄的变化显得微不足道，村庄和城镇不可避免地形成两种不同的生活空间，这种差异对于流动的村民而言有最深切的体会。最初，他们需要在城镇务工的过程中，适应城镇的生活节奏和交往方式。随着他们对城镇生活的适应，回到村庄后又需要切换为村庄的生活节奏和交往方式。

总体而言，一场农村葬礼的举办，存在两个必要条件，一是葬礼的仪式过程，二是葬礼的参与者。仪式和参与者在葬礼举办的过程中缺一不可，加上受本地厚葬文化的影响，保障葬礼的体面尤为重要。在目前的葬礼参与过程中，村民因为职业和居住地点的差异，难以按照以往的方式全程参与葬礼的各个环节，或者不能保障参与时间，或者没有精力在葬礼中帮忙。在这种情况下，不得不重新调节葬礼仪式和参与者的关系，这就意味着，葬礼参与中的角色关系不得不发生变化。赵家台村的人际交往范围虽然发生了变化，葬礼参与角色的定位没有发生本质的变化，变化的是这些角色之间的关系。角色关系不再因为村庄空间、血缘关系、地缘关系得以约束，重新通过参与者之间的互动，形成葬礼参与者之间的默认规则，最终形成葬礼中不同角色的转换。

### 4.3.1 参与者的多重角色

随着城乡流动越来越普遍，个体之间的关系在一来一往之间悄然发生了变化。村集体生活逐渐被小家庭的生活所替代，小家庭成为衡量收入和利益的基本单位，也是人口流动的基本单位。目前的赵家台村，从改革开放前的村集体[①]生活转变为小家庭的生活模式，村庄不再是村民生产生活的唯一地点。曾经的村集体既是空间上群体成员在同一个地点生活、共用村庄资源，也是情感上的归属，村民作为集体成员，一定程度上避免生产生活上个人无法承担的风险，形成相互间的情感依赖，这是农业村庄的基本生活形态。村民如今仍然是村庄和家族的成员，但其往来频率和亲密程度已经与以往形成了明显的区别，许多村庄和家族成员之间已经成为熟知姓名的陌生人。

如果说大集体是农业社会的产物，那么小家庭则是工业社会发展的必然趋势。村民在务工的过程中成为一个个独立的劳动力，务工地点和内容的调整，影响了小家庭的流动方向和生活模式。在葬礼参与中，这些逐渐分散的村民和家庭，需要重新进入村庄葬礼之中。赵家台村葬礼参与中出现不同社会情境的碰撞：葬礼精心建构起的家族共同体和成员

① 村集体：这里有别于单位制语境中的村集体。在农业生产时期，家族和村庄是构成农村社会稳定的基本单位，这种集体生活的性质在生产队时期得到强化。村集体的生活既解决了单个家庭物资匮乏形成的生产压力，也塑造了村民的群体归属感。

边界逐渐模糊，仪式的道德价值、工业社会对于效率的追求形成了碰撞。当农业生产不再是村民生产生活的核心，基于农业生产生活形成的葬礼参与，与村民如今的生产生活方式产生了裂痕，最为显著的是家庭的核心化，与由此产生的对待仪式的态度：

（送礼的话）村子一年两三个，亲戚一年就是一两个，一年可能连十个都没有。但是这会儿的亲戚行的情可多，礼大一点。亲戚走动着走动着，慢慢地就不走动了，年里也不走动了，忙毕①也不走动了，但是按不住有个事了可去一下。有时候娃娃伙②结婚呢，有啥事了可去一下，少了。现在这人不走亲戚。（红白事、小孩满月、搬家）有的就去了，说了就去下，不说就不去了，一说就是请了就去了。现在人见面少的，一个村子里的人都见不上，就是这么个。现在城里说隔壁住的人认不得，这会子村子里的人时间长了见不上。（ZJL，20190406）

家庭的核心化，最初也是在由务农向务工转变的过程中形成的。务农时期，大家庭是一个高效的生产单位，家庭成员在土地耕种、家务中团结协作。随着务工村民的增多，以个体身份打工的现象越来越普遍，大家庭成员之间的经济收入差距增大，平均收入仍然处于较低水平。务工形成的居住地点的分散，对家庭收入支配权重新定位，促进了农村家庭的核心化。这在年轻人的行为中更加明显，他们回到村庄之后，越来越少地与乡邻、家族成员互动：

大家基本上都是独立生活，不在一块。年轻人回来也很少出门

① 忙毕：方言。指一年农忙结束之后。

② 娃娃伙：方言。指比自己辈分小的年轻人们。

嘛，回来也见不到。唯一的活动就是红白喜事，在一块聚会，再没有啥。（ZNK，20150223）

在大集体到小家庭生活的变化过程中，葬礼参与出现了“代表参与”方式：

你比方说现在有的人住得比较近，但是一般来说近一点的就回来，远的就不一定就回来了。因为有儿女，亲戚来一两个人就可以了。因为开放了之后人才出去打工，原先人不打工，都在家，都住得近，亲戚都离得不远，都在家门口都闲着呢，都能参加。这阵都一打工，有的人远得很，一个是远，二一个是人家的事情，你经常请假不行，这耽误人家事。互相不回来也可以，发现这两年不回来的人还不少。但是你有姊妹的有几个人的，总有人能回来，或者谁能请上假谁回来。现在不那么严格了。（ZDL，20190706）

“代表参与”意味着每个家庭参加葬礼的人通常比较固定，以村居的家庭成员，或者老年人为主。许多家庭的年轻人工作后，几乎没有参加过村庄葬礼。依照村民认同的“代表参与”，只要有一个家庭成员参与葬礼，可以等同于所有家庭成员都参与了葬礼。在赵家台村，家族成员参与葬礼，与实际的家族成员交往情况并不相同，阎云翔曾以葬礼参与为例，说明“实践性的亲属关系”因情境不同存在弹性。赵家台村亲属关系的弹性，表现为仅存于葬礼中的亲属网络，许多亲属只在葬礼中见面，勾勒出村庄亲属关系的网络，而在平日的生活中，这些亲属关系十分微弱，缺少葬礼中对亲属义务的强制性。

这样新的规则出现，意味着大集体和小家庭在葬礼参与中的定位发生了改变。原本从属于家族的小家庭和个人，现在逐渐从家族中独立。

原本作为葬礼参与中地位最低的年轻晚辈，行为受到家族和村庄的监督，现在则是葬礼参与中最不稳定的群体。为了应对由年轻一代带来的葬礼参与危机，葬礼参与中长辈和晚辈的角色关系发生了转变：首先是代表参与的范围扩大。按照村庄家庭生活的惯例，子女结婚之后成立了新的家庭，意味着形成了新的家庭单元，应该以新的家庭单元参与葬礼。对于务工的年轻夫妻来说，务工意味着远离村庄生活，一边是眼前的挣钱机会，一边是遥远故乡的葬礼，因此常常缺席葬礼参与。这样一来，整个家庭的葬礼参与则由父辈全权代表，这种代表参与成为父辈支持子代的一种方式。父辈已经无法对年轻夫妻的生活构成约束，长辈和晚辈的角色关系发生了倒转。这种在葬礼参与中呈现的父权，既维持了父辈的面子，也缓解了子代参与葬礼的困境。其次，参加葬礼的程度因人而异。同样是缺席葬礼，村民根据个人的特质存在不同的评价。在日常交往中，经常回村探亲、与邻居有来往的个人，受到较高的道德评价，这些人懂礼节、讲人情，缺席葬礼一定有不得已的原因。那些居住距离远、工作繁忙的村民，如果没有参加葬礼，多数情况下能够得到村民的谅解。前提仍然是重视和邻居之间的关系，否则一样被当作缺乏礼数、自视过高，这样的个人一旦遇到需要给父母办葬礼的情境，无论社会经济地位多高，一样会遭遇村民的抵制，所有需要参与者的仪式环节，都难以顺利举行，例如送葬。

总之，赵家台村过去的集体生活逐渐演变至小家庭生活。从家庭结构上来看，核心家庭的增多不利于村庄、家族仪式的组织。在村庄葬礼中，人们发现无论家庭如何变化，仍然不能独立完成葬礼，过去是源于物资匮乏时代的相互依存，现在是葬礼价值呈现的需要。村庄中的每一种角色，都有其相对应的义务，这并不是凭一己之力可以完成的仪式。

因此，村庄和家族虽然不再能够制约流动人口和青年群体的行为，根据客观条件的变化调整角色关系，以保障葬礼的顺利举行，是所有村民共同的愿望。原本处于主导地位的家族长辈、村庄权威，现在与其他葬礼参与者占据不同类型的资源，家族长辈和村庄权威拥有对葬礼的解释权，而其他村民则是目前葬礼中稀缺的参与者。

### 4.3.2 葬礼中的角色认同

村民原本因为小麦种植，生活空间限制在村庄之中，务农是赵家台村主要的收入来源。在此时的村庄生活中，村民普遍属于低收入群体，生活水平差异不大。这样均等化的状态，同样体现在葬礼之中。村庄葬礼存在一个普遍标准，这是根据村民的收入情况和礼仪流程形成的标准，有效地控制了葬礼消费的快速增长，使不同收入水平的村民都能够举办体面的村庄葬礼。这种葬礼的普遍标准，既包括举办葬礼的支出，也包括葬礼参与者的礼金、礼物支出。无论村民在村庄之外的生活水平发生了怎样的变化，在村庄内仍然形成遵循普遍标准的习俗，只有这样才能最大程度地维持村民之间的葬礼参与。即使在改革开放后，务工村民增多、人口流动频繁，相对于人均收入的增长，葬礼花费和礼金支出涨幅较小，一直保持安葬仪式中乡邻不送礼的习俗。

赵家台村的葬礼参与缩小了因收入、地位形成的差异，拉近了参与者之间的距离。如果任由村民改变葬礼规格，那么葬礼不可避免地成为村民展示财富和资源的平台，从而陷入金钱和面子的竞争。村庄葬礼及葬礼参与的通行标准，减少了因葬礼高消费形成的矛盾，以及由此带来的葬礼参与负担：

> 这个就是一个社会平衡问题。待客呢，情况比较复杂。我们待客情况特殊在哈，我和我兄弟都在外面工作呢么，这在农村来看认

为你有钱嘛，他是期望你比其他人高一点，但是又不期望你太高。期望高的原因就是你挣钱多，要把客好好待一下。太高了可显摆呢，你显摆把我弄得很尴尬。所以这个尺度就是要这样把握。（ZDC，20150216）

葬礼参与的均等化更为认可礼制上的等级，倾向于排斥经济收入的差异。主办者、地方权威和其他参与者的角色没有发生变化，角色之间的关系则不得不面临调整。在传统的村庄生活中，葬礼“体现你家族的威望，你的社会关系。这个检验你的社会关系、社会地位。”相应的“关系多了事就过得大，争那面子呢。”（ZDC，20150216）人口流动促使村民接触了其他的丧葬观念，例如现代生活方式对效率和收益的追求，使得村民开始反思村庄的葬礼传统，这些很少发生变化的流程，究竟是对祖先文化的尊重，还是对人力、财力的浪费？一些村民开始认为葬礼缺乏现实意义，毕竟“人都殁了，花这钱也没有意义了”，从而在葬礼参与之中，既无法完全脱离村庄葬礼，又对葬礼参与意义产生动摇。

村庄葬礼中主办者依然遵循地方风俗举行葬礼，村庄权威仍然具备掌握地方风俗知识的优势。最大的不同是，仪式流程只是葬礼举办的一个方面，另一个重要方面，是其他人数众多的参与者做出的选择。缺少参与者的葬礼不完整，甚至是失败的。在人口流动的过程中，地方权威不再是绝对的主导者，而只是在葬礼中相对有威望的人，仪式的具体流程需要与主办者商议决定；主办者不得不照顾其他参与者的实际情况，考虑到务工、居住距离等实际因素，从而为参与者提供方便；其他的参与者，原本在葬礼中是默默无闻的大多数，现在成为葬礼中的稀缺资源，在葬礼中的地位得以提升。

在保证参与范围的前提下，家族近亲之外的参与者逐渐转变成围观者。在参与者和围观者的过渡阶段，葬礼参与程度和参与时间的强制性已经减弱，“凑热闹”或顺带帮忙成为常态，以至于送礼这一个环节，就能够代表完整的葬礼参与。这样短暂的葬礼参与，已经不再具备以仪式弥合差异和建立群体认同的性质，既没有共同面对的情感，也缺乏增进理解的可能。与其说“帮忙”，更确切的则是“探望”。对于这部分参与者而言，虽然有身处其中，却更少地参与群体互动，更少地获得仪式知识。在这样的参与情境中，与其说是参与行为，不如说是参与行为的符号化，葬礼参与不再受到参与程度的限定。越来越多的参与者转变成为探望者，葬礼的到场让他们更多地觉察到这类仪式的陌生感，觉察到目前个体生产生活与村庄仪式之间的格格不入。

赵家台村葬礼参与中的城乡流动，拆解了主办者和其他参与者之间的紧密联系。过去，葬礼参与是熟悉的乡邻之间、密切的家族成员之间的告别，现在，葬礼参与缺少了这种因共同的生产生活形成的情感共鸣。可以说，葬礼参与作为村庄礼节，仍然受到村民的重视，个体的死亡的影响却留在了村庄之内。葬礼参与者之间的关系从经济和情感上的双重依赖，逐渐演变为葬礼参与情境中的特定关系。

### 4.3.3 角色转换：葬礼参与形式的转变过程

陕西关中的周原地区，曾经是关中文化的发源地，关中地区在历史上长期是政治、经济、文化中心。这个地区的文化给人这样的一种印象：这是一个因农业发达而造就的文化区，产生了早期的礼仪制度，因政治、经济、文化的交叠，在区域内形成高度一致的文化标准，从而形成本地人敬畏传统、崇拜权威的特质。“周人尊礼尚师，事鬼敬神而远之”（孔子《礼记·表记》），这种印象在当代则存在冲突，一方面关中地区具有丰富的文化资源，另一方面对这些文化传统的崇敬，使关中地区给人以固执守旧的印象。

这种冲突在村庄葬礼参与中尤为突出，村民通过使用传统文化资源形成体面的葬礼，形成完善的葬礼参与形式；村民又不希望对传统的恪守影响他们适应城镇生活，在城镇中立足。因此，村庄葬礼并不像许多研究者的分析那样，只有闭塞和落后的村庄才会保留葬礼传统，葬礼传统的保留是村民在葬礼举办中的主动选择：葬礼传统使得村民能够举办真正意义上的体面葬礼。体面葬礼包含着诸多文化意蕴，这些生死转换的过程，使葬礼能够完成一个阶段到另一个阶段的过渡，让个人和群体得以重新开启生活。

在赵家台村，村民维持葬礼传统和向城镇流动的并存，看似是相互矛盾的，实际上，葬礼参与形式的转变，使得村庄葬礼与城镇务工之间的冲突得以和解。可以看出，随着人口流动越来越频繁，葬礼参与形式转变主要是通过村民的角色转换，村民根据实际情况附加了三条解释原则：一是“白事的话每家都回来一个人”，家庭成员的参与可以代表整个家庭；二是“离得近就回来”，赵家台的基本共识就是距离超出本县属于“离得远”，在省会城市西安则属于模棱两可的距离，跨越多个省份则属于完全不必参与的过远距离；三是“知道了就会去”，相对于婚礼的邀请入场制，葬礼则是自觉入场，亲属和乡邻之间存在相互通知信息的完整网络。

以上原则对家族和村庄的影响不同。对于家族成员而言，他们是葬礼参与的核心成员。在赵家台村，葬礼本身就是重要的家族活动，家族成员参与的不是他人的葬礼，而是自己所属家族的葬礼。家族成员无论如何流动，家族网络总是能够覆盖所有成员，每个成员通过家族四通八达的信息网络，能够准确快速地得知葬礼的消息。所以，家族成员的亲疏变化，基于亲属制度的流动过程，随着葬礼的举行，最外层的亲属关系逐渐剥落，从父辈向子代发生下移。

对于乡邻而言，葬礼参与形式发生了极大的变化。他们既可以主动保持对村庄葬礼的参与程度，也可以在村庄人口流动的过程中脱离村庄葬礼。随着村庄中向城镇流动的人越来越多，很多村民的流动范围已经超出了一个县，随着流动距离的增大，参与葬礼的变数增加。乡邻的范围无法用村庄界限进行划分，对于上一代人来说是熟悉的乡邻，对于下一代人可能是同一个空间中的陌生人；人口流动中乡邻之间的信息传递容易中断，乡邻的范围无法用地理界限进行权衡，对于上一代人来说是邻里的关系，对于下一代人可能是陌生人。随着流动而散落在各地的村民，与在村庄中居住的乡邻不同，他们不能构成联系紧密的群体。在葬礼发生的时候，一些外出的村民很少知道村庄的消息，并遗漏了许多葬礼发生的信息。随着村庄城镇流动的家庭化，这种现象越来越常见，这些村民更少参与村庄葬礼，今后的葬礼举办也更容易遗漏这些村民。

通过前文的分析可以看出，赵家台村的葬礼参与形式转变受到两个关键要素的影响：一是根深蒂固的礼仪文化，二是村庄人口向城镇流动的趋势。赵家台村的葬礼特征明确，即围绕礼仪文化形成葬礼标准，城镇葬礼则被排除在标准葬礼之外，以上主要影响因素使赵家台村的葬礼参与处于一个矛盾的状态中：虽然多数村民向城镇流动，回乡之后却不具备改造葬礼的力量；人口流动已经改变了葬礼主办者、村庄权威和其他参与者之间的关系，难以维持改革开放前那样全情投入地参与葬礼。

在不改变村庄葬礼的基础上，赵家台村的葬礼参与形式发生了下列转变：

一是葬礼的稳定性和村民的流动性共存。葬礼参与的内在矛盾在赵家台村表现为，一方面，葬礼文化框架在历史脉络中不断强化，既唯一又无可置疑，另一方面，葬礼参与者大量流失，离开村庄能够在城镇生活，成为个体有能力的体现。当人口流动涉及村庄大部分居民时，原本的葬礼参与互动在客观条件上就已经难以实施。从价值观念上来看，现代社会对死亡的淡化进一步改变了死亡在个体生活中的分量，即村民现在时常表露的“现在对这事（死亡）都看淡了”，死亡不再是全然避讳的话题。此时的葬礼参与，在经历了生产让步于仪式的阶段之后，步入一个葬礼和生产生活能够抗衡的阶段。相对于葬礼参与形式的改变，制度执行程度的减弱，更能兼顾葬礼的程序和客观条件的限制。

理想的葬礼参与范围，应当包括五服之内的所有亲属，理想的葬礼参与应当是从葬礼举办到“三周年”的结束，其中包括七日、百天、周年等仪式日期。参加范围同一村民小组的所有成员，姻亲关系的家族成员（这里暂且搁置对私人社会关系的讨论，主要讨论通常的葬礼参与秩序）。这样的规范看上去是十分明确、清晰的，并且有详尽的五服制度和村庄行政制度作为支撑，但在当代葬礼的实践中，难以保证家族和村庄成员悉数参与。参与葬礼的成员，则仍按照过去的亲属、乡邻角色，履行葬礼参与中相应的角色义务。

二是在原有的文化框架中完成葬礼参与形式转变。关于参与程度的降低和间接退出的解释，侧重于纳入原本的亲属制度和仪式文化的框架之中。从个体行为的逻辑来看，空间和时间的转变是促使个体改变参与形式的动因，由于人口流动而降低葬礼参与程度。但解释逻辑则要避免承认个体需求的重要性，将参与程度的减弱纳入家族共同体的界限之中来看，则五服之内的亲属参与葬礼是家务事，其他参与者是“外人”，有必要在不缺乏劳动力的葬礼中，降低其参与程度。将参与人数的减少纳入血缘关系的传递性之中来看，则父辈作为家长，合理地代表了其他家庭成员。简而言之，葬礼参与转变限定在一定的范围之内，参与程度的减弱衡量建立在葬礼参与者到场的基础之上。葬礼中的劳务外包最初是个别仪式中弥补劳动力不足的手段，后期逐渐成为仪式举办者和参与者的共同选择，松解了一般性互惠对双方带来的人情负担。葬礼参与的间接退出，则以“家庭”为单位来考量，由于家庭的规模可以是核心家庭，也可以是主干家庭，能够代表的人数可以灵活调节。参与代表以家长为第一顺序，其他家庭成员也能够作为家长代表。

三是葬礼参与从劳动参与到角色参与。赵家台村葬礼参与的场景发生了变化，原本匆忙的葬礼现场，现在成为人与人之间交流的场景之一。现在常见的场景是：葬礼的主事人与账房、支客、采买等协调葬礼流程，准备流水席的人都是雇来的“服务队”，往来悼念的亲友三五成群地抽烟、喝茶、聊天，穿戴孝服的孝子，匆忙进出，准备葬礼，招待往来亲友。在墓地中，机械掘墓成为主要方式，帮忙的村民作为补充劳力。通过外包和机械化减少参与者的劳动，葬礼参与集中围绕葬礼的仪式环节展开。葬礼参与的特征是劳动上的互助、情感上的悲痛和安放死者后的生活重组。过去，这些特征通过参与者和葬礼主办家庭的朝夕相处得以体现。现在，葬礼参与的时间越来越短。为了展现以上葬礼仪式的特征，通过每户的代表、悼念时妇女三五句的哭丧、装饰棺材等方式得以体现，最后浓缩成属于赵家台村葬礼的文化符号。

葬礼参与形式的执行方式已经发生了变化：对于大多数参与者而言，村庄成员和家族成员的角色义务已经逐渐模糊，许多既不在村庄生活，与家族成员的往来也日益减少。送礼的次数已经大大少于实际发生的仪式次数。仪式信息不再覆盖至每个成员。人口流动和迁移导致日常交往减少，乡邻和亲属之间的关系缺乏实际往来。葬礼的情况略有不同。由于村民小组成员和家族成员参与葬礼的规定性传统，脱离葬礼缺少合法的依据。在赵家台村出现了仅仅存在于葬礼中的乡邻和亲属关系，他们的到场却与实际的人际交往有所区别。以亲属关系为例，葬礼参与范围具有实践性，也就是说根据事件发生的场景不同，亲属关系的性质产生差异。阎云翔使用了“实践性的亲属关系”以便说明这种场景转换中亲属关系的弹性①。在赵家台村，这种亲属关系的弹性表现为日常交往关系和血缘关系之间的矛盾，对于仪式的参与者而言，其实际的社会交往不仅大于亲属关系范围，而且与亲属关系逐渐分离。在葬礼中，家族成员仍然是核心，五服之内亲属的葬礼参与仍然具有强制性意味。对于主办葬礼的家庭而言，需要劳动力的环节大为减少，葬礼参与者的劳动义务减弱，更为突出的是葬礼流程中不同角色的符号意义：通过不同代际的家庭成员参与，表示家族的人丁兴旺，通过悼念的哭丧表示对死亡的哀痛，通过络绎不绝的参与者表示逝者的品质高尚。

总之，参与者所描绘的所有积极参与的场面，是对葬礼参与的合理解释，实际上葬礼参与人数的减少是显而易见的。伴随着姻亲关系和私人关系的发展，葬礼参与人数只是在血缘和地缘关系中减少，其他类型的参与者则有所增加。从葬礼参与形式的转变过程来看，如何举办仪式并不能代表村庄的发展现状。仪式和社会关系的调整，随着社会变迁的加剧显得十分迫切，葬礼管理的相关政策展现出国家治理地方社会的决心。例如在殡葬改革中，因与当地实情有所出入而导致政策落地困难。而身处其中的个体比国家更为迫切地希望仪式和社会重新整合，从而减少在社会变迁过程中参与仪式的内在不协调。个体在不协调中须在伦理道德和客观现实之间找到平衡点，最终做出既能自我接纳又能使群体接纳的选择。

---

①阎云翔：《中国社会的个体化》，陆洋等译，上海译文出版社2016年版，第112–134页。

# 第5章 陕南王家庄村:葬礼参与中的市场介入

王家庄村三面环山，中部平原地带土壤肥沃，适宜农作物的种植和生长，是本地粮食主产区。改革开放前，王家庄村同样是以种植粮食作物为主的农业村庄，以村庄为边界进行生产生活。仪式活动以同村乡邻和家族成员为主要参与范围，村庄与村庄之间存在明确边界。

改革开放后，王家庄的农地无法扩大而人口持续增长，三面环山的地形限制了村庄生产生活范围的扩张，用地需求却不断增长，人均耕地面积急剧下降。由于农业生产已经无法满足村民的生产生活需要，村民纷纷开拓增加收入的途径，依托当地紧邻集镇的区位优势，就近务工或成为个体经营者。在人均耕地小于0.8亩的情况下，村庄通过土地流转改变生产方式，以连片的蔬菜大棚种植代替以农户为单位的粮食种植，尤其是耗费人工的水稻种植。

可以看出，改革开放是这两个村庄社会转型的分水岭，也是丧葬仪式参与从结构一致转向分道扬镳的开始。目前，国家管理葬礼不再以“一致性”为目标，使得农村葬礼的区域特征更加明显。原本被统一仪式体系束缚的地方文化，在当代农村葬礼中生根发芽。

2010年前后，王家庄村成为当地的蔬菜产区，主要为县城的蔬菜批发市场提供货源。村民的就业务工以王家庄村为核心向四周的集镇、县城扩散，以常居村庄为主，但形成了新的生活方式。这种生活方式是市场经济逻辑和乡土逻辑的巧妙结合，在丧葬仪式中最为突出。相对于赵家台村，王家庄村的村民更接纳社会变迁带来的影响，并对丧葬仪式进行形式上的更新。可以看出，王家庄村走的是城镇化发展的道路，其城镇化的进程与其交通要道所处的地理位置、成熟的集镇和农业的衰落息息相关。那么，王家庄村的葬礼参与热情为何不减反增？在村庄转型的过程中，葬礼参与经过了哪些变化？这些变化如何造就了目前的葬礼参与形式？

## 5.1 陕南与关中村庄转型的差异

根据前文中叙述的区域历史地理差异可以看出，陕南和关中地区的村庄发展基础存在较大的差异。关中地区村庄发展主要源于农业种植的繁荣，陕南地区村庄发展情况则更为复杂，由于适宜种植的平原地区十分有限，陕南地区除了少量的平原农耕村庄外，多数村庄处于“靠山吃山，靠水吃水”的境况中。改革开放之后人口和货物流动更加频繁，陕南深山村庄的与世隔绝导致的发展停滞，位于交通要道附近的村庄迅速步入城镇化，增强了道路附近一些村庄的交通区位优势。王家庄村位于312国道附近，是典型的因道路和集镇形成产业转型的村庄，从农业产业经济发展为混合产业经济。

自改革开放后，区位特点和文化基础使陕南和关中的村庄走向了不同的发展道路。关中地区深厚的农耕基础，是村民主要的生活来源，农耕文化则是地方文化的主体。改革开放后，农业种植的经济效益逐渐失去优势，而村庄生活和农耕文化仍然具有深远的影响力，这种影响力集中展现在农村葬礼上。于是，关中地区的村庄转型总是处于农业传统和非农化发展的矛盾之中，经历从产业转型到文化转型的艰难历程。陕南村庄的转型，例如本文关注的商洛地区，从历史上外省移民归入陕西统一管辖，到改革开放后地方特色经济的发展，农业耕地的不足成为村庄转型的动力。王家庄村从过去以粮食生产为主的农业村庄，走向了另外一条转型道路，依托临近集镇的区位优势，村民通过本地就业、务工或进行个体经营，获得经济收入的提升。陕南村庄转型，通过回避农业种植时期耕地匮乏的劣势，借助地理区位、山区特色产品种植完成村庄转型。原本处于陕西文化边缘的陕南村庄，在转型过程中则因具备灵活的调整空间，抓住了市场经济发展的机遇。

总体而言，陕南王家庄村的村庄性质已经发生了改变，以农业生产为基础的人际关系模式出现松动，取而代之的是城镇化进程中多种人际关系网络的联合，这些特征呈现在村民的葬礼参与中。如果仅从仪式的表现形式而言，两个村庄的葬礼并未被城镇葬礼取代，但分析其葬礼参与逻辑，就会发现两个村庄的村民已经走向了不同的道路。

### 5.1.1 移民村庄的流动性

我国农村地区大多具有移民历史，由于这些村民最终吸纳了地方文化，成为地道的本地人，后世一般不再强调其移民前的文化特质。赵家台村正是此类典型，我们只是在村民的口耳相传中知道村庄祖先可能来自山西，但由于存在“周人后代说”的抗衡，村民对于祖先传说一直存在争议。在日常生活中，迁移者早已抛弃了原有的生活习惯，成为典型的关中村民，从方言口音、生活习惯来看，没有一丝迁移前的文化痕迹。例如村庄中外省嫁来的妇女，经过多年生活，已经和本村妇女没有两样，不再具有外显的地域特征。

因此，关中许多村庄为了强调自己的正统性，很少刻意记录自己的迁移历史，而是形成与关中地区文化史相结合的祖先传说。陕南商州亚区的农村则截然相反，它们与政权核心区以秦岭相隔，经历了几次大规模的省际移民后，并没有形成文化兼容的图景，形成"移民文化的马赛克"。"移民文化的马赛克"是指，从整体来看，似乎形成了一幅完整的图画，但这个图画是由一块一块具有明显边界的颜色组合而成的。商州亚区看上去是商南文化的亚型之一，但在具体的村庄中，我们仍然可以根据口音、饮食习惯直接分辨村民的祖先来源。多数家族是在明清之际迁移而来的，人口构成主要是省外移民①，迁移过程均有史料记载②③④。至今仍以本地方言、迁出地方言、过渡区方言形成了三足鼎立的态势，在王家庄村，同为"本地村民"却说着不同地区方言的现象非常普遍。

王家庄村明确的移民记忆，造就了村庄多元文化并存的历史。加上鄂豫陕交界的地理区位⑤。村民在对不同丧葬文化的了解中找到自身丧葬习俗的定位，较快地接纳因社会变迁带来的习俗形式改变。村民在横向的空间维度上，对不同地域的文化采取更为接纳的态度；在纵向的时间维度上，能够更为灵活地适应社会变迁带来的影响，形成了移民社区的

---

① 根据《王家庄村志》记载，2013年村民数量为1509人，约977人的家族来自安徽，225人的家族来自河南，128人的家族来自山西，此外包括少量来自湖北的家族，另有182人的家族来自本地其他县或村。

② 史念海、萧正洪、王双怀等：《陕西通史（第12卷：历史地理卷）》，陕西师范大学出版社1998年版，第114页。

③陕西省地方志编纂委员会：《陕西省志·人口志》，陕西科学技术出版社2012年版，第65-69页。

④商南县志编纂委员会：《商南县志》，作家出版社1993年版，第102页。

⑤ 王家庄村所处位置是古驿站所在地，现紧邻312国道陕西到河南的交会处。鄂豫皖三个省份的居民通过市集交易、人口流动产生诸多文化交流。

“流动性”。村民的言谈中不断透露出社会变革带来的好处，对于个人而言，“人随王法草随风”，应当接纳当下，顺应变化。

村庄的流动性首先体现在对移民历史的认识上。王家庄村移民主要来源于安徽、河南、山西，本地葬礼究竟属于哪个省份已无从说起。从文化分区上看来，王家庄村可以纳入广义的关中地区，但文化风格则与关中地区大相径庭。根据婚丧嫁娶、方言特征等，本地可划分为商州亚区。在对本地葬礼习俗进行描述时，村民深知本地葬礼并不是典型的陕西葬礼，一再强调当地葬礼与关中地区葬礼的区别，例如在仪式时间和参与环节中，关中风俗停灵在三天以上，仪式时间较长，这些差异在村民的经验中已经得到概括。村民为了避免对本地葬礼进行文化地域归类的困难，模糊地表述为“我们当地葬礼”。由于文化来源复杂且势均力敌，葬礼参与主要经过移民之间的互动，兼顾本地的客观条件，最终形成多种文化融合的参与形式。自然环境和文化区域的跨越，使得葬礼参与既有移出地的特征，又需要适应变化的生存状况。这种文化的流动性，既是源于缺少具有核心影响力的主流文化，也是移民在生存过程中的权宜之计。

其次，体现在葬礼参与的地理空间上。王家庄村的村民常常通过共享市集、通婚等事件，对邻省河南、湖北的葬礼参与风俗较为熟悉。有别于省内风俗的聚合与交融，省外风俗则成为葬礼参与形式的参照系，通过对比不同省份参与形式的差异，佐证本地参与形式的合理性。比如河南的报丧环节比较“排场”[①]，“你像河南老人[②]，明天要出，今天晚上孝子，就是至己[③]的，他的儿子、儿媳，女儿、女婿，外孙，侄女、侄女

---

① 排场：方言。指规模大，声势足。

② 老人：方言。指有人去世。

③至己：至亲。

婿，这些是带长手巾的。亲的，那叫“报灯”。请个乐队在那吹着，或者你在街道，给街道的报，在乡下就在庄子上报。”（ZZH，20181102）这种繁杂的葬礼参与形式，对王家庄村民而言场面热闹，却并不经济。商洛本地葬礼参与形式，也分为不同的区域，西边接近关中习俗，东边则带有鲜明的移民文化色彩。本县葬礼参与形式，以丹江为界，丹江以南更多的是湖北风俗，带有楚文化特点，例如在丹江以南广泛存在的“打待时”习俗，“打待时有不固定的人，谁想唱就唱，就是民间小调。”（CDX，20190621）地理边界清晰地存在于村民对葬礼参与的认识中，村民在参与不同葬礼的过程中，了解到更多的葬礼参与形式，为之后的参与形式转变提供了可以借鉴的元素。

以集镇为核心形成村与村之间交融的人际关系网络，同时也是葬礼信息的集散地，人们在车站、广场、市场交流信息。一旦有葬礼发生，信息迅速在周围扩散。帮忙的人需要由主办者邀请，而参与的人则自发前来，“属于主家[①]通知，主家联系别人，看谁能来给他帮忙，办他们家的这场白事要用什么人，他至己的亲戚[②]他要电话告白一下，剩下的不用通知。参加的人他不通知，人家知道谁谁谁家里什么事，知道了就会参加。只要人走了以后，一说‘那个谁家家人走了’，一传十、十传百都知道。”（ZZH，20181103）生活在同一个区域的村民，虽然从行政关系上来看为不同村庄的，但在频繁的日常生活交往中则是熟悉的乡亲。

移民社区的流动性，是历史地理环境塑造的结果，也是本地居民在定居过程中的实践智慧。早期迁移者零散地分布在陕西的边缘地区，需要在山川河流之间开辟土地、建造房屋。比起划分群体边界，他们更需要共同开辟新的生活家园，能够合作以抵御社会风险和自然风险，形成

---

① 主家：方言。葬礼的主办者，主办家庭。

② 至己的亲戚：方言。血缘关系最近、往来最密切的亲戚。

基本的生活保障，在此基础上进行生产活动，提高生活水平。由于移民都是小型家族，仅依靠家族关系不足以支持社会生活的运转，人际关系网络早已扩散至家族和村庄之外。这种特征体现在葬礼参与结构中，形成核心成员稳固、参与人数众多的葬礼景象。

### 5.1.2 人际关系网络联合

陕南农村与开阔的关中平原形成明显的居住格局差异。关中农村的民居通常以村为单位紧密排列，四周是广袤的农田，形成一望无际的田野。陕南农村由于受到山区地形限制，村庄的房屋和耕地只能零散地分布在河谷、山地之间。王家庄村是山区中一块宝贵的小平原。村庄以四周的山地为界限，形成了相对独立的村庄空间。

与居住格局相反，关中农村的集中居住并未打破小农以户为单位的生活方式，各种各的地，各过各的日子，附带"搭把手"这类简单的相互照应。陕南村民分散居住，常面临土地条件限制、自然灾害频发等状况[①]，加上稻作方式对合作生产的要求，形成了更为紧密的村民关系联结。例如王家庄村自然条件相对较好，但盆地地形潜藏着洪涝灾害、山体滑坡的风险，《王家庄村村志》对这些自然灾害也有记载，形成了村内的灾害预警、抗灾自救的体系。

这种人际关系模式在集镇的发展中得到强化。王家庄村紧临富水镇，富水镇作为古"阳城驿"的所在地，改革开放后省际贸易重获繁荣。集镇成为联结本地多个村庄的纽带，作为地方商品交易的中心，富水镇成为人们建立人际关系网络的核心地带。在原有的市场附近，建造了车站、广场，成为物品和人员的集散地。对于王家庄村民而言，富水镇也是一

① 据《王家庄村志》记录，王家庄村作为本地的粮食主产区，村庄平坦农田仅占农地的35%，有55%是山岗与山地、沟台地，10%是林区。

个劳动市场，许多村民在这里务工、进行个体经营。根据《王家庄村村志》可以看出，常住人口以就近务工和就业的方式改变收入来源，家庭成员流动至商洛地区之外的情况较少，在葬礼参与的过程中参与者的数量存在基本保障，“那家里还有人（没有外出）嘛，你想一般总不会一家都出去。再一个有的出去以后，他晓得屋里有啥事还回来。”（HXR，20190620）围绕着富水镇，村民形成了更为广泛的人际关系网络，临近村庄的村民相互参与葬礼也成为常态，葬礼参与者中开始出现越来越多的外村人，如同学、同事、工友。这些超出村庄边界的葬礼参与，通过相邻村庄村民之间的互动，逐渐形成了更具普遍性的葬礼参与形式，围绕集镇的几个村庄共享葬礼参与形式，包括礼金额度、仪式细节等具体内容。按照村民的说法，镇上的几个村庄的葬礼流程“都一样，没有区别”，送礼的标准、参与的方式如出一辙。

围绕集镇形成的广泛的人际关系网络，意味着原本限定在村庄的葬礼参与形式需要发生改变。首先面对的就是主事人的选择，由于葬礼主办家庭需要招待的参与者不仅是本村村民，而是围绕着主办家庭形成的人际关系网络，村庄和家族逐渐放松了对葬礼参与标准的严格控制，葬礼参与者构成和参与形式更多地由主办者决定。选择权利甚至扩展至对主事人等关键参与者的挑选中，王家庄村葬礼的关键人物包括主事人、管账的“理房”、迎来送往的“支客”、抬棺的“八仙”[①]。主办者对这些关键人物的选择，以村民小组和家族成员为先，目前的村庄葬礼已经远远超出这个选择范围，值得信任的朋友、具有社会资源的熟人越来越多地成为本村葬礼的主事人。对于村干部、村民小组组长和户长而言，收入来源的变化，使得他们的活动范围不仅限于村庄，也无法如期参与每

① 八仙：是各地临时组织负责为逝者开墓穴、抬棺、埋葬的一班青壮年劳力，又称“负重”。

场葬礼。当遇到无法承担主事人职责时，或是说明原委，或是给主办者推荐合适的人员，代行作为村庄精英的主事人职责。这些关键人物中，如今难度最大的是凑齐“八仙”，“八仙”既要身强力壮，又要懂习俗还要有抬棺经验，才能顺利把沉甸甸的棺木稳妥安置在山坡坟墓中。“八仙”原本在同组或同村村民构成，“我们这八个人就够了，必须得找个伴，不够都从外地村子请人还得来。我们在农村很少人有雇人抬棺，人总有几个朋友。”（MXZ，20181102）现在从外村请“八仙”越来越常见，常住村民多依靠人际关系找齐这八个人，雇人抬棺开始出现在村庄。

人际关系的扩大，也意味着参与葬礼的家庭平均花费逐步提升。除去礼金上涨外，送礼范围扩大是家庭送礼花费居高不下的主要原因，集镇附近几个村庄之间的村民往来频繁，围绕着集镇形成更大范围的人际交往圈。从田野调查资料可知，王家庄村家庭年均送礼次数在20至50次之间。根据王家庄村村干部的估算，送礼次数多、额度高，成为普遍现象，家庭年平均送礼金额占据家庭年收入的三分之一，每个家庭一年送礼不少于3000元。家族、房支、村庄的规模，以及人际关系网络大小决定了送礼数量：“亲戚多、交往多，送的多些；交往少，就少送点”，此外“大屋场[①]和小屋场，大家族和小家族，大村和小村就不一样。”葬礼的支出和收礼额度基本相当，“如果葬礼标准给你往起（高）提一点的话，我可能这次的收礼就不够花费了，最后花费的那个钱基本上都是主办者略有结余。”（HJ，20190506）如果按照目前村民家庭平均年收入3万元计算，每年各种礼金花费能达到1万元，其中多数礼金花费来源于葬礼参与。对于主办家庭而言，收到的礼金总数一般高于葬礼花费金额。需要补充的是，不同的仪式参与中，其礼金标准略有不同，以婚礼为例，葬礼参与人数多，劳动力需求大，送礼金额略低于婚礼花费金额（表5-

① 屋场：方言，指房支。大屋场指人数较多的房支。

1)。最为普遍的仪式参与是葬礼，其次是婚礼，在此基础上村民也十分重视满月、寿辰、搬家等仪式，区别在于参与范围较小，仪式环节较为简化：

现在送礼人数比较多，并且我们的送礼数额基本上也不算太大。现在一般关系的就200（元）起步了，好一点的关系500（元），也有1000（元）的，上千（元）的都有，就这样一个情况。送礼多了不说，只说200块钱一次，你想一想1万块要送多少次？50次。结婚要送，生孩子要送，过生日要送，搬家要送，老人要送，有的过36（岁生日）的要送，过60（岁生日）的要送，有的过49（岁生日）的要送，名目特别繁多。（HLX，20190506）

表5-1 王家庄村葬礼、婚礼礼金标准

| 关　系 | 葬　礼 | 婚　礼 |
| --- | --- | --- |
| 兄弟姊妹 | 500 | 500 |
| 近　亲 | 200-500 | 500 |
| 家　户 | 200 | 200 |
| 家　族 | 100 | 200 |
| 村民小组 | 100 | 200 |
| 朋　友 | 200 | 200以上 |

数据来源于2019年王家庄村葬礼、婚礼礼单。

为了让不同来源的参与者在葬礼中找到自己的位置，王家庄村的葬礼参与次序体现了混合性和灵活性的特征。“混合性”是指在血缘关系和地缘关系的基础上，姻亲关系和因求学、工作形成的广义的业缘关系，所处的位置逐渐上升，形成一个葬礼参与次序的综合体系。例如在家族成员中，除了最亲近的亲属之外，其他人是否参与葬礼是通过实际往来的程度决定的，即使是房支的户长，也是如此，“户长是跟这家关系好他参加，不是说谁家的事他都参加。”（ZZH，20181103）“灵活性”是指由于每个家庭的人际交往情况不同，葬礼参与次序会根据实际交往程度进行调整。以敬香次序为例，会出现每一次葬礼的敬香次序有差别的情况。

以上特征源于本地复杂的移民来源、山区地形形成的分散居住格局、大家族的稀缺。本地居住形态受地形限制，许多村民在山区中分散定居。早期的移民过程中，移民不仅来源于多个省份，而且涉及的庞杂姓氏，本地家族发展至今，多为人数有限的小家族。关中地区农村葬礼以家族血缘为主的葬礼参与模式，在陕南农村葬礼中无法成型。更适用于陕南农村的方式是，通过扩展家族之间的关联，形成围绕血缘关系又超越血缘关系的葬礼参与群体。因此，陕南王家庄村在葬礼参与中提升了姻亲关系的地位，并将邻里间的葬礼参与视为村民的基本义务。随着集镇的发展，不同村庄村民之间在市场经济的分工合作中，形成新的社会关联，并归入葬礼参与次序之内。

### 5.1.3 市场与仪式的交融

目前，农村早已拜托自给自足的小农生产模式，物资的丰富和生活水平的提升，改变了葬礼参与中物资、人力之间的互惠。随着集镇发展对农村产业的带动，人们的交往方式从农业生产时期的地域、血缘关系，扩展至朋友、合作伙伴。市场的发展程度造就了不同的葬礼参与逻辑。例如关中赵家台村，村庄范围内并没有形成完整的市场交易体系，村庄内仅存的两个商店，一个是由村公社商店演变而来的，一个是结合社保发放等综合功能的小店。其他的商品交易、劳动力雇佣都需要在村庄之外进行。村内仍然以农业村庄的熟人社会模式往来，陕南农村的市场发展程度则产生了两极分化，深山中散住的居民仍然保持农业社会自给自足的生活方式，而人口密集或主干道附近的村庄，则逐渐形成日趋完善的商品、劳务交易体系，王家庄村就是这样的村庄。人们的交往中需要维持与生俱来的血缘关系，同时更为看重因交换、合作产生的伙伴关系。

因此，在葬礼参与中礼金的含义有所不同。在赵家台村，礼金更具有象征意义，以代替实物行使礼仪。礼金的额度不会轻易提升，既然是符号性质的礼金，提升额度会导致葬礼参与成本的增加，损害葬礼参与的情感意义。而在王家庄村，礼金的额度代表关系的价值，低于本地生产消费水平的礼金是对关系的践踏，是占主办者便宜的行为。礼金额度会随着物价和生产消费情况的变化而变化，以便达到举办葬礼和礼金总量的平衡。

随着金钱用途的丰富，殡葬服务业的发展，葬礼仪式场面也可以通过市场化的手段增强：

> 生产队解散，土地到户，实际改革开放以后，慢慢生活也好了，办啥事也比较风光，以前普遍都简单。以前那个时候也没有钱，箍墓啥东西都少，都是挖个坑往里面一瓮[①]算了。现在风俗丰富了，人比较有钱了，这办事就风光一些。人也想到人都住楼房，死人的话也给房子箍起来，不挨土。（HXR，20190620）

> 过去没钱，比如说这些请乐器呀唱戏之类的，那时候比较少一点，现在白喜事基本上都有，都请了这个。（HLX，20190507）

请戏班子、演出团体是改革开放后农村葬礼的共同特征，这些风光葬礼的要素之前很难出现在普通村民的葬礼中，只有德高望重的人去世

①瓮：方言。动词，意为掩盖、掩埋。

才有如此待遇。现在随着殡葬市场的发展，请戏班子、演出团体成为市场交易行为，只要付相应的费用就能够获得对应的服务。许多原本由参与者帮忙的环节，准备宴席、乐队、打墓等，也逐渐出现了相应的职业，形成了相关的殡葬团体。例如准备宴席的环节，主要雇人上门准备，“白事一般就在屋里。因为白事的话要搞几天，到食堂不方便。白事一般就是自己请的人在屋里包桌。有的是自己买东西光请人做，有的是专门请上门包桌的。”（HXR，20190620）可以说凡是葬礼中需要出力的环节，都发展出了相关的职业，形成了殡葬市场的价格和交易规则。

在这种普遍特征的基础上，王家庄村的葬礼参与向前迈了一步。不同于关中赵家台村对葬礼参与角色的清晰划分，在赵家台村，这些葬礼参与中的角色设置如果被市场交易代替，就完全丧失了葬礼参与的本意。王家庄村村民则不同意这种对市场交易和人情往来的对立，仍然强调村庄葬礼的好处就是“人情味”，葬礼参与主要是基于人情往来。人情往来指的是本地村民在葬礼参与中的互助意识，此时村庄被当作一个远离利益计算的理想家园，“王家庄的话都是互相帮忙，富水街因为街面有好些人在外边儿工作，屋里给别人帮忙帮的少，然后别人就不来给你帮忙。农村都是互相的，你给我帮忙，我给你帮忙。”（HXR，20190620）村民认为葬礼中的村庄，相对于集镇的中心，是人情味儿浓厚的地方，能够相互顾及举办葬礼的难处，即便人员不好组织，也有村庄进行协调，在这一点上，被称之为“街上”的集镇中心人情味儿则较为淡漠：

街上为啥这样比较多，街上他一个人出去以后，可以这样说，他逐渐地接近于城镇，人情（味儿）越来越淡漠，和城里一样。而我们在农村，比如说我们这个地方虽然和街上接着，我们相对来说人情（味儿）还是比较浓厚，人情味儿浓厚一点。所以一般情况下，谁家有事情，尤其是这种关系都还参与，不管怎么样克服一点困难。即使你不愿意了，我们队都有组长么，组长动员大家，农村的自然村组组长，或者家族族长。他们一个主事的，就号召大家一下，看看不行了给谁说一下，这一般人都会买这面子的。（HLX，20190507）

实情则是，王家庄村葬礼中已经广泛出现了市场交易，任何环节都可以通过购买物品、雇佣劳动力完成，并通过对商品价值、劳动价值的认可对交易行为附加道德含义。葬礼参与中的付费，最初以物质补偿的方式出现。以葬礼参与中出力较多的“八仙”为例，“八仙”作为有经验的壮劳力，担负着将棺材抬到山坡墓地的重任。本地坟墓集中在不利于种植的沙石山地，山地的复杂性导致机器难以搬运，也不能替代人工进行安葬。为了能够将逝者稳妥地安葬在山地，要克服山地斜坡建造墓地遇到的滑坡问题，以及沉重棺木穿越山间小道的运送问题，所经崎岖的山径小路，多生树木杂草。于是，埋葬时有两个环节至关重要：一是修建墓地时在倾斜的山坡修葺平台，二是在送葬的过程中通过“八仙”将沉重的棺木经过山路送达墓地。这些环节不仅要由经验丰富的“八仙”主导，而且需要其他参与者的配合，才能顺利地把棺材运到墓地中。为了酬劳“八仙”，出殡之前就需要用好酒好菜招待，且由于山道难行，需要给“八仙”准备鞋以应付艰险的山路。起初，主家要为这八个人准备的是草鞋。后来，在1987年的一次葬礼中，一位承担抬棺任务的村民开始索要“黄鞋”[①]，“原来买双黄鞋要很多钱，草鞋是几毛钱一双，后来就是给买一双那样的黄鞋。”（ZCC，20181102）随着生活条件的改善，鞋加上香烟成为请“八仙”固定准备的物品。近些年，请“八仙”越来

① 黄鞋：或称“解放鞋”，胶底布面，结实耐用，劳动时普遍使用。

越有难度，常居村庄且有体力抬棺的青壮年越来越少，具有丰富抬棺经验的人更是难以凑齐。如果遇到“八仙”不能凑齐的情况，只能通过付费才能请到合适的人，用村民的话说，“现在发展的情况，过去不要钱的，现在很多都要钱了。”（MXZ，20181102）从以上请“八仙”的变化可以看出，随着第一个开口要黄鞋的“八仙”打开了殡葬市场的局面，一些人开始专门从事殡葬职业。人情往来是熟人之间的葬礼参与准则，而市场交易则适用于关系网络之外的人，这时的劳动难以通过互助进行回馈，而是通过支付费用达成契约。

2010年前后是葬礼参与的转折点，这个时期最大的变化就是普遍出现仪式劳动的外包，乐队、宴席准备等原本由本地人参与的环节，被专门的职业和团体所替代，葬礼主办人通过支付劳动报酬购买服务，并逐渐扩展到葬礼的其他环节，葬礼中的市场交易日益增多。殡葬市场充斥着各种殡葬品，包括寿衣、纸钱、花圈、各色纸扎，本地人常使用的纸扎形象有金童玉女、电视、冰箱等。比较引人注目的是，讣告普遍采用模式化的打印版本（图5-1），印刷品留出具体的日期，采用填空的方式作为“本家有葬礼”的通知，竭力压缩仪式的准备时间。即使在封棺材时也采取了最为便利的方式，封棺也叫“封梓口”[①]，原先用皮纸浆糊，现在为了方便不再用皮纸：

> 晚辈们看了以后，这个棺就盖上去了，盖上去之后扶重的人[②]就可以“封梓口”，就把棺封起来了。现在人都懒了，不用皮纸了，拿胶带就那样“呼啦啦”地一封。现在都没有皮纸卖了。（ZZH，

① 封梓口：方言。即“封棺口”，将棺材合上后用其他材料封住棺材的缝隙，“梓”特指棺木。

② 扶重的人：方言。特指负责开墓穴、抬棺、埋葬的“八仙”。

20181102）

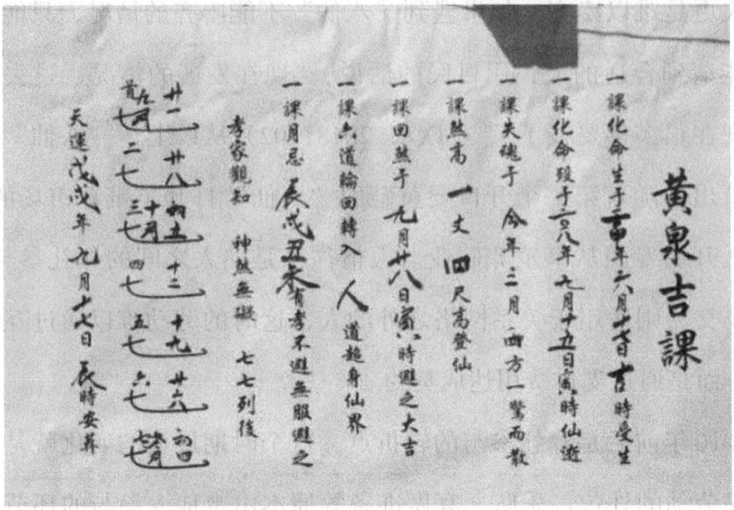


图5-1 王家庄村葬礼中的“七单”印刷品

从早期的道士到白事乐队、预备宴席的服务队等，到目前的殡葬一条龙服务，包含从停灵到送殡的各个环节。最初索要黄鞋的村民被村民们不齿，认为既然是乡邻还如此精于算计，后来村民们发现葬礼中的重体力劳动也是一种付出，拿到鞋子和香烟的“八仙”抬棺时更为尽心，对“八仙”大方的主办者也更容易召集劳动力。当一些职业的殡葬团体出现后，村民越发感受到市场交易为葬礼参与带来的便利，殡葬市场受到普遍接纳。此外，土地的稀缺性促使村民从村庄选墓地过渡到购买墓地。墓地选址受到山区地理条件的限制，随着人口的增长，墓地的选择也更为局限，毕竟“看地看地，要有地可看”（MXZ，20181102）。因此，“风水这一块儿，人家说，我就给你这么大个地方，你随便在这里边转，风水好也好，不好也好，就在这个盘子里面。”（HJ，20190506）为了选择风水好的墓地，先从自己家的山地开始，再扩展至亲属的山地，如果相比较而言，最合适的墓地在他人名下，大多通过协商后购买的方式获得墓地的使用权。目前，购买墓地已经成为王家庄葬礼的常规支出。

葬礼参与中，市场交易的占比在两个村庄呈现出极大的差异。关中赵家台村是在迫不得已时才选择以市场交易作为补充，例如在劳动力短缺影响葬礼流程时。陕南王家庄村则没有遇到劳动力严重流失的状况，由于市场交易是日常生活的组成部分，葬礼参与中自然而然地出现了大量市场交易行为，以提升村庄葬礼的效率。在本地殡葬市场中，殡葬职业团体发展和殡葬用品的流水线生产逐渐覆盖了葬礼的各个环节。村民常用“麻烦”来形容过去葬礼的繁杂环节，以更为务实的态度探讨如何又快又好地举办葬礼。大多数需要人力和手工的环节，都可以在殡葬市场中找到合适的商品，葬礼的过程和时间大大缩短。

## 5.2 城镇化中的葬礼参与现状

陕南王家庄村和关中赵家台村的转型，代表在特定历史地理背景中村庄发展路径的差异。对于关中地而言，发达的农耕文明使村庄缺少由内而外的转型动力，改变村庄的整体面貌十分漫长，更为直接的是村民走出村庄，在村庄之外的城镇谋求生活的改变。陕南地区与关中地区由秦岭分隔，无论与关中文化有多少相似之处，其方言的南北差异和多样的文化来源，就决定了其处于关中文化区的边缘。山区地理环境的局限性和文化交融的灵活性，使陕南的村庄转型更为务实，村庄转型的目标即为改善生活条件，旧的风俗习惯在此过程中较快地被摒弃。

在葬礼参与中，关中赵家台村目前面临的是人口外流，而王家庄村目前面临的不是人口外流，而是城镇化。随着村庄的城镇化，村民活动的半径从村庄边界延长辐射到集镇，葬礼参与范围随之扩大。扩大的过程，源于村庄的集镇区位和非农产业的发展，突破了村庄的地理边界，形成多个村庄共有的葬礼参与互动范围。从村庄历史来看，以葬礼参与强化人际关系，是本地移民社会的传统。由于本地小家族比重较大，小家族的联合、姻亲关系等成为重要补充。现在，这种葬礼参与中的人际关系强化，延伸至村庄和家族范围之外。王家庄村民多数在本县范围内从事生产活动，并不是人口外流严重的村庄。作为村民就近务工比重较大的村庄，王家庄村的葬礼参与者较为充足，参与者之间关系紧密。这些在集镇中形成的社会交往、职业群体、同学、同乡等，在葬礼参与的比重日益增大，在城镇化过程中形成新的人际关系网络。这种变化同时削弱了亲属关系的紧密程度，亲属之间可以因为距离或往来减少而不参与葬礼。

人际关系范围的扩大并未导致葬礼规模的急剧扩大。城镇化过程中非农产业的发展，改变了本地村民的生活节奏，参与葬礼的节奏受到工业生产和集镇市场的影响，时间变得越来越紧凑。这间接限制了农村葬礼的规模，葬礼从停灵到安葬的时间跨度，从过去至少七天的葬礼缩短至三天以内，招待亲友的次数也缩减为一次正席和出殡后的谢客宴，“正席的时间就是明天出殡，今天就待客。明天下葬，就今天下午叫烧香敬香。晚上一待客，第二天一待就没有了。平时就是帮忙的，八仙管饭，像别的没有。”（HXJ，20181103）。其他的葬礼准备过程中“谁来帮忙谁来吃饭”，不再另外设宴。立碑、祭祀等事宜同样越来越简化。一般而言下葬之时顺便立碑，和关中三周年立碑的传统完全不同，“现在一般都是埋人的时候顺便立碑，有的随后再立，这种不多。”（HXR，20190620）葬礼“三周年”等仪式均缩减为本家人“上坟”祭祀，其他参与者无需到场：“在‘一七’上个坟，‘头周年’上个坟，‘二周年’上个坟，‘三周年’上个坟，‘三周年’一过等于一个人万事干休了。然后过时过节了就上坟。”（HXR，20190620）从葬礼流程来看，“三周年”结束才是葬礼结束的标志，但是对于亲属之外的参与者而言，在下葬立碑的那一刻，葬礼就已经结束了，其他的“过七”和“周年”环节，现在更接近于家族祭祀仪式。

另外，王家庄村十分重视对文本资料的保存，留下了大量城镇化进程中的图文资料。村庄自行组织编纂了村志、族谱、家族人物志等，记录了村庄变迁、葬礼参与形式转变的历史过程：“那个上面有很多本地民俗的东西。有的是老辈写的，老辈去世了就由年轻人继续写。”（WKL，20190619）这些文字资料在老一辈去世后由年轻人续写，形成本地的文本记录传统。

## 5.2.1 参与形式多样化

集镇区位和丹江通道使得人员、货物的往来不断，也带来信息的交融。这些信息让村民敏感地觉察到社会变化，让原本就具有文化马赛克特点的本地文化增加了更多变数。近代观念变革虽然没有将村庄葬礼改造成新式葬礼，但改变了人们对丧葬仪式的理解。

一般而言，村庄葬礼参与形式需要有统一标准，这样参与其中的个人才能够通过其中的葬礼文化判断仪式含义。像关中赵家台村这样的村庄，在村庄转型的过程中仍然竭力维持参与标准的统一，正是出于对标准松动后村庄葬礼文化“变味”的担忧。从深层分析可以发现，保持统一而细致的葬礼参与标准的村庄，葬礼仍然是约束村民人际互动的首要途径。王家庄村则在城镇化的进程中，逐渐形成了风俗习惯之外的约束机制，葬礼参与能够一定程度上约束村民的人际互动，除此之外，村民之间的人际互动还广泛存在于现代社会的分工合作之中。于是，葬礼参与中维持统一标准不再是紧迫需求，随着村民观念差异的增加，参与形式多样化成为村民的共同需求。

由于村民经济收入的普遍提升，开始出现期望通过消费抬升葬礼规格的想法，殡葬市场的发展也提供了这样的便利。村民的经济收入增长因人而异，最为富裕的村民已经成为千万富翁，多数村民则只是通过务工达到家庭收入的小幅提升。葬礼参与由此走上了不同的道路，一个方向是金钱和面子的竞争：

这个红白事一个是攀比，最主要的这一部分，我到村上来之前，我个人送礼这一部分无所谓，有红白事我就去送，从来不算账，但是从我到村上来工作，去年到现在，我大概估算了一下，人情来往这部分正常情况下，从农村收入来算的话，总体上来就要占到农民的收入的三分之一。这块儿你感觉是很高，其实你如果说是按照你人均纯收入，你总体算下来已占三分之一，它一点不夸张。（HJ，20190506）

村民通过提升葬礼消费显示自己的经济地位，以众多的参与者显示自己的社会地位，形成王家庄村体面葬礼的两大要素：葬礼规模和参与者数量。村庄葬礼的参与人数在相对固定的参与群体中得以保障，前提是大家都能够遵守葬礼参与的规矩，既要主动顾及人际关系，也要及时给他人还礼，以形成葬礼参与中的良性互动。只要有人开始葬礼中的金钱和面子竞争，那么群体内的成员自然而然地被卷入其中。对于收入有限的村民而言，送礼就成为不可推脱的人情负担，产生了另外一种发展方向，通过“不收礼、不请客”降低主办者和参与者双方的花费：

有的就光办事，参加的人过来看一下，人家也不收礼了。参与一下，或者就说你带一个叫“香纸钱”，相当于你买一点香嘛，买点火纸[①]之类的叫香纸，大概就是二三十吧。除此之外不再收礼，人家

① 火纸：方言。纸钱。

也不再专门给你待客。你在这，能帮忙的帮帮忙，不帮忙的表示下心意，就这样。葬礼时直接干活的，一般都在100人之内，50到100人之间。（HLX，20190507）

主办家庭主动提出不收礼金的消息，会在葬礼准备阶段通过主事人和亲友散播开来。为了达到葬礼参与中关系的对等，出于招待送礼宾客的宴请也相应取消。原本会被村民划分为“不懂礼数”的参与形式，在送礼负担沉重的今天，反而让主办者和参与者都松了一口气。取消了宴请所有参与者的流程，主办家庭的葬礼准备明显简化。参与者也没有中断和主办家庭的关系，只是通过更少的花费和更少的时间，完成村庄葬礼中的人情往来。这种方式还有额外的好处，就是在村庄迅速转型的过程中人际关系发生了极大变化，许多村民的人际交往范围从村庄走向城镇，新旧关系的叠加带来了巨大的人情负担，“不收礼，不请客”避免了还人情过程中不对等的状况。例如，随着礼金的增长，原来收到100元的礼金，之后需要还200元；或者原来两家关系近，曾经参加过葬礼，后来关系疏远没有及时还礼。村民逐渐接受这种不损伤葬礼参与互动，又能简化参与形式。“不收礼，不请客”的出现，与已有研究对“请客不收礼”现象呈现的道义关系调适[①]不同，而是更接近于城镇葬礼参与形式，即一场葬礼的参与过程不再衍生出人情往来负担。

葬礼参与中送礼出现的两个方向的变化，意味着城镇化进程中不同村民有举办葬礼的不同需求。村民也意识到，随着家族和村庄的强制力减弱，以家族或村庄为单位执行村庄葬礼的统一标准十分困难。村民从社会经济地位的差异到形成对葬礼举办态度的差异，一些村民经济收入

①郑姝莉：《“请客不收礼”：道义关系调适与农村宴请新现象研究》，《社会学研究》2020年第3期，第47-70、243页。

提升之后，以举办葬礼这类大型仪式彰显自己的社会经济地位，声势浩大的葬礼必然需要更多的参与者捧场，形成葬礼消费高、参与人数多的现象；同步出现的现象是精简葬礼，精简葬礼的村民更为专注于实现葬礼安顿死者的主要目标，他们或者是常年在村庄外务工的村民，或者是对村庄葬礼有了新的认识。这些村民以降低对参与者的要求降低葬礼的金钱、精力投入，是城镇化过程中村民对葬礼态度理性化的表现，同样得到村民的认可。

在葬礼参与的两个变化方向之间，存在着多样化的葬礼参与形式。这里所说的“多样化”建立在村民放弃追求统一葬礼标准的基础上，标准包括葬礼花费、参与人数、附加环节等。这些“非常规”的村庄葬礼，曾经遭受村民的排斥，熟悉的葬礼开始变得陌生，让葬礼参与者无所适从。王家庄村的城镇化过程中，村民开始察觉“非常规”葬礼的内在价值，葬礼成为自我表达的最佳场所。不同家庭的葬礼从而传递出更为丰富的信息：一个兴旺家族高龄老人的葬礼，参与的家族后代人数众多，葬礼是这个家族的大事件，也成为近些年具有较高规格的葬礼；一个中年男性的突然去世，导致家人既要面临痛失亲人的悲伤，又要尽快投入工作中维持生计，葬礼流程较为简短，而使用了价格较高的殡葬物品；一个小家族成员的去世，则既可能通过大办葬礼抬升小家族的地位，也可能由于人际关系较少而采用简办葬礼的方式，诸如此类。村庄葬礼对于不同的家庭、个体而言，参与形式的差异增大，王家庄的葬礼参与从追寻共同意义转向追寻每个葬礼举办自身的意义。

### 5.2.2 代际差异共存

农村葬礼作为强化家族成员关系和次序的活动之一，辈分高低成为葬礼中亲属关系次序最为明确的标志，辈分的界限清晰且不可逾越。在男性继嗣家族中，年长男性无疑是最具有权威的人物。农村葬礼参与形式通常遵从长辈指导，长辈拥有丰富的葬礼参与经验，又处于家族的上层地位。关中赵家台村在葬礼参与中至今保留着这样的葬礼参与层次，辈分的绝对权威性有限地存在于葬礼等仪式之中，意味着正式场合中男性长辈仍然是村庄权威。从葬礼主事人的选择上可见一斑，葬礼中的主事、账房等管理人员，从来没有出现过女性，女性和晚辈天然地处于仪式中的从属地位。

陕南移民地区普遍缺少大家族，从而削弱了男性长辈的绝对权威。小家族的男性长辈数量有限，每逢婚丧嫁娶不一定有合适人选，主事人的角色既可以交给村干部，也可以交给其他类型的地方精英，家族长辈的替代性较强。此外，陕南王家庄村人口外流较少，村庄和家族事务多交由青壮年管理，原有的性别、辈分次序，加上现有的世代更替观念，葬礼举办的自主性大为增加。由于社会变迁迅速，不同代际举办葬礼的观念差异加大，最初长辈反对年轻一代对葬礼参与形式的变通，随着村庄转型对村民生活方式的彻底改变，村民从围绕土地种植的农民到成为各行各业的从业者，葬礼参与形式的变化则顺理成章。一场葬礼中，哪个年龄段的参与者居多，就相应地采用哪个阶段的参与形式。

王家庄村葬礼中的代际差异，最具标志性的是他们对待民间信仰的态度差异，例如道士做斋事①：

> 做斋事我们这一直有，但现在简化了。过去做得复杂，一做几天，现在基本上就晚上唱个两三回，唱个孝歌，念个经。基本上这几年都恢复了做斋，但是简化了。大家觉得过去做那个仪式太麻烦。

① 做斋事：方言。指斋醮。这里指道士在葬礼中的禳解仪式，如做小七，关三副灯等。

（MXZ，20181102）

（20世纪）90年代的人做斋比较麻烦。后来普遍是小七，现在简化成三副灯，也还有小七，但少。老人的思想观念和年轻人不一样，老了以后就想着请个先生给超度超度，观念不一样。年纪大的人有这个愿望，在50岁以上的人都有这个愿望，儿女就是随着他（她）的愿望。（CDX，20190621）

当时一场做小七看下来还是比较震撼的。因为家里长辈嘛，他们觉得这样做斋事的话他们会心安一点，我们作为儿女就想长辈能心安一点，那就肯定要举办这个仪式对吧。当时我是觉得没有什么意义，但是一场经历下来看的话，他们有一套自己的说法，有一套自己的流程，我觉得还是比较完整的。所以我觉得应该是有可能会有一点意义，但我不是特别清楚这个。（WX，20190808）

这里需要说明的是，通常意义上的农村葬礼指的是子女为父母举办的葬礼，其他特殊情况的葬礼，例如儿童夭折、青壮年意外死亡等，或者不举办葬礼，或者采取特殊的仪式以消除意外死亡带来的灾祸。因此葬礼中代际观念差异主要体现在两种状况中：一是上文访谈中提及的去世父母遗愿和子女葬礼观念之间，二是存在于不同年龄段的葬礼参与者之间。第一种情况发生时，通常以父母遗愿为主，尤其是对“做斋事”类型的要求：“对我自己来说，像我们守灵，这个我觉得是非常有必要的。还有人家来祭奠，我们就是跟前一直要有人回礼，另外还有一个就是回礼，比如说人家来了送的匾之类的，来了之后磕头我们要回礼，这些礼节我觉得是非常有必要的。还有敬酒，我觉得这个也是非常有必要的，因为人家都来好心好意地来帮助我们。但是我觉得像做小七这种环节，就比较模糊了，不太理解。”（WX，20190808）子代对基于人际往来的礼节更为主动，而对民间信仰相关的仪式则十分陌生，感到“不理解”，在代际差异的基础上选择按父母的遗愿操办葬礼。第二种情况中，不同年龄段的参与者形成了更为复杂的代际差异状况，职业、个人经历等差别越来越大，最终以双向理解达成葬礼参与观念的差异共存。

在混合了不同年龄阶段参与者的村庄葬礼中，青年人在脱离文化传统和理解文化传统之间游走。本书所访谈的青年群体，年龄在20到40岁之间，他们出生在改革开放之后，也就是王家庄村从农业村庄向城镇化的转型时期。这些葬礼参与传统成为神秘而模糊的力量：“仪式形式认可倒是认可，这些仪式存在了这么多年，有这么多忌讳，一定是有所寄托的。无论是文化的承载，还是信仰的寄托，或者说就是一种对老旧的执着，都有自己的内涵。”（LYX，20190618）青年群体对葬礼参与的理解，受到转型后村庄生活方式的影响，已经脱离了之前只有依靠物资和人力的帮助才能举办葬礼的时期，购买丧葬物品、请专业团体筹备葬礼已经十分普遍；城镇生活也使青年人对因敬畏自然产生的风水观念、对巫蛊之术的信仰难以理解。

青年群体成长于商品流通、集镇发展时期，交通发达、人员和物资流动频繁，他们对于与生俱来的家族成员身份、村庄村民身份的认同感较弱，追求个体的独立性，一个上大学后回乡工作的青年这样表述：“参加葬礼之前觉得人首先是独立的个体，除了父母之外的关系都只是一个血缘联系，都可以割舍。”（LYX，20190618）葬礼让她感受作为家族成员的意义：“参加葬礼时候才明白，不管关系再冷淡，我性格再冷淡，到了那个时候，都会自然地披麻戴孝，跟亲人跪在一起。有些事情，确实是只有亲人才能一起面对吧，有那个资格一起面对。所以现在虽然我自己依然跟亲属（之间的距离）很疏远，但是也能理解父母那一辈的处事方式。”（LYX，20190618）葬礼参与不会一次性改变亲属之间的关系，而是增进代际理解。葬礼参与对于青年群体的特殊意义在于，在死亡面前亲情是不可替代的，亲属之间纽带在葬礼中逐渐清晰。这与青年人对家族聚会的淡漠甚至排斥形成鲜明对比，他们在流动性强、商品交易发达的时代成长，已经逐渐脱离了群体生活方式，对于家族成员之间的关系有自己的理解。葬礼参与将追求独立的青年重新带回家族和村庄之中：

我奶奶辈分高，家族来祠堂上香的人也多，在出殡前那天晚上有个仪式，宗亲、其他亲属和朋友行礼或上香，程序按辈分来，从大到小，我大伯父亲小叔两个姑姑，以及小辈们都在灵堂跪着还礼，从头到尾时间很长，我跟我妹妹并排跪在后头，我让出了半个垫子给妹妹，膝盖疼，中途换了腿单膝跪了会儿，舒服了。那时候想到我们还不是最难受的，不管心理还是身体最扛不住的人都跪在我们前头，比如我大伯、我爸他们，那时候我就想，终究有一天我也会跪在他们那个靠前的位置，那时候才是真的难受，根本不会考虑跪的膝盖酸疼吧。就算已经成年，二十五六岁了，在这种时候还是希望自己永远是个长不大的孩子，这样爹妈也永远都在，我也永远不用考虑在葬礼上跪前排的问题。（CF，20190624）

青年人在葬礼中直观地感受到自己在家族中的位置，在普通的家族聚会中他们感受到的是自己与其他家族成员的隔膜。葬礼参与中血缘关系成为一条清晰的纽带，每个成员都如此重要，老一辈的去世成为“家庭危机”，他们的后代和亲属要共同面对这场危机，重新调整生活秩序，“小辈们”也看到父辈们的处境，以及自己在家族中得到照顾的状况。家族长辈在葬礼参与中仍然是最有权威的人物，“习俗我们都不知道的都是听他们（家族长辈）的。就是像我们（年轻人），尤其像我们这辈，我觉得懂得都比较少，特别少。”（WX，20190808）青年人经历的葬礼次数十分有限，村庄也不再是青年人工作、生活的唯一地点，对地方习俗更为陌生，家族长辈就是最为亲近可靠的礼仪指导者。这使得青年人对理想葬礼的想象仍然处于地方习俗的框架之内。他们对于一些直观看到的喧闹的葬礼景象和难以完全理解的民间信仰，他们缺少继承这些习俗的内在动力，由此改变了他们对自己将来葬礼的设想，“作为我只是觉得这样办葬礼没必要，放在自己身上觉得没必要。我自己的话，希望是火化吧，然后该有的仪式还要有祭奠、送行什么的。但肯定是希望简约些，不喜欢那种传统的吹拉弹唱好几天的，就最亲的人送去火化，然后开个灵堂，亲朋好友送一下就埋了。”（LYX，20190618）然而火葬并未获得所有青年人的接纳，他们感到火葬作为“现代生活”的标志，自己将来的葬礼选择火葬太过“现代”，最好选择折中的方式，既不像目前的葬礼如此烦琐，也不像火葬那样高效。简而言之，青年人设想的葬礼更为简洁，在火葬还是土葬的选择上较为开放。

代际差异在具体的葬礼参与实践中得到包容，这既是青年人在参与葬礼时重新看待仪式的结果，也是老年人在城镇化进程中观念的自我更新。一个不可忽视的现实是，由于人口外流较少，王家庄村的青壮年在数量和地位上都超过了老年人。村委会和家族管理委员会的成员大部分都是青壮年，“80后”也越来越多地出现在家族、村庄事务的决策之中，由此改变了葬礼参与决策的格局，“原来家族里边儿，比较哪个人有名声，辈分高一点，就是主事。现在祠堂经过一修，比较正规了，建的有档案，专门成立的管理委员会。”（HXR，20190620）家族长辈不再因为年龄大、辈分高、受人尊敬而形成个人威望，而是通过家族组织的制度进行家族事务管理。“管理委员会的话有十几个人，每一房的都出的有主要的管事的，年轻一点的组成管理委员会。”（HXR，20190620）家族事务由管理委员会召集成员开会商议，成员的意见分别反馈至每个房支的户长，最后由户长和家族委员会成员商议结果。对于年长的村民而言，青壮年主导的村庄是大势所趋，毕竟“现在年轻人占主要的”（HXR，20190620）。因此，与赵家台村对青年人参与葬礼行为的限制不同，王家庄村的家族长辈更为接受代际差异，将风俗变化视为常态，“现在一般就是新风俗，从前是老风俗。”（HXR，20190620）葬礼参与形式不再由家族长老和地方精英把控，他们感受到一种村庄社会生活的变化趋势，相应的葬礼参与形成“我们现在的习惯”，“现在普遍这种风俗，也就是随着大众。”（HXR，20190620）老年人和青年人的观念差异在葬礼参与中不产生冲突，在于不同代际的村民都能看到村庄生活在社会变迁进程中日新月异的变化，变化的潮流难以抵挡，过去的生活也早已不能回去。

村庄葬礼参与形式在不同代际的互动中产生转变，村民既没有回避代际间的差异，也没有把差异当作必须解决的问题，代际的“差异共存”成为村庄葬礼参与的普遍状态。两代人在葬礼参与形式上形成互动，以协商确立主流的葬礼参与形式，从而抛弃了以往男性长辈在村庄葬礼中的绝对权力，也没有造成代际割裂。阎云翔使用“代际性”（inter-generationality）[①]概念对这样的现象进行分析，“代际性”概念意味着代际关系有多种可能性，它既可以指涉传统代际关系的倒立、扭转和重构，也可以描述协商的、共存的、互利的代际互动模式（阎云翔，2019）。在葬礼参与中，父辈与子辈的关系既不存在强制性的父权，也没有发生子辈替代父辈的现象，更多的是通过“代际互动”形成差异共存。

① “代际性”（inter-generationality）的概念，来源于阎云翔2019年9月在中国人民大学的演讲“倒立的家庭与后父权代际性——重思新家庭主义”。

### 5.2.3 家族影响减弱

葬礼一直是维持族群凝聚力的重大仪式，在中国葬礼中体现为家族凝聚力的增强，葬礼因家族成员的死亡而开始，通过将亡者转变为家族祖先而告一段落。家族成员自然而然成为葬礼参与的核心成员，由家族长老管理村庄葬礼顺理成章。我们可以看到，关中地区的家族虽然松散，但是经历了生产队时期由村庄管理葬礼的阶段，又重新回到由家族长老掌管葬礼的情形。村民视葬礼为家族事务，相信“自家人”能真正为家族利益和福祉考虑。相应的赵家台村的葬礼参与充满了对家族外成员的排斥，乡邻只帮忙不送礼，也不能参加送葬。这样的状况在王家庄村则有所不同，家族成员虽仍然处于葬礼参与的核心，但家族却逐渐撤出对村庄葬礼的管理。

王家庄村家族在村庄葬礼中的变化，已经波及村庄最大的贺氏家族。最初大家族在葬礼组织时有明确的层次，以葬礼举办地点为例，贺氏家族建立了姓氏祠堂，俗称“总的祠堂”，不同的房支还有“家祠”，葬礼的举办一般在房支的家祠进行，极有威望的人则在姓氏的“总祠堂”中进行，祠堂成为家族大小活动的主要聚集地。随着近代社会对传统家族的批判和现代村庄管理制度的实施，姓氏祠堂多被拆除或者挪作他用，房支的家祠也很少能够保留。村庄葬礼举办地点变为村民自家住宅，在“堂屋”[①]停灵、举办仪式。改革开放后，随着祠堂重建的兴起，贺氏祠堂在原址的基础上翻新改建，明确规定不再允许在祠堂举办葬礼，“现在这个祠堂是新盖的，新翻修的，一般是红喜事在里面办，白喜事一般不叫在里面办。”（HXR，20190620）新祠堂不再举办葬礼的规定由家族委员会制定，以避免死亡为新房屋带来的污染。村庄葬礼仪式多为驱邪避

① 堂屋：方言。指客厅。

灾，这和村民认为死亡会产生污染的观念息息相关。深层的原因则是，家族已经逐渐失去了对葬礼的绝对管理权，那么在姓氏祠堂举办葬礼却由村干部进行管理，成为对家族活动的干涉。为了明晰家族和村庄的权力范围，姓氏祠堂不再作为葬礼举办地点。

在葬礼参与中，村干部比家族长老更能调动村庄资源。王家庄村在城镇化的进程中建立了相匹配的现代村庄管理方式，村民逐渐失去了对大家族的依赖。大家族曾经是村庄基础设施建设、村民收入提升、村庄生活秩序维护的主导者，现在这些功能已经纳入村委会和村民小组的管理中。王家庄不再是一个农业村庄，家族也失去了调配村庄资源的地位。在葬礼这样的村庄大事中，家族和村委会形成了明确的权力划分界限。葬礼组织由村庄的各个村民小组具体实施，村民小组组长和葬礼主事人各司其职，小组长主要管理的是公事，即调动村民参与葬礼劳动、协调葬礼物资等，主事人主要管理的是葬礼流程。即村庄主要是调配资源，主事人统筹仪式过程。由于主事人不一定由家族成员担任，家族长老在王家庄村葬礼中没有固定角色。从而形成了村庄管葬礼、家族管祭祖的分工方式，祠堂不再举办葬礼正是家族在村庄公共事务中影响力减弱的体现。

葬礼参与状况不再受到家族规模的影响。“丧事基本上都是大家的事，不论说是你一个姓的还是几个姓的村子，都是由一个生产小组的组长牵头，另外是他们家庭人或者当地人，一个比较有威望的人，经常在主持这个事情。”（ZZH，21081102）真正意义上的家族活动只有春节和清明祭祖，以及家族聚会、宗亲会，葬礼则是村庄的公共事务。无论哪个家族的葬礼，都是村庄共同的葬礼，不因其所属家族大小而产生区别。在村庄葬礼发生时，参与者主要考虑与亡者、主办家庭之间的关系决定是否参与葬礼，和其所属的家族规模没有直接关联。这种基于私人关系的葬礼参与范围，同样是家族族长、户长参与葬礼的选择方式：

户长不管生老病死的这一块。每年到过年要祭祖，这是户长组织。到清明节，整个家族要给老祖上坟，一年中这两个事是他的。平时老人，红事白事这一块，他跟谁关系好，人家请他，他上前（帮忙）。他跟他家门谁关系一般，他都不去。反正是人家送他的礼，他肯定得回礼，但他不可能去给他管那个事。比如说村上这两天有个活动，上面要来检查，如果这时候他们家户老人了①，他只能说是晚上去看看。（ZZH，21081102）

随着家族影响的减弱，族长、户长的角色也发生了转变。他们不再是村庄葬礼的主要组织者，甚至因为现代村庄管理方式的系统化而退出葬礼组织的舞台，他们仅以个人身份参与村庄葬礼。

目前王家庄村的家族，从家族性质到家族活动的组织方式已经发生了根本的变化。例如贺氏家族家谱完备，可以追溯至原住安徽的祖先，并且举家族之力重修了祠堂。而家族在村庄生活中的影响力明显减弱，村民不再依赖家族而生活，村庄发展也不再依靠大家族的财产和势力。上锁的祠堂大门只有在有家族活动时才会被打开，每逢年节、祭祖、聚会时才显现出家族的血缘关系网络。这是家族宗法特质消退引起的结果：首先，村庄能够在更大的范围统筹资源，村庄行政管理与村民日常生活息息相关，执行更为有效。大家族的位置已经逐渐被村委会代替。其次，目前家族管理的事务性逐渐增强，管理方式更为松散。以有名望和财富的青壮年为核心成员，通过规章制度明确家族活动、成员捐款等事项，家族成员自愿参与家族活动。家族活动的此类特征被概括为“仪式性的

①老人了：方言。指有人死了，用“老”避讳“死”字。

消减与事件性的加强”，神圣的仪式逐渐被有明确目标的事件代替，体现了家族活动的理性化趋势，并越来越多地借助事件展开家族活动[1]。当村庄葬礼被当作日常生活的一部分时，不再作为家族活动而调动家族资源，村委会和村民小组弥补了家族在葬礼参与中的功能。这种变化对葬礼参与的影响在于，家族对参与礼仪的约束力减退，许多繁杂的参与形式在实践中得以简化。从村庄转型到家族退场，均为王家庄村的葬礼参与形式转变提供了空间。

### 5.2.4 参与层次扩展

有关葬礼参与层次的讨论通常和血缘关系层次联系在一起，朋友、同学和合作伙伴等关系由于在葬礼中所占比重较小，通常不在参与层次的讨论中。关中赵家台村至今保持着以明确的血缘关系层次为主导的葬礼参与形式，血缘关系和乡邻之外的参与者仅存在于送礼、悼念的环节，主办者以宴席招待作为礼仪。乡邻也主要是在葬礼中参与劳动，包括待客、打墓等环节。因此，当赵家台村葬礼中可以通过雇佣劳动力时，乡邻的参与程度再次降低，血缘关系层次更为突出。

以上这种状况不适用于王家庄村，村庄多数的姓氏只有数量有限的家族成员，从《村志》中可以看出，这些小家族的成员大多为一二十人，仅靠家族成员难以支撑一场葬礼。此时如何在血缘关系的基础上建立稳固的人际关系，成为多数村民的迫切需求，“一个姓的，以他这个家族的这些帮忙的为主，其他人也来帮忙。所以他越是小姓，如果遇到这个事情，别人有事他还要上去帮忙做，因为他们姓人少，还有声誉，要是他不帮人家，有事的时候人家也不帮忙。这个事是个互相帮忙的事。”

①唐军：《仪式性的消减与事件性的加强——当代华北村落家族生长的理性化》，《中国社会科学》2000年第6期，第132-140、208页。

（MXZ，20181102）在葬礼参与的一来一往中，村庄葬礼混合了亲属、乡邻和其他不同来源的参与者。这种趋势在村庄城镇化中得到进一步发展，村民走出了农业种植的地理范围限制，人际交往半径从本村扩大至以集镇为核心的多个村庄，以及因个人生活经历产生的人际关系，例如同学、战友、同事等。

这些不同类型的人际关系，通过葬礼参与层次的重新整合得以稳固。首先，从血缘关系层次开始发生变化。原本遵循性别、辈分、年龄的次序，发生了微妙的变化，在变化的基础上还留有调整的空间。葬礼参与层次在敬香仪式中清晰呈现，敬香仪式出现在下葬的前一天下午，是聚集了所有参与者的悼念活动（见图5-2），活动程序如下：

图5-2 王家庄村敬香仪式

敬香的程序，第一项是鸣炮仗。第二项是孝儿、孝媳、孝女、孝女婿敬香。第三项是老家婆家[①]，老外婆家[②]，不管人家几辈人，

① 老家婆家：方言。指奶奶的家族。

② 老外婆家：方言。指外婆的家族。

是从长辈到低辈以此敬香。第四项是少家婆家[①]，如果走的是男的，那就是姑娘家先敬，如果走的是女的，姨娘家先敬。如果走的是他妹妹家，他妹妹就要先敬，如果是他姨妈走了，他妹妹就要在他姑姑前面敬香。这个有个这个层次。下来还要姊妹六个，就是姻亲，所有的娘家人，不管他儿媳妇家人，他女婿家的亲戚，从大到小以此敬香。如果他还有干亲，有的农村有干儿子、干女儿这样的，就挂到他这个姻亲后面。这为一项。再下来就是侄女、侄女婿，之后就是外甥、外甥媳、外甥女、外甥女婿，他们这是以此敬香。这个环节下来就是家户敬香，门子里面大房、小房往下排，家户还是以此敬香，从大房到小房。接下来就轮到孙子、孙女、孙女婿、孙媳妇这些敬香。再下来如果有四辈人，这就是重孙，重孙、重孙女、重外孙、重外孙女，这么敬香。到最后一项就是亲朋好友自由敬香，如果你是当兵的，亡人的儿子是当兵的，人家有战友这一样，这还有战友敬香。（ZZH，20181102）

血缘关系总体来说遵循两个原则：一是亲属类型的次序，按照孝子、老外婆家、少外婆家、五服亲属、家族同一房支、其他家族成员、孙辈、重孙辈为基本次序；二是在同一亲属类别中，先排辈分，后排男女。以上次序打破了以男性血缘关系为核心的排列方式，将姻亲关系（老外婆家，少外婆家）放在最为重要的亲属关系中，有直接血缘关系的孙辈、重孙辈则排在最末。较为普遍的葬礼参与层次为：①重孝（儿子、儿媳、女儿、女婿）；②外婆家族，包括老外婆家族（死者的外婆家族）、少外婆家族（死者儿女的外婆家族）；③姑娘家敬香，主要是老姑娘家（死者的姐妹）；④姨娘家；⑤侄子、侄媳、侄女、侄女婿；⑥外甥、外甥媳、

① 少家婆家：方言。即少外婆家，指母亲的家族。

外甥女、外甥女婿；⑦孙子、孙媳、孙女、孙女婿；⑧）曾孙辈；⑨家族成员；⑩其他参与者。这里的“其他参与者”包括乡邻、同学、同事等参与者，村民所说的“朋友”正是属于这个类别，有时“朋友”也会排在孙辈之前。对于本地村民而言，姻亲关系虽然缺少血缘，但更为重要。即使是较为亲近的血缘关系，如果缺少日常往来，也可能缺席葬礼参与。亲属关系的变化从春节时过年拜年可见一斑：

> 一般过年都回来，这就是农村习惯，家里到过年了，团圆嘛。好多路远的都回来，除非是在工作上走不开，值班的，那就不回来。打工的全国各地都有，在外面跑几千里过年都回来，赶回来团个圆，一般广州比较多。现在过年都不待客了，只是走一下亲戚，有的到亲戚家坐一会儿，喝杯茶，吃饭的比较少。一般的亲戚都不拜年，拜年的就是至亲，舅呀外爷呀。关键过年那两天，都拜年的话时间都来不及。（HXR，20190620）

王家庄村葬礼参与层次的形成，除了血缘关系的灵活性，还包括多种关系类型的混合性。更为灵活的血缘关系的维系方式，加上城镇化过程中形成的人际关系网络，使葬礼参与层次不再限于基于血缘关系形成的丧服制度。村庄的葬礼参与者，具有多种亲属关系和地缘关系、业缘关系混合的特征，主事人总是需要根据实情不断调整，使得排列参与次序成为一项十分复杂的工作。有时候，这些排序也会引起争端，主事人根据葬礼主办家庭的情况进行大致的排序，而参与者通常希望自己排在相对重要的位置。由于标准灵活，从而容易引发争议。于是，敬香顺序的书写往往需要在草稿上反复修改（图5-3），既需要顾及本地习俗，又要考虑举办家庭的实情。

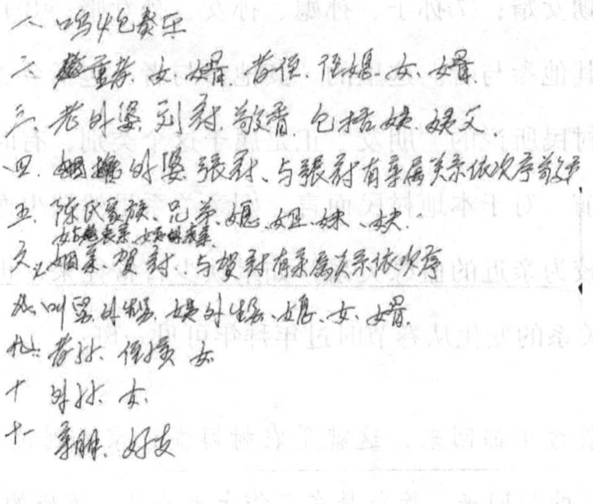

图5-3　王家庄村葬礼参与次序的草稿及修改①

在村庄转型的过程中，许多主办家庭的实情是“朋友”的参与数量已经超过了亲属和乡邻，这在小家族的葬礼中尤为明显。此时急需能够囊括多种关系的葬礼参与层次，村民在概括葬礼参与状况时没有对关系进行类别区分：

> 葬礼我一般知道了都要回去一下，也根据关系远近。有时候我们本组的去一下，或者是我跟他家关系近，以前老辈和我们家关系好的去一下。有些太远的时候我就不去了。“人情似水分高下”，有高有低，有疏有远。（WKL，20190619）

“关系远近”准确总结了村庄葬礼参与层次的灵活性和混合性，类似的说法在其他村民的表述中也得到了印证。关系远近之分可以说明亲属和乡邻关系，也能够说明同事、同学等业缘关系，并将这几种关系类型放在同一个比较体系中。通常情况下，往来最为密切的仍然是血缘关系、姻亲关系，其次是因居住空间形成的地缘关系，主要指村民小组成员和

① 陈姓为死者家族姓氏，张姓为死者妻子家族姓氏。

乡邻[①]，这与原本的血缘、地缘划分没有冲突。但是不同的村民有的与家族成员更亲近，有的则与朋友更亲近，这些具体的关系层次会融合在不同葬礼的参与层次之中，形成血缘、姻亲、乡邻、其他人际关系的混合次序。

这种以“亲疏远近”划分葬礼参与层次的方式，比血缘、地缘关系的划分更为复杂，纳入了传统的亲属、乡邻关系，也接受了当代社会交往的实际情况，体现出私人关系的重要性。以送礼层次为例，家族的不同房支之间没有送礼的义务，“我们现在一般也没得啥规定。比较确定的是你是哪一房的比较亲一点，像送礼，人情礼往上多一点。像亲房的（自己所在房支），来往比较多一点，你像其他房的，礼送也可以，不送也可以。”（HXR，20190620）亲属关系只能作为送礼的标准之一，同样重要的则是私人交往状况，“你比方送礼，你送了花圈，送了火纸，拿的炮啥东西，你另外再送钱也可以。你送花圈、火纸这些，拿的东西不送钱，这样也没得啥问题。这就看你亲戚至己不至己，再就看你俩互相的关系。”（HXR，20190620）在关中赵家台村先天血缘关系的稳固性，在陕南王家庄村则发生了变化。赵家台村五服之内的亲属即便没有往来，仍旧有参与葬礼的义务。王家庄村血缘关系在葬礼参与中占据要位，是由两类因素叠加的结果，一是先天的血缘关系，二是后天的密切往来。人际关系的密切程度同样可以延伸至其他类型的关系，从而将血缘、地缘、业缘关系放在同一套参与层次体系中。

近些年，随着求学、就业、婚姻的范围扩大，开始有越来越多的村民在外地生活。外地意味着跨越城市、省份，距离成为必须面临的葬礼参与难题。这些村民一年回到村庄一两次，短暂的停留不足以维系家族

① 需要说明的是，由于山区地形的限制，村民居住分散交错，从聚落分布上不能直观地看到村民小组之间的分界，因此王家庄村的乡邻关系大于村民小组的范围。

所有的人际关系，“比较亲的亲戚，我走动的还可以，就是我每次回来都去看他们，但是那些就是表亲，走动不是特别多了。送礼的话比较亲的我们都参与了。一般捎礼的比较多，像过年那种拜年那种之类的都是我们自己去。平时有什么事儿啊，都是让我妈他们帮忙带的礼金。”（WX，20190808）居住在村庄的父母代替他们维持亲属间的关系。这部分村民在王家庄村占据较小比重，仍然可以看出村庄人际关系的变化趋势。村庄交通便利，集镇重焕生机，村民的人际交往范围不再局限于本地。

与过去依靠家族人数维持葬礼规模不同，现在的村庄葬礼主要体现了家庭的人际交往状况，从纵向的血缘关系为主，到现代化进程中“关系的扁平化”[①]，“关系的扁平化”是共时性的人际关系逐渐代替纵向血缘关系的过程。从王家庄村葬礼参与层次的调整中可以看出，隔了几代人的孙辈和重孙辈，其关系的密切程度低于姻亲。孙辈和重孙辈是直系血缘关系，曾经作为葬礼参与时的重要角色，现在却排在亲属次序靠后的位置。反而是没有血缘关系的姻亲家族，由婚姻形成家族之间的联盟，成为最重要的亲属关系。这种共时性关系的重要性在村庄葬礼参与层次中体现得淋漓尽致，以“亲疏远近”涵盖所有人际关系，且让缺少往来的亲属自然地退出葬礼参与范围。

### 5.2.5　个体的重要性

葬礼参与形式经过群体互动形成，通常在一个村庄或者一个区域内形成相对固定的形式，存在统一的评价标准，关中赵家台村就是这样一个典型的村庄。即使面临村庄转型和人口外流的压力，村庄仍然力图保持葬礼的正统。这样的正统葬礼，既排斥佛教、道教的仪式，也排斥高效便捷的城镇葬礼。对于村庄的参与者而言，需要通过角色转换衔接葬

①阎云翔：《中国社会的个体化》，陆洋等译，上海译文出版社 2016 年版。

礼参与和日常生活之间的裂痕，才能不违背葬礼参与的统一标准。这与赵家台村身处关中平原腹地，有着深厚的体系化礼仪准则相关。而陕南王家庄村一开始就难以形成主次分明的葬礼参与标准，村庄移民带来省内、省外的多种文化，复杂的山区地形和多发的自然灾害，又让这些早期定居的村民首要面临着客观生存难题。在明清时期礼仪标准化的历史中，陕南的葬礼参与一直带有不同于关中地区的地方色彩。

经过了近代社会变迁的洗礼，葬礼参与的地方色彩逐渐突显，移民地区的多元文化特点为葬礼参与形式转变提供了空间。当城镇化过程中个人价值受到认可时，同样也影响到村庄葬礼对个人选择的重新定位。村民们真实地感受到个人的劳动为家庭生活和村庄建设带来的变化，最早在村庄购买电视、新建房屋的村民，正是依靠个人劳动提升收入的村民，他们从个体户起家，现在已经拥有可观的财富。王家庄村是他们出生和长大的地点，但不再是他们积累财富和生活的界限。随着村庄农业生产的没落，越来越多的村民通过农业种植之外的劳动改善生活条件。在这个过程中，通过称谓的变化可以看出，村民的个人价值得到肯定，村民们曾经只是“村民四组的贺某”“汪家三房的儿子”，是村庄和家族的成员。现在人们说到某个村民时，首先使用职业特征，“在某地开商店的贺某”“修车的汪某”等，其次才是他们所属的村民小组和家族分支。

个人价值的凸显改变了王家庄村的葬礼举办逻辑。王家庄村曾经和赵家台村类似，当一个家庭有葬礼要举办时，家族长老和村干部与主办家庭一起商议葬礼流程，由这些掌握葬礼知识的村庄权威把控流程，形成相对固定的主事人。现在，王家庄村不再有具有绝对权威的地方精英，他们分散成为不同类型的精英，在政治、经济、文化领域占据一席之地。主办家庭也更为主动地表达他们对于一场葬礼的需求，地方精英难以忽视主办家庭作为葬礼的出资方的具体要求。同时，村庄生活方式的变化推动了葬礼参与形式的转变，以唯一的参与标准要求差异越来越大的村民已不可行。

王家庄村葬礼呈现出以主办者为核心的景象。在不同村民描述葬礼参与时，均称呼主办者为“东家”，“东家”通常以逝者的子女为首，主事人、村干部、风水先生围绕着“东家”的要求实施葬礼细节。由于“东家”在汉语中有主人的意思，主事人、村干部、风水先生都明确认为自己是受主办家庭所托，只有主办家庭有最终的决定权。这样一来，每个主办家庭不同的需求就显现出来，有的村民为表逝去亲人的遗憾，想用大规模的葬礼抚平悲伤；有的村民在父母生前已尽心照料，希望去世后早些入土为安。这些主观愿望的侧重点不同，都能得到村民的理解。相对于过去整齐划一的葬礼，村民现在认为满足逝者遗愿和主办家庭的需求最能够体现一场葬礼的价值，“这一场白喜事怎么个流程怎么办，怎么办呢靠主家，主家说怎么办就怎么办。主家说要办档次高一点的就办档次高一点的，就说随便办就随便办。”（ZZH，20181102）村庄葬礼因而形成以下分工：“主事人管的是家务事，组长相当于管的是公事，这是他组上的事，需要公家出面解决的事。主事就是家屋内，人家家里要怎么样弄就怎么样弄。组长就是组织起来把这个人埋了，主事就是家庭的要求怎么样办得好、办得风光、办得简洁，这是他的事情。”（MXZ，20181102）葬礼举办得好坏，均在于主办者的感受。其中“所有干活的这些人是组长找的”（MXZ，20181102），“干活”主要是指仪式中需要劳动力的环节，例如抬棺、打墓等。简而言之，主事人管的是家务事，村民小组组长主要作用在于协调，管的是公事。

“东家”选择的重要性从确定主事人可见一斑。现在王家庄村没有固定的主事人，而是由主办者的人际关系决定的。主事经验和威望仍然是主事人的选择标准，对不同的村民而言，符合这类标准的主事人则大有不同。“经验”既包括家族长辈或者经常主事的人，他们的经验是直接来源于对葬礼的参与和见识，也包括具备社会经验，“社会交往多”且见多识广善于统筹的人；“威望”的评价也存在多种评价体系的共用现象，家族长老或者村干部是一种威望，而职业地位、经济收入高的人也是一种威望。最为理想的主事人是：既和主办者有近亲血缘关系，来往密切，且有主事经验和威望。在葬礼中，这几点因素难以集齐，那么来往密切、有主事经验和威望成为优先选项。有的主办家庭实在难以找到合适且有空闲的主事人，只能让步于有主事经验和威望，需要层层委托才能确定的主事人。例如，村民在寻找主事人时最初确定一名主事人A，如果A脱不开身，就会推荐另外一名主事人B。B和村民没有密切关系，是通过A的私人委托成为这场葬礼的主事人。甚至村民小组组长有时也需要这样的委托，村庄葬礼总是事发突然，如果遇到小组长有公事在身或者暂时不在村庄，为了保障仪式流程的推进，也会委托合适的人临时承担小组长的职责。

个人选择的重要性已经影响到仪式专家的工作方式。在王家庄村，道士做斋醮是最具神秘性的仪式环节，本地道士通过拜师系统学习了整套仪式流程，根据所学流派不同斋事有所差异。斋事流程主要是按照道教传统和流传下来的文本，对于村民而言这是葬礼参与中十分常见，但难以描述和评价的流程，因此斋事环节中道士有绝对的话语权。现在的道士做斋醮已经演化成一种职业行为，依据不同斋事所需时长和人数进行定价，并根据“东家”要求匹配相应的仪式流程，“东家要求你咋做，按照东家的意思，具体仪式环节都是传承下来的”（CDX，20190621）。道士做斋事时总体遵循“避凶就吉”的原则，附加原则就是考虑“人之常情”。一位道士这样向村民解释下葬时间的确定，“要在十年前有的道士定时间，搞得手忙脚乱。比如到热天，上午出也晒人，下午出也晒人。

现在呢，为了乐队，为了我们，为了帮忙的人节省时间，前一天晚上给客一待，早上给送上坡。我们也省得跑了，乐队的也省得跑了，帮忙的上午把事一弄完就可以走了。我是看时间，冬天的要弄到八九点，夏天七八点，六七点。太早了天麻亮[①]，那不敢那样的，帮忙的怎么干活。”（CDX，20190621）本地道士在葬礼中查日子、做斋醮、定墓地中线等流程，均从拜师习得，并根据相关的文本进行规范。在具体的葬礼中，道士则成为平衡信仰和现实的重要角色。在对“吉时”选择和客观条件的平衡中，道士潜移默化地改变了过去的习俗，更为尊重个人需求，将本地的道教信仰[②]和村庄城镇化的现实重新融合。由于村庄葬礼中一些小型斋事不再需要道士身着道袍，许多村庄村民甚至认为道士已经从葬礼中消失。目前道士的仪式知识更像是殡葬市场中的商品，由主办者选择是否购买，购买哪一种类型。

此外，从广大参与者的视角来看，参加葬礼的村民同样具有更多的选择权。参与者不再是一个相对固定的群体，他们在村庄转型的过程中不断进行调整，许多村民都遭遇过葬礼参与的“不对等”，“家家都有老人，家里人老了死了你不能自己背上山去，你不给别人帮忙，你家里人老了怎么办。所以人家队长带头看情况组织村民。还有这种情况，自家的老人葬礼办完了，遇到别人家的葬礼他就不去帮忙了，还有这样的人。人家给他的事帮完了，他就不帮别人了。所以农村的这些人，水平不一样，素质不一样，想法也不一样。”（ZCC，20181104）所谓“不对等”

① 天麻亮：方言。天刚亮。

② 本地道士主要为正一教道士，具备正统的师承关系，以正一教典籍为纲，所做斋事主要源于道教斋醮中的黄箓斋（大七、小七）和明真斋（关三副灯），道士的身份由此与风水先生有所区别。正一教“不越世俗伦理”（宋锡同，2013：242）的思想，在本地葬礼参与转变的过程中，发挥了推动习俗转变的作用。

主要是指没有“还礼”的情况，最基本的判断是，如果A参与了B家庭的葬礼，那么当A家庭发生葬礼时B一定要参与形成往来。这种情况出现后，会导致A与B家庭中断往来，并影响B家庭在村庄的声誉。现在，每个村民都在遭遇人际关系的剧烈变化，朋友间的交往会发生变动，亲属关系也会随着时间的推移发生变化。于是葬礼参与范围既存在扩展，也存在剥离，主要由个人选择是否参与某一场葬礼。在葬礼参与中，同样由个人决定是否参加敬香仪式、宴席、送葬等环节，只需在仪式开始前告知主事人以便安排次序。在不到三天的葬礼过程中，人数最为集中的是出殡前一日的悼念、敬香和正式宴席，这三个环节前后相接，是整个葬礼中最隆重的环节。最后一日的送殡，人数约占悼念者数量的一半。送殡的固定成员是在队伍最前列的孝子，紧跟其后抬棺的“八仙”、乐队。队伍末尾的送殡的亲友，自愿选择是否参与送殡。整个葬礼参与过程中，村庄形成了大致的参与规范，身处其中的村民仍然有诸多选择的空间，在对葬礼参与的描述中，除非刻意逃避村庄葬礼参与，对参与者的行为没有明确的规定。

可以看出，王家庄村已经从地方精英进行规范的葬礼仪式，转变成为满足主办家庭情感和需求的仪式。作为“东家”的主办家庭，根据自身家庭条件、葬礼目标选择花费、规模，以及葬礼环节，葬礼的主事人只是主办家庭意愿的执行者。村庄葬礼最终成型，是主办者、地方精英和参与者互动的结果，每个参与者不仅是葬礼中的固定角色，也是鲜活、具体的个体。主办者在本地习俗的基础上，根据自己的经济条件、时间、精力举办恰当的葬礼，葬礼不以奢简论优劣；地方权威仍具备对葬礼的解释权，但已经不是地方社会秩序的唯一管理者，他们在和主办者、其他参与者的互动中成为风格各异的主事人；其他参与者在力所能及的前提下履行自己的义务，根据私人关系判断葬礼参与程度。由于个人能够在葬礼中进行较多的选择，村庄葬礼的参与方式因而形成了大体一致、具体形式有所变通的特征。

### 5.2.6 困境：参与形式的变动性

改革开放之后，由于原有的村庄结构受到产业结构调整、农民职业变动、人际交往方式变化的影响，村庄的葬礼参与在形式固定和条件改变之间遇到困难。在关中赵家台村，葬礼传统的根深蒂固和村民离开村庄的趋势之间的张力，造成了村民在葬礼参与中的困境。村民既不能轻松地摆脱文化传统对个人行为的约束，也无法为了维系文化传统抛弃提升经济收入的需求。无论村民离开村庄有多远，总是有一个清晰明了的村庄葬礼景象，脱离此种景象则不能称之为真正意义上的葬礼。这种文化传统和现实生活之间的张力，似乎在王家庄村得到了化解。王家庄村的葬礼传统本身就是一个不断融合的过程，其间受到统县政区的影响，形成了相对稳定的葬礼传统。改革开放后，王家庄村作为国道沿线附近的村庄，加上三省交界的区位，使得村民们在生活方式、思想观念等方面发生了巨大的变化。在变化的过程中，葬礼仪式呈现出渐趋融合的状态，更多表现为文化传统和现实生活的融合。

王家庄村葬礼参与困境的产生，并非文化传统和现实生活的直接冲突，而是以更微妙的方式得以展现。村庄对葬礼参与变化的包容引发了新的问题，即新旧参与标准的变动导致的衔接问题。前文中已经提到，人际关系的变动引发了葬礼参与时没有“还礼”的先例，从葬礼参与的整体状况来看，即使人际关系变动不大，仍然存在参与形式变动带来的困境。例如亲属关系没有发生变化，但是对于是否参与家族葬礼的看法发生了改变，“有的亲属都出五服了，隔得远了就不来往，不是说一姓的都得去送礼。有的地方出三服他都不送了。某某不在的时候，就来了两服。那一家要说人多得很，送礼的人不多。他直系的亲叔伯，亲房的，他都没有去。”（ZZH，20181102）葬礼参与形式随着村庄生活不断发生变动，从农业村庄葬礼作为公共事务，到城镇化过程中，葬礼成为家庭私事，通过村庄公共资源进行补充。葬礼参与从整齐划一的行动到带有个人色彩，以私人交往带动葬礼参与，出现更多的个人选择空间。由于存在更多的调整空间，那么不同的村民在看待葬礼参与时使用的评价标准往往存在差异。村民在访谈中试图以更为中立的态度表达对不同葬礼的看法，他们的确比关中村民的态度更为包容，但是私下的闲谈中村民对葬礼参与仍然带有明确的偏好。为了适应这种葬礼参与形式的变动性，对主事人的选择也更倾向于社会资源丰富、头脑灵活的人。例如在2019年的一场葬礼中，主家请的主事人“是我们家的一个表哥，就是我丈夫的一个表哥。他经常在外经商，人脉比较活，朋友也多脑子也比较活，见过的这种事情比较多，所以请的是他。”（WX，20190808）这样的主事人不仅熟悉本地风俗，而且能够更为灵活地处理葬礼中的各项事务和各类关系，相对于熟悉旧风俗的家族长老而言，更适宜处理当下村庄葬礼以及相关的人际关系。

葬礼参与形式存在较大的调整空间，也使其变动性增多。首先，葬礼参与者之间的关系是变动的。许多因职业群体、个人经历形成的人际关系，因个人职业、交际范围的变化而变化，形成不同时期不同的人际关系网络，这部分葬礼参与者多达半数以上，不同的葬礼难以实现完全的参与对等；其次，不同时期的葬礼参与观念是变动的。在村庄城镇化的过程中生产生活方式发生变化，例如劳动有价这样的观念影响了村民对葬礼参与的定位。这些变化带来了葬礼参与的灵活性，同时，也使葬礼参与难以保持一致标准，保持灵活性和标准化的平衡。这些灵活性使本地葬礼产生了与时俱进的生命力的同时，产生了葬礼参与困境：①村外参与者的增多和村庄规则的局限性。围绕着集镇的几个村庄，村民之间形成了超出单个村庄的人际关系范围，并扩展至所属县域、市域范围。最初，村外参与者的增多以临近村庄为主，在连续不断的往来中，多个村庄形成相似的参与形式。随着村外参与者的比重增加，许多参与者既不是家族成员，也不是本地村民，不熟悉本地葬礼参与形式，本地葬礼参与规则也不对这部分参与者形成制约。②参与形式的灵活性存在内在矛盾，葬礼参与标准的可持续性降低。当村庄葬礼参与的标准严格而固定时，村民相互之间的往来能够形成良好的循环。人们都遵照同样的标准行事，那么每个人的行为都是可预测的，能够基本满足对彼此行为的期待。变动性使个人面临更为复杂的葬礼参与情形，例如当主办家庭采用“不收礼，不请客”的方式举办葬礼时，对于一场葬礼而言参与规则十分明确。但是当其他家庭举办葬礼时，这家是否送礼就成为新的难题。按照葬礼参与的对等性可以不再送礼，而不送礼可能不符合此次葬礼的参与规则。许多表面看起来缺少往来的葬礼参与，背后都带有参与形式变动过程中带来的两难选择。由于缺少覆盖全体村民的统一标准，原来的葬礼参与循环举步维艰。

## 5.3 葬礼参与中的市场介入

### 5.3.1 人情与买卖的平衡

近代以来的村庄变化，无不重新形塑村民对葬礼的认识。在殡葬市场还没有进入村庄的时候，村民通过“借东西”和参与者“送粮食”举办一场葬礼。改革开放后物质条件改善，村庄葬礼多少存在市场交易的部分。差别在于，有的村庄仍然明确排斥葬礼中的市场交易行为，认为核心环节不能以金钱代替仪式行为，只有缺乏劳动力的环节，或者葬礼的附加演出，可以通过市场行为进行补充，关中赵家台村属于此类村庄。陕南王家庄村则面临着缺少强有力的葬礼传统，又难以建立起能够被普遍接受的新式葬礼，只好引入城镇生活的规则，形成葬礼参与规范。

王家庄村的葬礼参与形式转变，主要是从参与形式的实现途径着手。因此村民对葬礼参与形式是否发生变化的判断十分模糊，概括地说葬礼参与仍是“按照老祖先留下的习俗”，“没有啥变化”。但村民们敏锐地捕捉到具体的葬礼时长、参与人数、参与方式的变化。对于村民而言，葬礼时间缩短、参与人数的增减、参与方式的变化，不过是村庄社会生活变化的一部分，是葬礼举办效率提升、人际关系变化、职业变动后自然形成的，没有触及葬礼参与的根本。原因在于葬礼参与仍然是以人情关系为核心，市场交易只是作为途径，不是葬礼参与的目的。从这个角度来看，葬礼参与形式的转变仍然是既定的文化框架之中。村民们认为参与形式转变的“变”是取长补短的结果，保留了本地重人情的优点，这是农村葬礼区别于城镇葬礼的最大优势。完全由殡仪馆或殡葬公司接管的葬礼，是缺少“人情味”的城镇葬礼。例如存在纸花和披麻戴孝的区别：“一般农村的，戴纸花的比较少，纸花一般都是单位葬礼才有的，农村的一般还是比较少。农村一般还是出去送上坡，戴个白手巾，披麻戴孝，祖传下来就是披麻戴孝。”（HXR，20190620）葬礼参与的人情味从村庄生活中生根，“因为农村这个情况，出门了就能随便站着聊两句。你看城市里边，你跟他聊，没人跟你聊，没人打交道。在城市你有啥事情，除了自己的经常交往的亲戚、朋友、同事以外，老死不相往来。邻居也不知道是谁，城市里面就是这样。但是农村的，你家有个啥事儿，我家有个啥事儿，经常在一块儿走动走动。”（HLX，20190507）因此，村庄发生葬礼时很少有人袖手旁观，一旦哪一家有人过世，这家的门口就会有三五成群的人聚集，以便第一时间为主办家庭帮忙。

不过，村庄葬礼参与没有村民描述的那么理想化，人情往来是村庄葬礼参与的追求目标，真正举办一场葬礼，则由村民和职业团体共同完成。最常见的就是葬礼中准备宴席和便饭，“做饭什么的人家都给你包了，这是现在这样的比较多。一般的是，有的家里嫌麻烦就不请人做饭，哪个家庭好一点，条件好一点的也不请了。也有的比较困难的，客人少一点的，大家就去帮帮忙，人比较少三五多就能凑合一下，就自己就做了，就门口人帮帮忙，这种情况也有。”（MXZ，20181102）宴席和便饭原本由村民和家族成员到主办家庭帮忙准备，现在都改为由账房采购支出，雇人准备饭菜。更为繁重的体力劳动中，虽然还没有形成固定的职业团体，仍然按市场工价给付报酬。例如打墓时上山“盘料”，就是根据相应的建筑行业工价支付报酬：“往坡上盘料的那个钱，盘砖、盘沙子、盘石头。那个根据情况，比方说人家家里有人，就自己家里做。请人盘料的话，那个开支的话，如果是队长给找的人，那就是队长到账房来，说人家盘完了给这几个人1000块钱，或者打条子，队长写经手人，写证明人。人家把钱领了以后上100块钱的礼。他出力挣的东家的1000块钱，上礼是自愿的。东家和干活的人认识，但不是一个队的，这不是邻队的嘛。”（ZCC，20181102）这些能够及时赶来干活的人，通常是本村或者邻村的村民，为了避免因给付报酬产生关系上的疏远，这些前来干活的人大多自愿随礼，使一次性的雇佣关系重新回归乡邻关系。

王家庄村葬礼中，市场交易规则作为能够被普遍接受的规范，成为一种实现人情参与的补充途径。与赵家台村对市场交易的道德批评不同，王家庄村通过对市场交易赋予道德价值，以达到人情参与和市场交易的平衡。一是利用在请道士和风水先生方面的禁忌来塑造仪式付费的合法性。在道士和风水先生看来，收费的原因是他们自己也有养家糊口的需要，从而产生象征性的费用。对于村民而言，付费是对道士和风水先生的尊敬，“等到人家真正去看风水的时候，人家会拿罗盘，罗盘拿出来的时候你要把红包放上面，意思就是罗盘不能空转。”（WX，20190808）这种付费赋予了做斋醮、看风水的灵性，“按照过去的讲究，如果这东西是你应该有一种付出的，就包括算命。如果你不给钱的话，可能对你自己反而不好。人家给你付出了，你应该给人家一定的酬劳，这是应该的，心要诚嘛。否则的话你查的日子也罢，或者是应该算命的也罢，你如果没有一定的酬劳，意思说是占人便宜了，可能本来是个好日子，对你不一定好。”（HLX，20190507）不付费的行为会造成损人不利己的后果，即使是好日子、好风水，也会不灵验甚至适得其反，为家庭和后代带来灾祸。这样一来，付报酬不再是一次市场交易行为，而成为建立在民间信仰基础上的风水契约。二是对“劳动有价”的认可。不尊重他人的劳动价值已经成为一种道德败坏的行为，在殡葬行业中职业群体以此谋生，主办者和从业者都要遵守市场契约，“农村的殡葬这块，乐队是不管你是谁都得掏钱。这因为那个人家是专业的，本地人干不了，是为了生活的职业。”（MXZ，20181102）这些职业团体依靠殡葬业谋生，在本地葬礼中，给殡葬从业人员“给付报酬”成为一种道德观念。如此一来，村庄葬礼中的市场交易带有道德观念的性质，那么类似抬棺这样的葬礼参与行为，也逐渐带有市场交易的色彩，“农村葬礼也有一些时候，那边的人特别少，就没人抬棺。其他环节帮忙的好说，没人抬这一块，可能请外地的人。你这生产小队，现在叫生产小组，人少一点，可能是请人抬的人，象征性地给点钱。”（MXZ，20181102）随着村庄中具备打（掘）墓、抬棺经验的村民减少，这些有经验的村民逐渐成为村庄葬礼中相对固定的参与者，从相互帮忙的村民演变成为葬礼中临时的从事者，主办者给付报酬则顺理成章。

由此可以得知，王家庄村人情参与和市场交易的平衡是相互让步的过程。首先是市场交易进入葬礼参与环节，通过将葬礼中的市场交易道德化，最终纳入人情参与的体系内。在村庄城镇化的过程中，依靠劳动获得报酬已经成为村民普遍接受的原则。在村庄生活中，村民既不愿意“欠人情”，也不愿意在金钱上占便宜。这也影响了村民对于葬礼参与的看法，随着工价的不断上涨，对于葬礼中的一些重体力活和需要专业技能的劳动，给付报酬成为合情合理的做法。其中不可避免的是，来干活的人有的就是同村或邻村村民，他们之间不仅是一次市场交易的买卖双方，还是相互认识的邻居或者熟人。为了使这层关系重新回归人情往来，干活的人在获得报酬之后送一份礼金以示人情。其次是人情参与让位于市场交易。村民职业分化导致许多人已经不再掌握准备葬礼的技能，如乐队、抬棺等很难再找到合适的村民。平时在村庄常住、在葬礼准备环节中有经验的村民，不得不参与大多数的村庄葬礼，成为这些村民的葬礼参与负担。市场交易的加入改善了人情参与的不对等。例如乐队、准备饭菜、打（掘）墓等依赖村民互助的劳动，现在都由职业团体承接，并且市场交易已经深入从殡葬用品的准备到抬棺的各个环节。这些变化改善了葬礼参与中“能者多劳”带来的问题，殡葬团体的增加，以及临时从业者的增多，缓解了村民之间互助不对等的矛盾。

王家庄村的葬礼参与中，人情往来仍然是主流，村民也因此感到村庄葬礼更有人情味，市场交易只是实现这个目标的方法之一。因此，王家庄村葬礼中广泛存在的市场交易行为，虽然已经带有城镇殡葬产业的元素，但是还没有达到改变葬礼面貌的程度，殡葬产业也没有全面接管村庄葬礼。葬礼参与的内核仍然是以村庄生活方式为雏形，村民比邻而居相互熟悉，几个村庄的村民之间或者沾亲带故，或者有交情，或者相互熟识，多少存在人际关系纽带，与高速运转的城镇生活形成区别。因此，市场交易在葬礼参与中的存在，并没有导致人际关系的疏远，而是提升了村庄葬礼的效率，缓解了因村庄转型带来的参与互动的不对等。临近的村民通过职业上的相互依赖建立联系，并通过将交易转变成葬礼参与，拉近了人际关系的距离，围绕着集镇形成相对稳定的人际关系网络。

### 5.3.2 市场与仪式的交织

从历史的角度而言，王家庄村的社会秩序一直处在变动的过程中。在人口变动方面，王家庄村几个人数较多的家族迁移时间相近，构成了王家庄村的主体居民。从《村志》中可以看出，在明朝规模化的移民之后，社会发展的每个阶段均有迁居至此的居民，这种变动的常态使得村庄边界处于半开放的状态中。在葬礼参与中，由于本地鲜有支系庞杂的大家族，于是形成移民社会的血缘和姻亲、小家族之间的联合，成为家族和村庄成员葬礼参与的补充。

改革开放后，随着村庄的产业转型，以及集镇贸易重新焕发生机，葬礼参与步入一个新的阶段。这个时期，人均土地占有量的减少和粮食作物经济效益的局限，村庄经历了从粮食主产区到大棚蔬菜主产区的转变。这种转变彻底打开了原本农业村庄的边界，将村民纳入区域经济体系之中。改革开放前以农业村庄为边界的葬礼参与模式，增加了因市场交易和社会生产形成的新的相互依存的关系，葬礼参与的范围从村庄之内扩大为以集镇为中心的多个村庄。王家庄村受到人均耕地减少和集镇发展的双重影响，村庄发展带有鲜明的城镇化趋势。城镇化是农村的土地、人口向城镇转移的过程。王家庄村土地仍然主要用于农产品种植和宅基地划分，很少有村民专门从事农业生产，而是通过土地流转承包农地进行种植。村民在村庄主要从事非农产业，例如开店、打工等。

在村庄的城镇化和村民就近务工的共同作用下，葬礼参与作为村庄生活的一部分，同样发生了变化。

首先，王家庄村的葬礼参与具有因地制宜的传统。村庄边界的开放性和本地文化的融合性特征，形成涵盖所有关系类型、兼顾各类参与情形的葬礼参与形式。王家庄村的葬礼建立在认可社会变迁趋势的基础之上，以时代背景评价葬礼参与规范的作用，以代际间的文化更迭确认葬礼参与形式转变的必要性。因此，王家庄村的葬礼参与是不断重建文化意义框架，以维护个体与仪式、仪式与社会之间的关系。这种不断的重建行为既发生在社会变迁不同阶段的转换之中，发生在文化地理的时空交汇之中，也发生在家庭的代际传承和交替之中。从变迁的路径来看，王家庄村葬礼参与与社会变迁趋势相辅相成。在当代村庄中，葬礼参与形式更为重视个体需求。对于村民而言，关系亲疏成为解释仪式中角色、地位、是否参与的最高原则。对于仪式过程而言，便利可以成为改变形式的合情合理的原因。也就是说，当与生俱来的亲属关系和实际往来不匹配的时候，能够以没有往来为由而退出仪式。葬礼参与的便利性和参与价值具备同等的重要性。以仪式价值而牺牲葬礼参与的便利同样会受到诟病。相较于赵家台村，王家庄村的葬礼参与形式转变与葬礼、交往范围发生同步的变化，而每一处改变均体现了仪式和社会之间关系的重新联结。

其次，随着城镇化的进程葬礼参与具有鲜明的市场因素。从实现葬礼的方式可以观察到，王家庄村的葬礼即使没有外包给商业组织，所有的丧葬物品，甚至是七单和讣告，均是工业生产的产物；葬礼的劳务，分别由不同的小型团体分工合作，从准备宴席到乐队、打墓。原因在于，王家庄村既是一个文化的过渡地带，又因为移民移出地的多元化，增加这种文化的混合特征。仪式的价值和文化意义很难达到真正意义上的统一，仪式如何运行、如何参与则更为紧迫。仪式运行和葬礼参与的逻辑，需要建立在社会共识的基础之上。王家庄村民在葬礼参与中的社会共识，即为不同社会发展阶段中的生产生活逻辑，在当代体现为对个体价值的尊重、市场交易的公平、工业生产的效率。

最后，仪式和社会之间的关系重构，存在于文化形成的整个过程之中，在改革开放之后的农村更为典型。葬礼参与中市场因素的介入，不等于产生了全新的葬礼参与形式，而是葬礼参与形式的调整。这种调整的过程是礼仪文本的合著（co-authorship）的产物[①]，从特征上来看是文化的“交织”。文化的借鉴和吸收是在互动中形成的，并以一种复杂的方式编织在一起[②]。在王家庄村的葬礼参与形式转变的过程中，正是可以看到市场经济的交易逻辑和现代社会的理性化趋势在其中的作用，这些特征并未吞噬葬礼和人情往来，而是将两种看似相悖的规则，即价值理性和工具理性重新编织在葬礼参与框架之中。如前文所述，仪式过程中的劳动报酬不仅是交易，也扩大了葬礼参与的范围。同时，村民对仪式和葬礼参与的技术应用和理性计算，最终使仪式和村庄转型后的生产生活重新联结，由零散的线重新形成紧密交织的状态。

①钟鸣旦：《礼仪的交织：明末清初中欧文化交流中丧葬礼》，张佳译，上海古籍出版社2009年版，第236页。

②钟鸣旦：《礼仪的交织：明末清初中欧文化交流中丧葬礼》，张佳译，上海古籍出版社2009年版，第240页。

# 第6章 研究结论

改革开放后，中国农村葬礼进入了一个新的阶段，相对于近代思想变革导致的葬礼变革，以及中华人民共和国成立后对村庄葬礼习俗的改造，此时的葬礼参与形式转变主要源于村庄内部变化——村庄不再是村民生产生活的唯一地点。简而言之，由于从自给自足的农业生产模式转向社会化生产的工业生产模式，村民逐渐放弃种植农作物，或者直接离开村庄，在一定程度上脱离了乡邻和血缘关系群体。在这样的背景中，葬礼参与形式和村民的生产生活产生了裂痕，许多村庄葬礼虽然保持着传统仪式流程，但由于村庄经济转型、生活方式的改变，村民难以维持过去的葬礼参与形式。可见葬礼参与形式转变是村庄转型的过程中，因外部因素和内部动力共同作用而形成的，反映了村庄社会秩序的重构过程。

本书根据陕西关中、陕南两个村庄的田野调查资料，发现以关中赵家台村为代表的传统深厚的农业村庄，处于葬礼参与传统和村庄转型最具张力的阶段，从而以参与者自身的角色转换作为转变途径；以陕南王家庄村为代表的区域文化融合地区，加上城镇化的影响，以人情参与和市场交易的交融作为转变途径。因此，本书认为葬礼参与形式转变是村庄的区域特征和转型方式共同作用的结果。在此过程中，不同村庄面临的困境不同，从而采取了不同的应对方式。对于村民而言，葬礼参与形式转变也是重组农村社会社会生活的途径。农村葬礼参与不仅没有成为村庄转型的阻碍，而且作为变动中的村庄社会维护秩序的重要途径。

## 6.1 农村葬礼参与转变

本文以“中国葬礼”限定了葬礼参与形式转变的讨论范围。“中国葬礼”有两方面的含义。一是作为研究地域的限定。中国葬礼能够作为独立的研究类型，其内部具有统一的葬礼基本结构，有别于与其他国家的葬礼[①]。二是作为“研究方法上的中国”。从方法上来看，无论是依据来源于欧洲的进化论史观，把中国的进化放置于世界史的普遍性当中，还是把经过革命洗礼的中国与欧洲近代相对立，发现其与欧洲的相似、差异或者超越，都是“没有中国的中国学”，需要通过中国看待世界，形成以中国为方法的原理的创造[②]。因此，研究中国需要从实践而不是西方理论出发，实践不仅“生成于研究对象国家自身的历史、社会、经济与政治的情境、视域和话语内”，因实践出发所关切的问题是所研究国家自身的“内生要求”，而不是源自西方理论/认知所关切的问题[③]。

在本书中，首先可以看到近代中国葬礼参与转变具有特定的历史脉络。先是在近代思想变革中，形成了城镇葬礼和农村葬礼的区别。之后，

①华琛：《中国丧葬仪式的结构——基本形态、仪式次序、动作的首要性》，《历史人类学学刊》2003年第2期，第98-114页。

②沟口雄三：《作为方法的中国》，孙军悦译，生活·读书·新知三联书店2011年版，第126页。

③黄宗智：《“实践社会学科”系列丛书总序》，载吴重庆：《孙村的路：后革命时代的人鬼神》，法律出版社2014年版。

经过现代国家改造，法制代替礼制，农村葬礼从礼法制度演变为民间文化。改革开放后，村庄社会转型更为直接地影响农村葬礼。农村葬礼参与基础随着时代变革不断发生变化。其次，中国葬礼作为葬礼的研究类型之一，其研究视角有别于西方葬礼的仪式研究。从理论视角来看，西方的葬礼研究主要是“象征分析”，中国葬礼研究的传统是“礼仪分析”，这是两种不同的解释体系①。礼仪分析意味着中国葬礼研究总是与中国社会的探讨紧密联系。有关中国葬礼参与形式转变的研究长期处于对社会整合和社会变迁、葬礼标准和地方特色的争论之中，形成葬礼参与转变研究的主要基调。

### 6.1.1 近代葬礼参与转变过程

随着中国近代社会变革，婚丧礼俗成为思想观念变革的重要领域，以葬礼变革最为曲折。民国时期的丧葬习俗改革拉开了葬礼变革的序幕，城镇与乡村的葬礼分化加剧，现代国家制度则削弱了葬礼的礼法内涵，增加了葬礼的民俗内涵，奠定了当代农村葬礼的基本性质。接下来是中华人民共和国成立后将村庄纳入国家的过程，农村葬礼开始面临真正的变革，生产队代替地方精英和宗族集团接管葬礼，逐渐形成以生产小队（现为村民小组）葬礼管理的基本单位，奠定了当代农村葬礼的管理模式。改革开放后，随着村庄边界的松动，农村葬礼面临市场化、个体化、人口流动等多重影响，形成近代葬礼的第三次变革。由此可见，葬礼参与转变可以划分为三个阶段：一是民国时期从城镇发端的思想变革，造成了城镇葬礼和农村葬礼的区别；二是中华人民共和国成立后对农村社会的改造，确立了以现代国家制度代替礼法制度的基层治理路线，削弱

①张海超：《大理洱海地区白族葬礼研究——兼论“礼”视角在人类学仪式分析中的应用》，《云南社会科学》2010年第1期，第15-20页。

了农村葬礼的礼法性质；三是改革开放之后，农村转型和村民生产生活方式的转变对葬礼参与的影响。

1. 中华民国时期（1912—1949年）

近代之后，原本家国同构的礼法秩序体系被打破，新的国家伴随着社会和政治的变革，丧葬礼俗不再是维护地方社会秩序的主要方式。中华民国成立以后，提倡葬礼变革的现代知识分子通过观念阐释提倡“丧事新办”。这成为新国家政权和社会变革时期对丧事操办批判的思想基础，并使国家推进观念变革采取的干预措施合法化①。中华民国时期，社会变革的中坚力量集中在城镇，并且从土葬改为火葬的过程中，城镇的人口密度和基础设施具备实施火葬的条件，变革集中在城镇，使城镇和农村葬礼的差异逐渐增大。根据以上特征，罗梅君将中国近代葬礼变迁的本质定义为精英与民间文化的分化，社会精英的葬礼操办方式成为“个人、家庭和国家利益共同作用的结果”。民间葬礼，尤其是农村葬礼，作为一种文化在近代社会变革中形成，其操办方式仍然取决于“家庭经济因素”②。可以说，近代葬礼的变革开始于城镇，此时农村葬礼反而存在一定的自主空间。

民国时期的丧葬习俗改革对农村葬礼影响甚微。此时的农村生活和城市生活差异逐渐增大，多数村民仍然是在家中去世，在村庄下葬。村民居住分散，基础设施建设有限，难以建立和城镇类似的火葬体系。随着现代国家变革的发生，通过礼法制度管理地方秩序的途径遭遇重创，村庄地方精英逐渐失去了惩戒的权力，取而代之的是现代国家的法律制

①罗梅君：《北京的生育、婚姻和丧葬：19世纪至当代的民间文化和上层文化》，王燕生、杨立、胡春春译，中华书局2001年版，第39页。

②罗梅君：《北京的生育、婚姻和丧葬：19世纪至当代的民间文化和上层文化》，王燕生、杨立、胡春春译，中华书局2001年版，第44页。

度。以葬礼为代表的礼法制度，逐渐转变为通过道德约束维护地方秩序的民间风俗习惯。

这些变化不足以改变农村葬礼的参与形式，但毫无疑问是参与形式转变的开端。一是无论是礼法还是道德约束，葬礼参与仍然是村庄中秩序整合的有效途径。农村葬礼的举办和参与形式仍然以“重死”为核心，以“亲亲尊尊”为葬礼参与层次，以重建社区和家族秩序为目标，以民间丧葬物品为工具。葬礼参与者依然围绕以血缘为核心的家族成员关系、以地缘为核心的乡邻关系，村庄依然是村民生产生活的主要地点。二是葬礼参与中礼法惩戒的减少，使葬礼中的亲属关系和社会生活中的亲属关系产生差异。葬礼中的亲属关系延续传统的父系继嗣制度，具有从夫居、男子继承、父亲为家长等特征①，这样的亲属关系特征在葬礼中得到强化。这与近代社会生活中亲属关系特征的变化有所不同，近代社会对传统家长制的反抗，以及女性地位的提升，并未直接体现在葬礼参与中：女性葬礼的举办以丈夫家族为主导；男性子嗣在父母葬礼中为主办者，女性子嗣为协助者；父辈的遗愿仍然作为家长权力主导葬礼的举办方式。

2. 中华人民共和国成立至改革开放时期（1949—1978年）

中华人民共和国成立后，现代国家建设从城镇扩展至农村。此时，中国土地改革的浪潮改变了农业生产模式，引起葬礼等社会生活的变化。首先是中华人民共和国成立之后土地重新分配，改变了农村的利益格局。这主要影响了土地集中在少数人手里的农村，在本书研究的赵家台村，土改以前村庄财富集中在几家地主大户手中，土地重新分配后村民的财富更为平均，然而由于土地不能集中生产，村庄的财富总量也有所减少。对于以自耕农为主的村庄而言，重新分配土地对村庄利益格局的影响较

①拉德克利夫·布朗：《原始社会的结构与功能》，潘蛟、王贤海、刘文远、知寒译，中央民族大学出版社1999年版，第23页。

小，例如赵家台村。赵家台村位于关中地区，在历史上关中地区被认为“无地主、无租佃、有封建”[①]，赵家台村正是如此。利益格局的改变削弱了地主家族和富裕家庭在农村葬礼中的影响力，形成民间葬礼举办规模均等化的雏形。其次，现代国家的建设需要以科学素养代替民间迷信，将殡葬改革扩展至农村，简化农村葬礼。许多丧葬习俗受到国家禁止迷信活动措施的影响。职业操办丧葬事宜的人员如风水先生、和尚尼姑之流被划定为“剥削阶级分子”，不得再从事此类工作，他们在生产领域分配到了工作岗位[②]。人们还试图取消丧葬习俗得以存在的经济及物质基础：土地和家族祠堂均充作国有财产，地庙被捣毁[③]，而且最迟不晚于“文化大革命”时期，生产宗教用品如纸钱等物的合作社转产利润更高的产品[④]。在国家的规章制度中，用“殡葬”代替了“丧葬”，提倡农村葬礼简化，突出葬礼中国家管理的作用。此时的农村葬礼，最终形成以行政管理为核心、简化、去除迷信化的特征。

中华人民共和国成立后的农村变革成为农村现代化的第一步，村庄的独立性和边界性被打破，村庄的自我管理纳入国家行政体系之中。农村葬礼在经历了短暂的自主的发展后，又重新进入国家的管理体系中，村干部成为葬礼管理的重要角色，村庄代替家族成为集体化时期葬礼举办的基本单位。

---

①秦晖、金雁：《田园诗与狂想曲：关中模式与前近代社会的再认识》，语文出版社2010年版，第44–57页。

②Maclnnis D. E., *Religious Policy and Practice in Communist China: A Documentary History*（New York：The Macmillan Company，1972）.

③Friedmann D. D., *Long Lives: Chinese Elderly and the Communist*（Mass：Stanford University Press，1983）.

④Bush R. C., *Religion in Communist China*（New York：Abingdon Press，1970）.

3. 改革开放四十年（1978—2018年）

经历了近代社会变革的累积，改革开放后中国农村走向了一个新的阶段。1978年改革开放，原本由人民公社集中起来的劳动力和劳动物资，伴随着联产承包责任制的建立，劳动物资重新分配，劳动单位重组，形成以家庭为单位进行农业生产的基本模式。家庭联产承包责任制提升了农民的生产积极性，加上农产品价格的双轨制和市场流动，农业收入大大提升，农产品种类也日益丰富①。近代社会发展造成的巨大城乡隔阂，随着村民收入的增加和城乡间的人口流动，农村和城镇形成新的互动模式，重新塑造了农村生活方式。从历史的眼光来看，改革开放40年的时间中，农村家庭的规模逐渐缩小，个人意识逐渐增强，村庄不再是村民生产生活的界限。农村葬礼的举办不再仅仅关注一个小村庄的内部秩序，而是受到整体的社会变迁、人际关系变动的影响。

改革开放之后的葬礼参与具有以下特征：社会变迁中参与者自身变化，职业变化拓展了参与范围，商品流通后礼金代替实物。

（1）社会变迁中参与者自身变化

社会变迁和参与者的变化相辅相成，是个体的主动转变，也是社会环境造成的被动适应。改革开放后，作为主体参与者，已经不是传统意义上的村民，他们不再依赖土地种植生活，生产生活方式发生重大变化；村庄社会管理方式的改变也促使村民重新看待传统习俗。

首先，近代之后村庄权威日益没落。改革开放后村庄行政管理日渐成熟，村庄权威在村庄管理中处于进退两难的境地。以及“社会资本流散”使得乡村社区的社会资本开始外向运作，难以在社区内累积，本土

①折晓叶、艾云：《城乡关系演变的制度逻辑和实践过程》，社会科学文献出版社2014年版，第98页。

的民间权威日渐没落[①]。从社会分层的视角来看，即使是现代国家的村庄管理者——村干部——也失去了绝对权威。由于市场经济发展，社会分层方式发生改变，村干部不再完全占据村庄资源[②]。这些变化改变了村庄葬礼的管理方式，虽然村干部、家族长老、风水先生仍然主导葬礼运作，其权威的合法性在当代社会发生了微妙变化，越来越多地依赖于仪式主办者的赋权。在现代国家，农村社会从礼制走向法治，以及村庄自治的实施，国家对农村葬礼的管理也从强制约束转为引导[③]。村庄权威在葬礼中的角色由此发生了改变，原本这些地方权威在葬礼中不仅有管理权，而且有执行惩戒的权力，一场葬礼的举办和参与受到地方权威的严格约束。而改革开放后，无论是家族长老、村干部、风水先生，还是新兴的经济精英，都不再是农村葬礼中的绝对权威。此时，地方权威的力量不仅衰弱而且分散，赋予谁以主事人的权力，主要由仪式主办者决定。在这样的状况中，主事人的角色有很强的替代性，不同类型的地方精英（村干部、家族长老、风水先生等）之间甚至存在竞争关系。那么，主事人维持葬礼运作时，不仅要能够有效管理葬礼，而且要获得主办者认可，兼顾葬礼参与效果，从而改变了葬礼中的权力关系。

其次，家庭小型化改变了养生送死的代际关系模式。在早期的家谱记录中，前后相继的父系血缘关系清晰呈现，并在父子关系之间用“奉祀”进行连接，明确子代对父代的赡养和送终义务。没有儿子的家庭，

①吴重庆：《从熟人社会到“无主体熟人社会”》，《党政干部参考》2011年第2期，第25-26页。

②阎云翔：《中国社会的个体化》，陆洋等译，上海译文出版社2016年版，第49页。

③狄金华：《民间仪式与权力意志——华北米村丧葬仪式的变迁研究》，《南通大学学报（社会科学版）》2013年第3期，第98-110页。

则通过“继嗣”弥补养生送死的空缺。这在当代家庭生活中发生了变化，几代人共同生活的大家庭逐渐减少，以夫妻关系和未成年子女组合成的核心家庭成为常态。代际关系发生改变，以家庭照料为主的农村养老模式，由于农村流动和迁移人口的增多而难以为继。多种因素间接影响了外出打工子女照顾父母的方式与质量，包括就业状况、外出时长、家庭生命周期以及子女与父母间的家庭关系。家庭照顾从子代照顾父代的照顾偏好，转变为以老伴照顾为主，其次是子女[①]。此外，农村生产生活方式变动后，外出务工的子女掌握经济上的主动权，家庭小型化将家庭资源倾斜至子代，村庄老年人成为低收入、少话语权的群体。这种状态影响了葬礼举办，子女在为父母举办葬礼时出现了薄养厚葬的现象，养生送死不再统一，子女的同代亲属和社会交往关系的重要性增强。最终影响了葬礼中生者（参与者）和死者之间的关系。

最后，村民居住地点和务工地点的分离改变了葬礼参与条件。当村庄不再是村民生产生活的界限，村民务工地点的变动和村庄葬礼地点的不变，产生了葬礼参与的空间距离。在村庄葬礼发生时，村民需要脱离务工地点回到村庄，这样的葬礼参与路程随着务工半径的增加变得越来越远。原本葬礼参与融入村庄生活之中，是家族和村庄成员生活的一部分。现在，随着村民务工地点和村庄的分离，参与葬礼成为特殊事件，需要脱离生产生活情境。如此提升了村民葬礼参与的难度，村民需要更多的时间和金钱去参与葬礼，甚至需要放下手头的工作。是否参与一场葬礼，成为个体需要重新考虑的问题。具体而言，对于处于迁移流动状态中的村民，同等条件下务工地点离村庄越远，参加葬礼的成本越高，参与葬礼的可能性越低。在村庄葬礼中更现实的问题是，人口流动主要

①刘捷玉、余家庆：《中国农村家庭养老现状：人口流动下的家庭照顾循环》，《开放时代》2019年第1期，第179-193、7页。

造成青壮劳动力流失，下葬前的准备活动难以通过村民互助维系，从准备吃食到打墓，都需要花钱雇人进行补充。举办葬礼的村民家庭也常常脱离村庄生活，相对于召集村庄和家族的劳动力，殡葬服务团体反而成为更便利的选择。村庄条件的变化，造成村民参与葬礼许多新的难题，是否参与一场葬礼，如何参与，又如何解释目前农村的葬礼缺席等，迫使村民不断应对观念的冲突和转变。

（2）职业变化拓展了参与范围

在以村庄为生产生活主要地点的时期，农村葬礼的参与范围和村民的人际关系网络基本吻合。随着迁移流动中村民职业的变化，人际关系网络超越了村庄和家族。从当代村民的人际关系特征看，姻亲关系超过了血亲关系，而“朋友”关系又胜于亲戚关系[①]。农村葬礼参与中，看上去仍然以乡邻和亲属为主要的参与者，而越来越多的同事、同学、朋友的加入，外在于血缘、地缘关系组成的参与范围和对应的参与形式。这些同事、同学、朋友等可以笼统地称之为“业缘关系”，他们大多和逝者家庭不在同一个村庄，其参与方式和礼金额度也不受村庄参与标准限制。

血缘关系、地缘关系内部也发生了变化，如果仍然以血缘、地缘来概括葬礼参与范围显然不准确，直系的血缘关系向扁平的姻亲、同辈关系倾斜，成为广义的家族成员关系，已不同于丧服制度。丧服制度规范的形成基于传统中国的丧礼制度，在当代农村的葬礼参与中，仍然能够看到丧服制度的影响，但丧服制度却已不能代表葬礼参与范围。丧服制度以血缘关系划定葬礼参与范围，葬礼参与者一般为五服之内的血亲。丧服制度应用在葬礼参与中本身就有局限性，葬礼中的亲属关系在历代的图谱中可以看出，丧服图虽然流传较广但过于简化，核心的本族关系

①吴重庆：《从熟人社会到“无主体熟人社会”》，《党政干部参考》2011年第2期，第25-26页。

并没有呈现出一个同心圆结构，从其他与丧服有关的图制可以发现，“每个人的人伦关系，就是基于本宗同姓中亲亲、尊尊的原则，再叠加上各种其他的亲亲、尊尊结构，而将这些不同的亲亲、尊尊结构联结起来的，是各种婚姻关系，因而夫妻关系又成为在丧服图外，最重要的丧服关系和人伦关系”，葬礼的参与范围除了本姓同宗之外，还包括夫妻关系和各种外亲、从服[①]等[②]。随着村庄人际关系的变化，尤其是对于流动中的村民而言，亲属关系中权利义务已经发生了改变，血缘关系在葬礼参与中的位置也发生了变化，在葬礼参与中很难对应至与丧服相关的图制。所谓属于血缘关系的参与者，其主体更像是丧服制度和人类学家所说的“亲属关系”的叠加。列维·施特劳斯定义亲属制度为“一种遵照过往的婚姻以及在对将来的预期中将人分类且界定他们权利和义务的方法”[③]。姻亲关系的重要性日益增加，以亲属实际交往程度作为是否参与葬礼的补充标准。于是，现在村庄葬礼的所谓血缘关系和地缘关系，准确地说是广义的“家族成员”和同一个村民小组的乡邻。

（3）商品流通后礼金代替实物

农村商品流通网络是农村市场体系的重要组成部分，对农村经济社会发展具有重要的作用和影响。改革开放以来，计划经济时代以国合商业为基础的农村流通体制迅速瓦解，在去组织化的过程中出现了个体户、

①从服：为姻亲或君上亲属服丧的人。

②吴飞：《慎终追远：现代中国的一个童话》，《读书》2014年第4期，第121-129页。

③Claude Lévi Strauss，*The Scope of Anthropology*（London：Cape Editions，1969），p. xxiii.

民营企业等多个经营主体，农村流通主体多元化格局初步形成[①]。农村商品流通不仅改变了村民的交易方式，而且改变了村民的生活方式。我国农村商品流通产业无论在规模、速度还是经济效益及社会贡献等方面都出现了较好的发展态势。我国农村地广人稀，共有2856个县，33981个乡镇，68.3万个行政村，大约2.2亿个农户。计划经济时代供销合作社主导农村流通的体系在改革开放后迅速土崩瓦解，以批发市场、农贸市场迅速崛起，但瓦解的是体系，崛起的仅仅是节点，新的农村现代化流通体系尚未建立。当前，农村中原有的“小生产，小流通”格局、地产地销、短距离运输、一买一卖的产销关系已发生很大变化。

农村商品流通市场的形成，对农村葬礼产生了两个层面的影响：一是农产品进入市场，农民可以通过粮食等农作物获取经济收入。在集体化时期，劳动力和粮食是村民为数不多的财富，村民参与葬礼的主要方式是劳动和贡献粮食。随着村民经济收入的提升，经济收入成为新的衡量财富的标准，粮食不再是稀缺物品，逐渐失去财富价值，消失在葬礼参与的过程中。礼金逐渐代替粮食，送礼成为葬礼参与中的必备环节。二是商品流通促进了殡葬消费。越来越多的商品出现在村庄之中，一类是纸钱、纸扎、寿衣、花圈等，另一类是租赁帐篷、桌椅、雇佣劳动力等。这些商品流通和农村消费市场的雏形，使得礼金的内涵大为丰富，礼金不仅具有葬礼参与中礼物的含义，而且作为货币可以购买食品以及更为丰富的殡葬用品、雇佣劳动力。

总体而言，近代之后，随着现代化过程中国家对精英文化的改造，

①张喜才、陈秀兰：《农村商品流通网络的整合发展》，《中国流通经济》2014年第4期，第20-26页。

民间社会形成了自身的丧葬文化[①]。国家推行以法制取代礼制管理地方社会，葬礼的礼法特质更多的转变成民俗特质。“历史感与民间认同的联系密切，改革开放以来中国许多地方民间的仪式复兴，即是转换了表述、交流模式之后，民俗生活对传统文化的改造”[②]。这个时期的葬礼参与呈现出一些新的特质：一是近代社会形成了城镇和农村葬礼的区别，二是农村葬礼从礼法制度转变为民间习俗。这是以往葬礼很少出现的，农村葬礼参与实际上也已经脱离了农村这个地理边界限制和特性限制，具体的表现在下文中进行详细分析。

### 6.1.2 葬礼参与转变过程争议

葬礼参与转变过程的争议最初源于对仪式和社会关系的讨论，在结构功能论者看来，仪式和社会是整合的。早期的仪式研究主要针对是初级社会的研究，由于初级社会的差异和变化的因素十分有限，个体在一致的环境中产生了一致的行为，因此神话没有变形，仪式也是再三重复的[③]。基于这样的假设，在结构功能论中，仪式的冲突或者失效应当被看作仪式参与中的失范问题。这意味着在社会过程（social process）中，制度与生活条件相适应就有平衡，不相适应，平衡就破裂；破裂之后，找

---

①罗梅君：《北京的生育、婚姻和丧葬：19世纪至当代的民间文化和上层文化》，王燕生、杨立、胡春春译，中华书局2001年版。

②龙晓添：《当代民间礼俗秩序与日常生活——以湖南湘乡丧礼为例》，《文化遗产》2018年第4期，第96-104页。

③爱弥尔·涂尔干：《宗教生活的基本形式》，渠东、汲喆译，上海人民出版社2006年版，第5-6页。

着平衡点而恢复平衡，就是消极平衡；消极不已，社会便会灭亡[①]。在这个过程中，仪式作为控制手段，能够起到平衡冲突的作用（指对人群分化后的社会进行整合）[②]。

结构功能主义排除了对仪式和社会不整合状态的研究。格尔茨则认为在仪式研究中，文化结构和社会结构的紧张同样是有研究意义的[③]。在结构功能主义基础上发展的文化冲突论、社会解体论，具有自身的局限：它们否认社会和文化的相互独立，未注意变迁的过程性[④]。于是，格尔茨通过对爪哇葬礼参与冲突的分析，发现在社会变迁的过程中，"社会对一种仪式的假设"和"事实"之间存在不一致，例如传统葬礼预设的邻里关系的重要性，实际上将参与者团结起来的则是意识形态、阶级、职业与政治，本质上是"意义的文化框架"（culture framework of meaning）和"社会互动模式"（patterning of social interaction）之间产生了不一致[⑤]。那么，葬礼参与者面临的困境是，"当死亡发生时，传统象征倾向于使个人面对社会损失时团结起来，也倾向于提醒他们相互之间存在的分歧；既强调广义的人类道德主题及不应遭遇的苦难，也强调狭隘的派别对立与政党斗争；既加强参与者共有的价值观，也'调解'他们之间的仇视和猜疑"。因此，在"模棱两可的文化背景中"，参与者越来越难以确定"对待特殊事件的恰当态度"，越来越难以选择"适合特定环境的特定象

①李安宅：《〈仪礼〉与〈礼记〉之社会学的研究》，上海人民出版社2005年版，第3页。

②彭兆荣：《人类学仪式的理论与实践》，民族出版社2007年版，第4页。

③克利福德·格尔茨：《文化的解释》，韩莉译，译林出版社2014年版，第203页。

④李亦园：《宗教与神话》，广西师范大学出版社2004年版，第201-202页。

⑤克利福德·格尔茨：《文化的解释》，韩莉译，译林出版社2014年版，第203页。

征符号的意义”，被夹在“终极概念”和“眼前概念”之间，参加一个无论是社会上还是心理上有效用的葬礼，都会感到困难[①]。

葬礼参与冲突研究的关注点在于，文化结构和社会结构的变化存在“不连续性”，意味着葬礼参与不仅存在于稳定平衡的“完全整合”的社会中，而且在变动社会中同样存在，冲突也是葬礼参与的状态之一。格尔茨认为不整合或仪式混乱最终体现在葬礼参与者观念和行为之中，社会变迁过程中破碎的葬礼的发生原因，既不是涂尔干所认为的社会分裂，也不是马林诺夫斯基所认为的文化衰败，而是因为社会结构（因果-功能）的整合形式和文化（逻辑-意义）的整合形式之间的断裂，导致“社会与文化的冲突”。社会和文化之间的冲突的本质，使得“参与仪式的人从根本上对其基本意义的模糊认识”，最终导致仪式的混乱[②]。从历时性的角度来看，同一类型的仪式在不同历史时期表现出“萎缩、弱化、丧失以及延伸、创新”等，仪式有时是作为特定情况中“功能的仪式”，情况变化使得原有功能可能消失，或者产生新的功能和意义[③]。葬礼参与的内在矛盾性使得相关研究的视角发生了变化。尤其在仪式冲突中，“文化意义框架”和“社会互动模式”之间的区分，更有利于分析仪式过程中文化意义和个体行动之间的矛盾。这种分析是对一味强调文化的平衡系统、社会的内部稳定以及永恒的结构从而难以理解急剧变迁的社会生活中的各种矛盾的功能主义的超越，是人类学话语空间的扩展。

此外，对中国葬礼参与转变过程的讨论，蕴含着对葬礼标准和葬礼

①克利福德·格尔茨：《文化的解释》，韩莉译，译林出版社2014年版，第201-202页。

②克利福德·格尔茨：《文化的解释》，韩莉译，译林出版社2014年版，第198-199页。

③彭兆荣：《人类学仪式的理论与实践》，民族出版社2007年版，第24-25页。

参与行为的关系的讨论。这个问题不仅是对“大传统”和“小传统”关系的讨论，而且是中国葬礼统一性形成过程中国家、精英与地方的关系讨论。一方面，葬礼参与范围和参与机制，不仅具有地方特征，而且与文明环境息息相关。罗伯特·雷德菲尔德在对“小型原始态群体”研究的反思中认为，群体的小传统是在文明环境的大传统中形成的，小传统和大传统会出现分道扬镳的现象，长期来看则是相互依赖和相互影响的[①]。大传统和小传统的形成在中国葬礼中体现为国家与地方、精英与大众的关系问题，在葬礼研究中综合成为统一性和多元性的问题。国家与民间葬礼的关系问题上，从礼法的角度来看，国家法律和乡村习俗在某种程度上是属于两种不同的知识传统，前者是一种精英文化，属于大传统，后者是一种大众文化，属于小传统[②]，两种知识传统有着不同价值趋向。另一方面，中国传统仪式的统一性形成，包括历史上国家和精英推行礼法制度的过程，其中以葬礼制度最为典型。从民俗学的角度来看，在传统中国的复杂社会系统中，是“礼俗互动”奠定了国家政治设计与整体社会运行的基础。礼俗互动的核心要义，是借助全社会的广泛参与，将国家政治与民间“微政治”贯通起来，保障社会机制内部的脉络畅通，以文化认同的方式消除显在与潜在的社会危机[③]。

海外学者的关注点在于中国文化同质化过程（cultural homogenization），他们对中国葬礼“统一性”和“标准化”的讨论，丰富了相关议题中地方性的内容。华琛（James L. Watson）认为存在一种“中国葬

①罗伯特·芮德菲尔德：《农民社会与文化》，王莹译，中国社会科学出版社2013年版，第96、99页。

②张继焦：《市场化中的非正式制度》，文物出版社1999年版，第30页。

③张士闪：《礼俗互动与中国社会研究》，《民俗研究》2016年第6期，第14-24、157页。

礼”，与非中国的葬礼明显有所区别，维系着统一的中国文化，限定了仪式参与者的行动结构。华琛将这个过程描述为中国文化系统的包容性，加上国家对仪式行为的“正统的标准化”，因此存在所谓的“中国葬礼的基本结构”，在此基础上仪式参与者可以抽取元素为我所用，从而体现自己的地方性和特殊性①。华琛的合作者罗友枝（Evelyn Sakakida Rawski）则持有不同的观点，认为国家的统一性止步于仪式行为规范，认为国家对葬礼行为的统一化，最终是要达到从行为到观念的统一化②。在对中国葬礼如何形成的历时性研究中，存在作为礼法的葬礼如何形成统一和作为实践的葬礼如何形成地方差异的问题。从过程上看，中国葬礼统一结构的形成是考虑到民间信仰和地方风俗的差异性之后，在仪式的观念和行为中选择“行为的标准化”，行为的标准化具既有表现形式上的统一，也有实践过程中的解释弹性，这正是国家推行正统仪式过程中的策略③。科大卫和刘志伟认为制定仪式统一标准的主体不一定是国家，“地方传统的歧异性，可以同样是人们正统文化认同的多样性”，所以同样是追求仪式的大一统，却存在定义上的差异。他们针对性地从“正统化”的概念着手，认为所谓的统一的中国葬礼行动结构不是真实的存在，而是在参与者对差异性的葬礼行为进行了统一的阐释，因而不同的仪式行为指向

①James L. Watson，Evelyn Sakakida Rawski，*Death Ritual in late Imperial and Modern China*（California：University of California Press，1988），p.15.

②James L. Watson，Evelyn Sakakida Rawski，*Death Ritual in late Imperial and Modern China*（California：University of California Press，1988），p.18.

③华琛：《中国丧葬仪式的结构——基本形态、仪式次序、动作的首要性》，《历史人类学学刊》2003年第2期，第98-114页。

了同一个意义体系①。

中国葬礼参与形式不仅是结果，更是一个动态的过程，存在历史的演变。当不同群体的不同社会活动有所交集，或新的、有分歧的行为出现时，在“文化创造过程中的交错会衍生出很多趋于相近的行为类型”，它们的表现形式存在差异，或者仍然带有地方性传统，“从师傅、文字或国家的篮子获得的标签是有限的”，所谓统一性，就是“在分歧的组合下，呈现出有共同点的标签”②。无论国家和地方精英如何尽力促使仪式达到统一化的结果，在仪式的实践中民间仍然存在“自我生成的规范”，与国家的仪式话语和权力意志之间既分立又合作，既纷争又对话，从而形成日常规范，并使这种规范具备公共价值③。从思想基础来看，儒家思想传统中的葬礼体现了以“礼”为核心的伦理内涵，但未能具体讨论“礼”何以从“小传统”的农民葬礼中生成和实现④。

另一些学者则是反对将中国文化当作统一整体进行研究，强调对中国文化变迁性和复杂性的认识，华英德（Barbara E. Ward）葬礼行为的标准化，意味着社会中所有的人“对自身社会系统的构想只有一个版本”，实际上不仅存在研究对象和旁观者、研究观察者的区别，而且研究

①科大卫、刘志伟：《“标准化”还是“正统化”——从民间信仰和礼仪看中国文化的大一统》，《历史人类学学刊》2008年第6期，第1-12页。

②科大卫、刘志伟：《“标准化”还是“正统化”——从民间信仰和礼仪看中国文化的大一统》，《历史人类学学刊》2008年第6期，第1-12页。

③张士闪：《礼俗互动与中国社会研究》，《民俗研究》2016年第6期，第14-24、157页。

④李永萍：《仪式的“礼”化：一种社区秩序再生产机制——关中地区丧葬仪式的田野考察》，《西南大学学报（社会科学版）》，2018年第6期，第179-188、192页。

对象之间也存在区别[①]。可以说葬礼标准的形成的，可以认为是由国家的塑造开始，而最终是在地方的葬礼实践中形成的。从研究方法来看，历史研究总是带着国家和精英的视角，这是由于历史研究难以触及“没有文献的人的历史”[②]，理想的葬礼具备一整套仪式规范和解释原则，在具体运转的过程中个体行动和仪式的理想目标之间存在距离。

## 6.2 研究结论

本书关注的农村葬礼参与形式转变，一方面包括葬礼参与实行过程的变化，另一方面包括参与者的观念和行为的变化。根据本书对陕西省关中、陕南地区两个村庄的研究，区域特征和转型过程的共同作用影响了葬礼参与形式，葬礼参与形式转变也是村民重组农村社会生活的途径。

### 6.2.1 区域特征与转型过程

当近代农村葬礼和城镇葬礼分道扬镳之后，农村葬礼仍长期保持原有风俗习惯。这种殡葬传统在集体化时期因国家力量下沉有所淡化，却在改革开放之后重新焕发生机。可以说，农村葬礼参与形式转变是一个循序渐进的过程，带着深厚的文化传统印记，经过不同时期的浸染，形成目前具有传统内核和新兴形式的参与模式。于是，对葬礼参与形式转变的分析，是在一定的历史背景之中，兼顾农村丧葬仪式现状得出的基

①Barbara E. Ward，“Varieties of the Conscious Model，” in *The Relevance of Models for Social Anthropology*，ed. Banton Michael（London：Tavistock Publications，1965），p.113-137.

②科大卫、程美宝：《历史人类学者走向田野要做什么》，《民俗研究》2016年第6期，第14-24、157页。

本结论。

本研究采用的历史地理分析，源于中国葬礼举办总是处于一定的社会发展阶段、地理区域之中。虽然中国在宋明之后试图建立统一的丧葬礼制制度，并辅以文本进行强化，在实施的过程中很难完全消除区域差异。既是不同地方精英对葬礼礼制的解读差异，也是地理区域、行政制度和地方习俗的互动造成的结果。在分析不同区域的葬礼参与形式转变时，需要比较的不是地方与国家的参与传统差异，而是地方的现在与过去的葬礼参与差异。从这一点可以看出，葬礼参与中差序格局的社会结构和伦理本位的基本精神在许多区域原本就没有得到严格执行，以关系-伦理的理想状态评价葬礼参与的实际状态是有偏颇的。所以，葬礼参与形式是在村庄自身所处地理区域和文化传统的基础上形成的改变。

在此基础上，农村转型过程加速了葬礼参与形式的变化。改革开放之后的村庄转型道路不尽相同。以农业生产为例，有的村庄仍然采取小规模的家庭耕种模式，有的村庄改粮食种植为经济作物种植，也有通过土地流转等方式代替农业生产。以往的农村葬礼参与研究更为关注处于转型初期或完成转型的村庄，前者往往保留着完整的葬礼参与模式，后者则已经完成了全新的葬礼参与模式。大多数村庄目前仍在处于转型的过程中，没有形成稳定不变的葬礼参与形式。在此过程中葬礼参与传统和村庄转型之间形成张力，村民在其中不断进行权衡，探索能够两全的参与形式，这些成为本研究的关注重点。因此，本书延续格尔茨讨论葬礼冲突时对文化结构和社会结构的区分，认可葬礼参与传统和农村转型的相对独立性，以便讨论文化与社会二者之间的不一致，以及参与者应对这种不一致的解决途径。

根据本书调查的陕西关中、陕南地区的村庄来看，关中赵家台村如今仍然以传统葬礼参与形式为主要的行动标准，村庄多数人口向城镇流动，也没有撼动这样的参与形式；陕南王家庄村则引入了更多的市场元素以达到人情和效率的平衡。形成上述分化，既不是赵家台村村民的文化保守心态造成的，也不是王家庄村民因依赖市场而失去了传统葬礼的情感道德造成的。两个村庄的村民以自己的方式迈入了现代化的进程中，差异在于他们如何使丧葬仪式在社会生活中重新定位。因此，需要沿着两个村庄所在区域的文化地理差异着手分析，其次考虑到村庄转型过程的不同，将葬礼参与形式转变过程放置在具体的时代背景之中进行考察。于是，可以看出两个村庄葬礼参与形式转变路径的差异。

赵家台村所处的关中地区长期以来是陕西的政治、经济、文化中心，赵家台村所处的周原更是关中文化的发源地，本地强烈的周人崇拜传统使村民十分重视礼仪传统，其中合乎礼仪的葬礼才能称之为真正意义上的葬礼。如此深厚的文化传统，既给本地村民带来了精神财富，也让处于社会变迁过程中的个人感到困惑，尤其是处于农村转型过程中的村民。这些村民曾经依赖肥沃的平原耕地过着平稳的生活，深厚的礼仪传统也使村庄秩序井然，关中平原的村民一度有着强烈的优越感。而在改革开放后的几十年中，小规模的农业耕种不再具有收益优势，村民以务工作为主要的收入来源，原本重视礼仪的传统也在村庄遭遇了阻碍。值得注意的是，此时村庄转型的影响，还不足以削弱葬礼参与传统，造成参与者本身落入如何参与葬礼的困境之中。村民无法完全消除村庄社会中乡邻和家族成员的角色，无法不顾现实生活，放弃向城镇流动。最后折中的方式是，村民根据务工和葬礼参与的不同情境，通过转变角色重新投入葬礼之中，依据过去以血缘为核心、以男性继嗣系统为层次规定的权利、义务参与葬礼，与村民的社会生活产生了距离，使葬礼参与更为程式化。

相对于赵家台村，陕南地区的王家庄村葬礼参与看似无章可循，实则是作为移民地区，难以划分其葬礼文化的属地特征，形成多种殡葬文化杂糅并存的状态。自明清以来，这些不同省份的移民带来了各自迁出地的葬礼文化。这些移民难以大规模地进入关中地区，从而在关中地区的边缘形成移民社区。作为完全的移民社区，王家庄村民早已习惯了多种风俗习惯共存的状况。为便于形成具有普遍意义的人际交往规则，村民们在共同生活的过程中建立起相对统一的葬礼参与形式。与其他地区不同的是，王家庄村的葬礼参与形式是半开放式的，可以根据主办家庭不同的人际关系模式进行调节。村民这种对文化差异的开放态度，更容易接受近代社会的变化。在改革开放之后，市场因素顺利地进入本地葬礼之中，并随着相邻集镇重新活跃起来。王家庄村也从最初的农作物种植转向大棚蔬菜种植，最终迈入城镇化的道路，使市场因素在葬礼中更为普遍。在这个过程中，村民通过不断解读市场和葬礼参与的关系，认可劳动有价，并将部分获得报酬的劳动力拉入葬礼参与的群体中，为市场因素增加了伦理道德的色彩。总体而言，王家庄村的葬礼参与形式的转变，紧紧跟随村庄转型的节奏，通过葬礼参与传统和现代村庄生活的结合点，形成兼顾效率和道德评价的参与形式。

**表6-1　关中赵家台村和陕南王家庄村葬礼参与形式转变的过程**

| 村庄名称 | 赵家台 | 王家庄 |
|---|---|---|
| 区域特征 | 陕西省秦岭以北的关中平原 | 陕西省秦岭以南的陕南山区 |
| 村庄转型 | 1.农业村庄的人口外流<br>2.村民务工加务农<br>3.城乡流动 | 1.农业村庄的城镇化<br>2.村民非农职业为主<br>3.就地城镇化 |
| 参与者构成 | 家族成员为主，乡邻为辅，少量的其他参与者 | 家族成员、姻亲家族、乡邻、村庄外其他参与者 |
| 葬礼参与形式转变 | 1.参与传统和生产生活的张力<br>2.目标：葬礼参与的重新整合<br>3.通过村民的角色转换形成葬礼和生产生活的衔接 | 1.多种参与传统和生产生活变化的交汇<br>2.目标：葬礼参与和生产生活的平衡<br>3.接纳市场因素，并对其附加道德价值，形成人情参与和市场交易的平衡 |

区域特征、村庄转型和参与者的互动过程，让葬礼参与形式转变的分析逐渐清晰。一方面是将农村葬礼从保守、排斥现代社会的设定中重新定位；另一方面将葬礼参与的研究放置在历史和现实的交会点上。葬礼的本质之一就是完成生者在成员离开后社会关系的重组，这样的目标没有随着农村转型而发生改变，需要走出传统和现代二元划分的框架，将农村葬礼当作社会生活的一部分。因此，在对农村葬礼参与形式转变已有的解释中，无论是研究关系-伦理，还是社会变迁中对国家和市场的分析，或者对改革开放后个体变化的关注，都可以称之为葬礼参与形式转变的研究要素，更为关键的是不同的要素之间发生了怎样的反应，或者说要素之间的互动过程。为了避免对农村葬礼的道德判断，本书以葬礼参与范围的变化代替对关系-伦理的讨论，并将宏观的社会变迁背景具化为村庄转型状况，对区域特征、村庄转型和参与者进行综合分析，可以发现：

第一，区域特征、转型过程、参与者之间的互动张力造成了不同的转变过程。如果仅仅关注村庄葬礼参与形式转变的现状，那么很容易认为关中赵家台村、陕南王家庄村无法进行比较。然而从个案描述就可以看出，不同区域的葬礼参与形式转变现象差异很大，放在同一个平面中很难产生对话。当从空间地理分布和历史脉络的梳理中才能看到，转变过程的差异性是逐步累积的结果。在近代之前，由于全国推行标准礼法制度，以及同属于一个行政区域，这两个村庄葬礼的差异性并不显著。近代之后，分属秦岭南北的气候差异和区域历史差异才逐渐对葬礼产生影响，改革开放后村庄走上不同的转型道路，区域差异更为明显。这个转变过程的产生是动态的，在矛盾冲突和秩序重整中形成。最终，村庄通过村民顺应社会变迁潮流和主动改造村庄生活，形成了不同的葬礼参与形式转变过程。

第二，葬礼参与体系的严密程度决定了参与形式转变空间的大小。在两个村庄的对比中可以看出，陕南王家庄村的葬礼参与形式转变过程较为宽松，和村庄的城镇化过程发生了同步。对于关中赵家台村村民而言，同样存在改变葬礼参与形式的需求，其参与形式转变过程则较为艰难。本书通过分析这一差异认为，文化传统、市场经济、村民观念并不直接影响葬礼参与形式的转变程度。本书涉及的两个村庄，都具有一定的葬礼文化历史，村民也以不同方式进入市场经济的浪潮中。在访谈和对村民日常生活的观察可以发现，在葬礼参与之外，村民观念并未呈现出明显的差异，他们或是外出务工（赵家台村），或是就近形成职业转变（王家庄村），已经成为城镇发展的重要组成部分。根本的原因在于葬礼参与体系的严密程度。关中赵家台村村民的定居史开始于明清时期，但本地文化形成于周朝，尤其是礼法制度，并随着王朝更迭不断完善。有关葬礼和葬礼参与的规定已经深入村民生活，连接家族的过去和未来。在葬礼上触犯禁忌和遭遇惩罚是村庄生活的最大禁忌。葬礼参与形式已经形成体系，平原村庄的集中居住方式使村民间能够相互监督，加上家族近亲居住在同一村庄，共同坚守葬礼传统以庇佑家族后代，葬礼参与的可调整空间十分有限。陕南王家庄村则有更大的葬礼参与形式转变空间。王家庄村的村民同样尊崇文化传统，只是其文化传统是多层叠加的结果，既有不同省份的移民文化，也有同一省份的主流文化影响。那么如今对葬礼参与传统的追溯，无论是移出地还是定居地的传统，都有其合法性。于是在具体的参与实践中，村民成为调节不同文化之间关系的主导者。除了调节横向的参与传统，还需要调节纵向的参与形式转变。因人口迁移数量大、时间跨度长，王家庄村的葬礼参与需要为不同村民的共同生活留有余地。最终形成带有包容性的本地葬礼参与形式，与村庄变化同步。

第三，葬礼参与形式转变既存在对外在环境的改造，也存在内在观念的调节。选择两个村庄共同讨论葬礼参与形式的转变，正是看到改革开放后社会整体变迁的影响力。最为直观的是村庄面貌的变化，新的道路和房屋；其次就是无所不在的村民自身的变化，个人通过流动和迁移，通过媒体和信息传播，不断适应变化和改造村庄生活。在这个基础上，本书认为村庄葬礼参与形式转变具有普遍性，葬礼发生的地点——村庄、葬礼的参与者——村民，都存在一定程度的变化，那么很可能也会引起葬礼参与形式的变化。在田野调查中，这种变化的关联性得到了印证，但是其呈现方式比预想得更为复杂。关中赵家台村的葬礼仍然延续传统葬礼的举办方式，葬礼参与形式转变则更为隐蔽。从外显特征来看，村庄仍以葬礼参与的传统方式为标准，与已有研究不同，这种遵循传统并不是因为村民观念保守，而是葬礼参与传统与村民生活现状产生张力之后的权宜之计。面对生活现状和参与传统之间的差异，村民不断地根据情境转换角色才能到达二者的平衡。可以说当葬礼参与的外在环境难以发生改变时，村民要通过内在观念的调解以平衡葬礼和日常生活。相对而言，王家庄村的葬礼参与形式转变更容易被观察。在访谈中村民就直言不讳地描述葬礼参与的变化，对变化呈现接纳的态度。并且，参与形式的转变体现在对外在环境的改造中，也就是说，王家庄村的参与转变与村庄城镇化同步，没有隐藏在传统葬礼的外衣之下，而是更为直接地接受城镇化和市场交易对葬礼参与的影响。

简而言之，当葬礼参与从具体形式到文化解读形成严密的体系时，参与行为的调节空间则十分有限。由于葬礼参与体系的严密程度源于区域文化和地理区域的共同作用，当村庄转型与原有的葬礼参与形式发生冲突，作为参与者既无法脱离原有的葬礼参与体系，也不能抗拒村庄转型时葬礼参与转变的难度增加。随着区域特征、转型过程和参与者之间的互动，最终需要一个能够缓和张力的解决途径，或是通过对环境的改造，或是调节内在观念，形成葬礼参与的转变。



### 6.2.2 农村社会生活重组

改革开放之后，中国农村长期处于转型过程之中，农村社会生活同样不断发生变化，村民则不断调整自己的行为和观念适应这样的变化，或者主动改造农村社会生活，其中就包括葬礼参与。以葬礼参与分析农村葬礼则会发现，村庄转型的每个阶段都会产生葬礼参与形式转变，这种转变持续发生，或者说葬礼参与处于变动的状态之中。在本书对陕西关中、陕南两个村庄的研究中，改革开放之后村庄不再成为村民生产生活的空间限制，村民进行生产生活的地点扩大至临近村庄、县城、城市，甚至跨越了不同省份，这意味着村民参与葬礼的距离被拉长了。村民需要花费更多的交通成本回到村庄参与葬礼。对于流动中的村民而言，葬礼参与往往会与务工时间发生冲突。同时，村民在村外生产生活，由此带来了更广泛的人际交往。这些广义上的业缘关系，成为葬礼参与过程中对血缘、地缘关系的补充。这些变化引起了村民观念的变化，他们开始重新看待村庄中的葬礼参与，并以实际行动促使参与形式发生转变。通过以上的变化过程，再审视农村葬礼，会发现村民并不是葬礼传统的绝对拥护者，目前所说的农村传统葬礼或多或少地包含着参与形式的转变，传统仪式是参与者对文化传统和村庄现实调和后的表现形式。

从以上过程可以看出，改革开放之后的农村葬礼，需要面对一个最大问题就是社会不断变化和村民之间差异不断增加。相对于改革开放前以村庄共同体为边界的葬礼参与，改革开放后的葬礼参与，由于社会生活的重组内容更为丰富。除了重新调整因成员死亡造成的家族成员关系、乡邻关系的变动之外，葬礼参与的以下关系调整逐渐凸显：一是村庄转型后不同收入群体关系的调整；二是村居和城居村民参与观念差异的调整；三是本村参与者和外村参与者对葬礼理解差异的调整；四是积极参与葬礼和逃避参与葬礼的成员之间关系的调整。村庄葬礼成为这些村民为数不多、同样以参与者身份平等相处的事件，让这些处于分化过程中的村民不至于中断彼此间的关系。在一次又一次的葬礼中，村民能够察觉到彼此之间行为观念的不同。在葬礼参与互动中，无论是经过冲突还是妥协，最终形成参与形式的转变，形成不同村民的关系重组，一定程度上缓解了葬礼传统和村庄转型之间的张力。

研究者们关注的农村转型的遭遇，包括村庄的空心化、市场对村庄社会的冲击等，在初期已经被村民敏锐地捕捉到。对于社会整体发展而言，一个村庄的变化十分微小。对于村民而言，是一场必须恰当应对的巨变。其中葬礼参与转变就是村庄社会生活秩序的重组，重组意味着这些看似缺少关联的因素如葬礼传统和现代生活，以及缺少关联的村民之间，通过葬礼重新建立联系。因此，研究意义上的村庄瓦解或者村庄的终结，和实际的村庄生活情形不尽相同。当村民大量向城镇流动、非农产业对农业生产替代的过程中，转型后的村庄也许呈现出和过去不同的样貌，村民和村庄的联系日渐微弱，但村庄仍然是村民社会生活的重要组成部分，村庄既有村民的房屋和农田，有乡邻和家族成员构成的人际关系网络，也有埋葬于此的祖先。为了能够重整社会变迁中的村庄秩序，村民不断发掘文化传统的当代价值，以应对村庄转型带来的问题，创造性地建立新的村庄社会生活。

## 6.3 研究意义

### 6.3.1 葬礼参与形式转变的阶段性

相对于近代初期的思想改造和中华人民共和国成立之后的现代制度建设，改革开放之后对农村葬礼参与的管理，并没有全国统一的明确目标。这时国家主要通过对具体行为的禁止，提倡新的殡葬文明，能够参照的形式是已经形成成熟模式的城市葬礼参与。城市葬礼参与以简洁、高效、依赖殡葬服务市场为特征。由于村庄基础设施、居住密度、交往方式和城市存在极大差距，这样的转变路径如同农村城镇化一样，并不是一帆风顺。当村民意识到葬礼参与形式需要发生改变的时候，是从生活经验出发理解葬礼参与的效率、接纳市场因素的介入，这种转变思路与国家对葬礼参与的管理思路是相通的，并不像许多村庄呈现的那样，国家改革和传统葬礼复兴成为农村葬礼的两个极端。根据本书关中、陕南地区的两个村庄，葬礼参与形式转变的过程如同村庄转型一样，有的村庄需要经历较长的变化过程，有的村庄由于条件充足则较快地进入转变过程。

本书对农村葬礼的个案研究，对理解其他地区的葬礼参与形式转变同样具有借鉴意义。葬礼参与的城镇化虽然不是农村葬礼的唯一选择，葬礼参与的转变仍然形成一定的趋势，村庄之间存在转变阶段的差异。从本质上来看，葬礼参与形式的转变是村庄秩序的调整过程。由于现代社会变迁进程加快是大势所趋，对于村庄而言或多或少面临着社会变迁带来的葬礼参与问题。在村庄参与转变的不同阶段，存在的主要问题不同：①参与转变初期。初期是参与传统和村庄转型现实之间最具张力的时期。对参与形式是否发生转变的争论，形成了对参与传统和村庄转型的理解和反思，奠定了参与转变形成的基础；②参与转变中期。参与形式仍不稳定，参与传统和村庄转型现实已经能够形成良性互动，形成更为积极地对不同参与形式进行借鉴和主动吸纳的状态；③参与转变末期。主要为参与转变的收尾阶段，已经形成了一套稳定的参与准则，或是已经将葬礼参与并入现代行政体系，或是寻找到葬礼与市场体系的结合点，形成固定葬礼参与形式的雏形。这个阶段主要在于解决参与形式转变后的其他问题。例如参与形式的标准划分细则，部分村民对转变后的参与形式的接纳过程等。本研究没有涉及对这类村庄的分析，原因在于分析参与形式转变初期和中期的村庄，关注的是其转变过程中的张力和应对方式，而参与形式转变后期的村庄，则更多是进行葬礼参与类型的探讨，属于不同的话题。

这里提及的葬礼参与形式转变的阶段性，并非人为不同的村庄最终会形成相似的葬礼参与形式，而是在认可参与形式转变普遍存在的基础上，看到参与形式转变过程的差异性。

### 6.3.2 葬礼转变推动农村社会秩序重建

最初，人们认为乡土性和现代性之间存在此消彼长的关系，随着城中村、空心村等村落变迁形态的出现，人们逐渐认识到工业化和城镇化并非村庄变迁的唯一方向，村庄变迁的过程以更为丰富的样貌呈现。研究者开始意识到将村落终结等同于非农化、工业化或户籍的变化过程，是对村庄社会变迁的误解。对于村民而言，村落作为“生活制度”和“社会关系网络”，这样的终结过程比农民职业身份的变化更为艰难漫长[①]。如果说城镇不是村庄发展的唯一终点，那么村庄发展过程中社会秩

①李培林：《村落的终结》，商务印书馆2004年版，第2页。

序生成便不能完全照搬城镇发展的模式。在对农村秩序的探讨中，关注的主要是市场秩序、政治秩序，常常把礼俗秩序排除在外。

礼俗秩序由于存在延展性，能够把诸如农村市场、农村治理的零散板块联结起来。也就是说，无论一个村庄发展选择了怎样的道路，对于村民而言总是涉及死亡事件的应对，涉及人与人之间关系的处理，这就需要礼俗秩序发挥作用，使村庄社会能够继续良好地运转。其中最为重要的礼俗秩序体现在葬礼参与之中，葬礼也就成为中国在不同时期治理基层社会的重要切入点。从历史的角度来看，近代之前中国不断地将葬礼打造成体系化的礼制制度，随着儒家学说对丧葬和祭祀的理论解读而确立。在宋明时期由于对礼仪文本的细化和在地方社会的统一化而达到顶峰。1978年改革开放，伴随着家庭联产承包责任制在农村普遍实施，农业村庄衍生出多种发展模式，主要村庄内部的非农产业的发展，村庄外部的农村剩余劳动力向城镇转移。随着制度变革共同的生产生活单位从村庄转向家庭，家庭的规模逐渐缩小，个人意识逐渐增强，葬礼伴随着村庄的自治而回到村民手中。葬礼从集体化时期由生产队统一管理统一安排，重新交回到村民手中。当然，我们不能认为民间葬礼和国家已经脱离了关系，只能说在葬礼举办中村民获得了更多的自主权。目前礼俗秩序的建立基础已经发生了变化，由于过去村庄的礼俗秩序建立在农业社会的基础之上，农业生产相匹配的是较低的人口流动比例、血缘和地缘关系为纽带的人际关系网络等，葬礼参与同样是围绕这些农村社会生活的特点建立。这些因素在目前的农村已经发生了变化，必然需要与之相匹配的葬礼参与形式。

在转变的过程中，死亡仍然是每个村庄成员面临的必然结局，以葬礼为代表的礼俗秩序仍然具有生命力，是村庄自治的有机组成部分。根据前文中的分析，我们所看到的葬礼参与形式的变动，也是村庄转型的过渡阶段，体现了村民经济收入、人际关系、死亡观念的变化过程。其中葬礼参与的价值，在于在严密的葬礼流程和村庄转型的现实中存在一定的缝隙，为葬礼参与提供了灵活处理的可能性。这样，参与传统与当代生活都能够提供诸多文化资源，通过葬礼对村庄内部差异的调节，重新缝合缝隙，维持村庄社会秩序。因此，当代农村葬礼的参与形式转变，是村民重新调整礼俗秩序的具体行动。在当代农村，葬礼参与既造成了村庄秩序的困境，也成为村民改变葬礼参与形式以维护村庄社会秩序的契机，是在国家村庄治理时的殡葬改革，以及研究者对农村发展的理论推演之外，维护农村社会秩序的民间智慧。

## 6.4 研究局限和未来研究展望

本书存在一定的研究局限，具体有以下两个方面：

一是研究方法的局限。首先，本书的研究资料主要是通过参与式观察、访谈法获得，在资料分析的过程中，试图以多个访谈对象的内容、多类型资料相互印证，以避免对研究资料的主观判断。以葬礼参与的变动作为常态，增加了把握社会事实的难度。因此，本书主要侧重于研究农村葬礼的相关变化，不可避免地对其他方面的变化有所忽略。其次，笔者难以作为纯粹的研究者展开田野调查，从而不能彻底区分参与者视角和研究者视角。在这种状态下，访谈对象的叙述内容建立在与笔者关系定位的基础上，包括亲属关系、研究者与被研究的关系、陌生的访问者等，得到了不同层次的访谈内容，然而访谈内容总是发生在特定情境和关系中。村民的叙述是有所选择的，甚至不同村民表述内容的存在矛盾。在研究过程中，尽可能厘清不同场景和不同人物的语言表达含义、语言的模糊性和个人态度的自我矛盾性，从而避免陷入话语分析的循环。

二是研究内容的局限。在对葬礼参与形式转变的讨论中，本书主要关注的是农村葬礼参与形式的转变过程，因此更多的是对农村葬礼参与形式转变过程的探索，缺少对农村葬礼参与形式转变的系统性讨论。此外，对农村转型的讨论，受制于区域特点和转型过程，分析中存在较多的限定条件，如文化传统、地理区位、村民收入来源、人口流动模式等，仍然需要深入研究，才能实现从探索性的研究结论到形成研究理论的突破。

本书以两个村庄作为农村葬礼参与形式转变的研究起点，只是以仪式参与变迁讨论农村社会变迁的初步尝试。改革开放以来农村发生了巨大变化，以葬礼作为切入点的农村研究，仍然能够发掘许多有价值的研究主题。

# 参考文献

[1]埃文思·普里查德．阿赞德人的巫术、神谕和魔法[M]．覃俐俐译．北京:商务印书馆,2006.

[2]埃文斯·普理查德．原始宗教理论[M]．孙尚扬译．北京:商务印书馆,2001.

[3]爱德华·希尔斯．中心与边缘——宏观社会学论集[C]．甘会斌,余昕译．南京:译林出版社,2019.

[4]爱弥尔·涂尔干．宗教生活的基本形式[M]．渠东、汲喆译．上海:上海人民出版社,2006.

[5]安东尼·吉登斯、菲利普·萨顿．社会学基本概念[M]．王修晓译．北京:北京大学出版社,2019.

[6]白描,苑鹏．农民社会关系的现状及影响因素分析[J]．中国农村观察,2014(1).

[7]包汉毅．文化迁变——卡舒巴城市文化思想评述[J]．民俗研究,2017(4).

[8]常建华．近十年明清宗族研究综述[J]．安徽史学,2010(1).

[9]陈柏峰．农村仪式性人情的功能异化[J]．华中科技大学学报(社会科学版),2011(1).

[10]陈柏峰．仪式性人情与村庄经济分层的社会确认——基于宁波农村调研的分析[J]．广东社会科学,2011(2).

[11]陈大林,张艺璐,张伟强. 乡村葬礼中非正式规则的变迁及内在逻辑——以皖南地区为考察对象[J]. 民间法,2014(13).

[12]陈瀚笙,薛暮桥,冯和法. 解放前的中国农村[C]. 北京:中国展望出版社,1985.

[13]陈华文. 关注人类的最终归处——以20年来丧葬文化研究著作为例[J]. 民俗研究,2004(1).

[14]陈辉."过日子"与农民的生活逻辑——基于陕西关中Z村的考察[J]. 民俗研究,2011(4).

[15]陈向明. 质的研究方法与社会科学研究[M]. 北京:教育科学出版社,2000.

[16]程瑛. 关中方言词典[M]. 西安:陕西人民出版社,2015.

[17]储卉娟. 家国互构:社会史视角下的明代"大礼议"——以霍韬为切入点[J]. 社会学评论,2016(4).

[18]邓大才. 社会化小农:动机与行为[J]. 华中师范大学学报(人文社会科学版),2006(3).

[19]狄金华,郑丹丹. 伦理沦丧抑或是伦理转向——现代化视域下中国农村家庭资源的代际分配研究[J]. 社会,2016(1).

[20]狄金华. 村落视野下的社会流动与社会分化——对安徽宅坦村一项历史社会学的考察[J]. 天津行政学院学报,2010(3).

[21]狄金华. 民间仪式与权力意志——华北米村丧葬仪式的变迁研究[J]. 南通大学学报(社会科学版),2013(3).

[22]刁统菊. 吊簿:姻亲交往秩序的文化图像[J]. 西北民族研究,2007(1).

[23]董金松."工具性表达":发达农村社区礼物交换的实质——对浙江省临海市A村一起丧葬事件中"礼物"的叙说[J]. 内蒙古社会科学,

2004(5).

[24]董敬畏. 关中地区丧葬中互惠共同体——以临潼区S村丧葬仪式为例[J]. 青海民族研究,2008(3).

[25]董磊明,聂良波. 均衡与混乱的变奏——一项关于农村丧葬变迁的考察[J]. 华中科技大学学报(社会科学版),2007(4).

[26]范丽珠. 乡土的力量——中国农村社会发展的内在动力与现代化问题[C]. 上海:上海人民出版社,2014.

[27]费孝通. 乡土中国[M]. 北京:北京大学出版社,1998.

[28]费中正. 身体的死亡与象征交换的重构:殡葬文化研究初探[J]. 中州学刊,2013(12).

[29]冯仕政. 政治规训与宗教体验——基于抽样调查的实证研究[J]. 人文杂志,2012(6).

[30]付少平. 关中农村研究[C]. 北京:中国社会科学出版社,2016.

[31]高小岩,全美英. 超越回汉关系的"熟人社会"——以张家川的汉族葬礼为例[J]. 西北师范大学学报(社会科学版),2011(6).

[32]高修娟. 农村仪式性人情活动中的性别分工与性别关系——基于皖北农村葬礼的参与式观察[J]. 妇女研究论丛,2016(3).

[33]沟口雄三. 作为方法的中国[M]. 孙军悦译. 北京:生活·读书·新知三联书店,2011.

[34]顾颉刚. 苏粤的婚丧[M]. 广州:台湾中山大学语言历史学研究所,1928.

[35]郭星华、韩恒. 对一起丧葬事件的法社会学分析[J]. 学海,2003(1).

[36]郭于华. 死的困扰与生的执着:中国民间丧葬仪礼与传统生死观[M]. 北京:中国人民大学出版社,1992.

[37]郭于华．仪式与社会变迁[M]．北京：社会科学文献出版社，2000．

[38]郭占峰．关中三村——城镇化进程中关中农村社区发展研究[M]．北京：社会科学文献出版社，2016．

[39]郭占锋，张红．农村劳动力结构变迁对村落文化传承的影响[J]．西北农林科技大学学报（社会科学版），2013(3)．

[40]郝大海．理性范畴刍议[J]．人文杂志，2014(11)．

[41]郝亚光．社会化小农：空间扩张与行为逻辑[J]．华中师范大学学报（人文社会科学版），2007(4)．

[42]贺卫光．裕固族地区祭鄂博仪式中参与者的行为逻辑分析[J]．兰州大学学报（社会科学版），2016(4)．

[43]赫伯特·金迪斯、萨缪·鲍尔斯．走向统一的社会科学：来自桑塔费学派的看法[M]．浙江大学跨学科社会科学研究中心译．上海：上海人民出版社，2005．

[44]洪大用．理解中国社会的可持续性[J]．江苏社会科学，2010(5)．

[45]侯甬坚．丹江通道述论[J]．陕西师范大学学报（哲学社会科学版），1985(3)．

[46]胡必亮．关系共同体[M]．北京：人民出版社，2005．

[47]胡适．说儒[M]．桂林：漓江出版社，2013．

[48]华琛，华若璧．乡土香港：新界的政治、性别及礼仪[C]．张婉丽，廖迪生，盛思维译．香港：香港中文大学，2011．

[49]华琛．骨与肉：广东社会对死亡的处理[C]//华琛，华若璧．乡土香港：新界的政治、性别及礼仪．张婉丽，廖迪生，盛思维译．香港：香港中文大学，2011．

[50]华琛. 广东社会的丧葬业者:污染、仪式的表现与社会等级制度[C]//华琛,华若璧. 乡土香港:新界的政治、性别及礼仪. 张婉丽,廖迪生,盛思维译. 香港:香港中文大学,2011.

[51]华琛. 谋杀祖先:广东人祖先崇拜的力量和孝行[C]//华琛,华若璧. 乡土香港:新界的政治、性别及礼仪. 张婉丽,廖迪生,盛思维译. 香港:香港中文大学,2011.

[52]华琛. 中国丧葬仪式的结构——基本形态、仪式次序、动作的首要性[J]. 历史人类学学刊,2003(2).

[53]华若璧. 纪念先人:中国东南部的坟墓与政治[C]//华琛,华若璧. 乡土香港:新界的政治、性别及礼仪. 张婉丽,廖迪生,盛思维译. 香港:香港中文大学,2011.

[54]黄家亮. 中国乡村秩序的百年变迁与治理转型——以纠纷解决机制为中心的讨论[J]. 华南师范大学学报(社会科学版),2018(6).

[55]黄剑. 身体性与祛身化:一种关于共同体衰变机制的分析[J]. 民俗研究,2018(1).

[56]黄健,郑进. 农村丧葬仪式中的结构转换与象征表达——基于一个丧葬仪式的分析[J]. 世界宗教文化,2012(4).

[57]黄石. 黄石民俗学论集[C]. 高洪兴编. 上海:上海文艺出版社,1999.

[58]黄盈盈,胡鸿保. 从"现场"出发——田野的离场思考与方法对谈[J]. 青海民族大学学报(社会科学版),2018(4).

[59]黄玉琴. 礼物、生命仪礼和人情圈—以徐家村为例[J]. 社会学研究,2002(4).

[60]黄宗智."实践社会学科学"系列丛书总序[C]//吴重庆. 孙村的路:后革命时代的人鬼神. 北京:法律出版社,2014.

[61]建红英. 仪式符号与文化功能——豫西地区西水头村建氏族丧葬礼仪个案的考察[J]. 求索,2011(3).

[62]杰克·古迪. 神话、仪式与口述[M]. 李源译. 北京:中国人民大学出版社,2014.

[63]卡尔·曼海姆. 重建时代的人与社会:现代社会结构研究[M]. 张旅平译. 北京:生活·读书·新知三联书店,2002.

[64]科大卫,程美宝. 历史人类学者走向田野要做什么[J]. 民俗研究,2016(2).

[65]科大卫,刘志伟."标准化"还是"正统化"——从民间信仰和礼仪看中国文化的大一统[J]. 历史人类学学刊,2008(6).

[66]科大卫. 明清社会和礼仪[M]. 曾宪冠译. 北京:北京师范大学出版社,2016.

[67]克利福德·格尔茨. 文化的解释[M]. 韩莉译. 南京:译林出版社,2014.

[68]拉德克利夫·布朗. 原始社会的结构与功能[M]. 潘蛟,王贤海,刘文远,知寒译. 北京:中央民族大学出版社,1999.

[69]冷剑波. 从"做香花"到"打斋"——马来西亚居銮客家丧葬法事功能探析[J]. 民俗研究,2018(5).

[70]李安宅.《仪礼》与《礼记》之社会学的研究[M]. 上海:上海人民出版社,2005.

[71]李伯森主编. 中国殡葬事业发展报告(2016-2017)[M]. 北京:社会科学文献出版社,2018.

[72]李磊,俞宁. 人口流动、代际生态与乡村民俗文化变迁——农村新生代影响乡村民俗文化变迁的逻辑路径[J]. 山东社会科学,2015(11).

[73]李亮,戴彦燕. 法人类学视角下的乡土葬礼及其行为逻辑——基

于皖北李圩村的观察[J]. 中央民族大学学报(哲学社会科学版),2014(6).

[74]李路路,朱斌. 当代中国的代际流动模式及其变迁[J]. 中国社会科学,2015(5).

[75]李猛. 迈向关系/事件的社会学分析:一个导论[C]//谢立中. 结构—制度分析. 还是过程—事件分析? 北京:社会科学文献出版社,2010.

[76]李培林. 村落的终结[M]. 北京:商务印书馆,2004.

[77]李强,于显洋,史希来. 影响社会观念与社会行为的因素之研究[J]. 社会学与社会调查,1992(5).

[78]李顺华. 仪式的交融与亚文化团体的存续[J]. 中国农业大学学报(社会科学版),2010(4).

[79]李松柏. 陕西关中丧葬礼俗的文化探究[J]. 西北农林科技大学学报(社会科学版),2002(4).

[80]李向平. 死亡与超越[M]. 上海:上海文化出版社,1997.

[81]李向平. 修身俟死与尽孝善终——死亡观念与儒学伦理的关系之一[J]. 探索与争鸣,1991(2).

[82]李昕. 丧葬仪式中的多重文化表征与社会整合——以一位苗族基督徒的葬礼为例[J]. 西南边疆民族研究,2013(1).

[83]李亦园. 宗教与神话[M]. 桂林:广西师范大学出版社,2004.

[84]李迎生. 国家、市场与社会政策:中国社会政策发展历程的反思与前瞻[J]. 社会科学,2012(9).

[85]李永萍. 仪式的"礼"化:一种社区秩序再生产机制——关中地区丧葬仪式的田野考察[J]. 西南大学学报(社会科学版),2018(6).

[86]李远行,杨勇,余聆溪. 中国乡村感性秩序崩解及其重构[J]. 中国农村观察,2016(4).

[87]李泽厚．论语今读[M]．北京:生活·读书·新知三联书店,2004.

[88]梁漱溟．中国文化要义[M]．芜湖:安徽师范大学出版社,2014.

[89]林耀华．金翼——中国家族制度的社会学研究[M]．北京:三联书店,1989.

[90]林耀华．义序的宗族研究[M]．北京:三联书店,2000.

[91]刘芳．社会学视野下的宗族与仪式[C]//范丽珠、谢遐龄、刘芳．乡土的力量——中国农村社会发展的内在动力与现代化问题．上海:上海人民出版社,2014.

[92]刘捷玉．中国农村家庭养老现状:人口流动下的家庭照顾循环[J]．开放时代,2019(1).

[93]刘金海．农民行为研究:"关系——行为"范式的探讨及发展[J]．中国农村观察,2018(5).

[94]刘军．一般化互惠:测量、动力及方法论意涵[J]．社会学研究,2007(1).

[95]刘俊凤．民国关中社会生活研究[M]．北京:人民出版社,2011.

[96]刘琪,胡梦茵．共融与差异:云南德钦茨中村丧葬仪式的人类学考察[J]．民族研究,2017(1).

[97]刘少杰．中国社会转型中的感性选择[J]．江苏社会科学,2002(2).

[98]刘祖云．社会转型解读[M]．武汉:武汉大学出版社,2005.

[99]龙晓添,萧放．"热闹"的白喜事:复合的仪式过渡与身体表述[J]．云南民族大学学报(哲学社会科学版),2017(1).

[100]龙晓添．当代民间礼俗秩序与日常生活——以湖南湘乡丧礼为例[J]．文化遗产,2018(4).

[101]卢国龙,汪桂平．道教科仪研究[M]．北京:方志出版社,2009.

[102]陆益龙. 后乡土性:理解乡村社会变迁的一个理论框架[J]. 人文杂志,2016(11).

[103]罗伯特·赫尔兹. 死亡与右手. 吴凤玲译[M]. 上海:上海人民出版社,2011.

[104]罗伯特·芮德菲尔德. 农民社会与文化[M]. 王莹译. 北京:中国社会科学出版社,2013.

[105]罗传铭,路炳文. 商南县志[M]. 西安:西安艺术印书社,1923.

[106]罗梅君. 北京的生育、婚姻和丧葬:19世纪至当代的民间文化和上层文化[M]. 王燕生,杨立,胡春春译. 北京:中华书局,2001.

[107]吕友仁.《周礼》译注[M]. 郑州:中州古籍出版社,2004.

[108]马翀炜. 何以"当大事"——双凤村丧葬个案的人类学分析[J]. 广西民族研究,2005(4).

[109]曼纽尔·卡斯特,王志弘. 流动空间中社会意义的重建[J]. 国际城市规划,2006(5).

[110]毛丹. 村落共同体的当代命运:四个观察维度[J]. 社会学研究,2010(1).

[111]梅欧. 工业文明的社会问题[M]. 费孝通译. 北京:商务印书馆,1964.

[112]孟万春. 商洛方言语音研究[M]. 北京:中国社会科学出版社,2010.

[113]孟万春. 商南方言调查研究[M]. 西安:陕西人民出版社,2015.

[114]聂丹. 黔西北农村丧葬仪式中的工具性功能初探——以大方县响水白族彝族仡佬族乡葬礼为例[J]. 贵州民族研究,2009(5).

[115]宁秀丽. 山东农村传统丧葬礼仪的当代变迁[J]. 东岳论丛,

2013(10).

[116]诺曼·K.邓津,伊冯娜·S.林肯. 定性研究:经验资料收集与分析的方法[C]. 风笑天,等译. 重庆:重庆大学出版社,2007.

[117]欧爱玲,何小荣. 饮水思源:中国乡村葬礼中的道义、地位及再造[J]. 青海民族研究,2016(1).

[118]潘蛟. 译者序[M]//拉德克利夫·布朗. 原始社会的结构与功能. 潘蛟,王贤海,刘文远,知寒译. 北京:中央民族大学出版社,1999.

[119]彭兆荣."礼"之体与"仪"之用——中国与世界的仪式人类学对话[J]. 云南民族大学学报(哲学社会科学版),2013(6).

[120]彭兆荣. 人类学仪式的理论与实践[M]. 北京:民族出版社,2007.

[121]齐格蒙·鲍曼. 作为实践的文化[M]. 郑莉译. 北京:北京大学出版社,2009.

[122]岐山年鉴编纂委员会. 岐山年鉴[M]. 西安:西安出版社,2018.

[123]岐山县志编纂委员会. 岐山县志[M]. 西安:三秦出版社,2017.

[124]岐山县志编纂委员会. 岐山县志[M]. 西安:陕西人民出版社,1992.

[125]乔治·马尔库斯,米开尔·费彻尔. 作为文化批评的人类学——一个人文学科的实验时代[M]. 王铭铭,蓝达居译. 北京:生活·读书·新知三联书店,1998.

[126]秦晖,金雁. 田园诗与狂想曲:关中模式与前近代社会的再认识[M]. 北京:语文出版社,2010.

[127]荣新. 仪式象征与社会关系的再生产——以鲁西南丧葬纸扎为

例[J]. 民俗研究,2014(3).

[128]芮马丁. 姻亲和亲属仪式[C]//武雅士. 中国社会中的宗教与仪式. 彭泽安,邵铁峰译. 南京:江苏人民出版社,2014.

[129]陕西省地方志编纂委员会. 陕西省志·公路志[M]. 北京:方志出版社,2014.

[130]陕西省地方志编纂委员会. 陕西省志·民俗志[M]. 西安:三秦出版社,2000.

[131]陕西省地方志编纂委员会. 陕西省志·民政志[M]. 西安:陕西人民出版社,2003.

[132]陕西省地方志编纂委员会. 陕西省志·人口志[M]. 西安:陕西科学技术出版社,2012.

[133]商南县志编纂委员会. 商南县志[M]. 北京:作家出版社,1993.

[134]沈宏格. 社会变迁视角下的民国丧葬礼俗变革[J]. 江西社会科学,2015(10).

[135]宋丽娜. 河南农村的仪式性人情及其村庄社会基础——深化理解村庄社会性质的新视域[J]. 民俗研究,2010(2).

[136]孙立平."过程-事件分析"与当代中国农村国家农民关系的实践形态[C]//谢立中. 结构-制度分析,还是过程-事件分析? 北京:社会科学文献出版社,2010.

[137]孙庆忠. 离土中国与乡村文化的处境[J]. 江海学刊,2009(4).

[138]台文泽. 地方感、民间信仰与村落整合——西汉水流域"犯丧"信仰的人类学研究[J]. 中国农业大学学报(社会科学版),2016(1).

[139]唐军. 仪式性的消减与事件性的加强——当代华北村落家族生长的理性化[J]. 中国社会科学,2000(6).

[140]汪全军．农村丧葬活动的自主治理机制考察——以沅水流域Z村的“抬丧”习俗为例[J]．民间法，2017(18)．

[141]王家庄村志编纂委员会．王家庄村志[A]．2014．

[142]王立胜．中国农村现代化社会基础研究（修订版）[M]．济南：济南出版社，2018．

[143]王铭铭，王斯福．乡土社会的秩序、公正与权威[M]．北京：中国政法大学出版社，1997．

[144]王水雄．关系的本质与选择：基于一项实验的考察[J]．青年研究，2011(2)．

[145]王晓毅．血缘与地缘[M]．杭州：浙江人民出版社，1993．

[146]维克多·特纳．仪式过程：结构与反结构[M]．黄剑波、柳博赟译．北京：中国人民大学出版社，2006．

[147]文军，吴越菲．流失“村民”的村落：传统村落的转型及其乡村性反思——基于15个典型村落的经验研究[J]．社会学研究，2017(4)．

[148]乌丙安．中国民俗学[M]．沈阳：辽宁大学出版社，2000．

[149]吴飞．从丧服制度看“差序格局”——对一个经典概念的再反思[J]．开放时代，2011(1)．

[150]吴飞．慎终追远：现代中国的一个童话[J]．读书，2014(4)．

[151]吴飞．五服图与古代中国的亲属制度[J]．中国社会科学，2014(12)．

[152]吴重庆．从熟人社会到“无主体熟人社会”[J]．党政干部参考，2011(2)．

[153]吴重庆．孙村的路：后革命时代的人鬼神[M]．北京：法律出版社，2014．

[154]伍娟．民间葬礼中的道场仪式[J]．中国宗教，2011(3)．

[155]武雅士. 中国社会中的宗教与仪式[J]. 彭泽安,邵铁峰译. 南京:江苏人民出版社,2014.

[156]肖坤冰,彭兆荣. 汉民族丧葬仪式中对“运”平衡观念的处理——对川中地区丧葬仪式中“找中线”环节的分析[J]. 民俗研究,2009(1).

[157]谢立中. 结构—制度分析,还是过程—事件分析?[C]. 北京:社会科学文献出版社,2010.

[158]谢遐龄. 重建意义世界:重建中国农村社会的核心[J]. 天津社会科学,2011(1).

[159]徐畅. 近代中国农村的丧葬互助组织[J]. 民俗研究,1999(2).

[160]徐勇. 如何认识当今的农民、农民合作与农民组织[J]. 华中师范大学学报(人文社会科学版),2007(1).

[161]许烺光. 祖荫下:中国乡村的亲属、人格和社会流动[J]. 王芃徐,隆德译. 台北:南天书局有限公司,2001.

[162]阎云翔. 中国社会的个体化[M]. 陆洋,等译. 上海:上海译文出版社,2016.

[163]杨美慧.“温州模式”中的礼仪经济[J]. 何宏光译. 学海2009(3).

[164]杨庆堃. 中国社会中的宗教[M]. 范丽珠译. 上海:上海人民出版社,2007.

[165]杨善华,侯红蕊. 血缘、姻缘、亲情与利益——现阶段中国农村社会中“差序格局”的“理性化”趋势[J]. 宁夏社会科学,1999(6).

[166]游彪.“礼”“俗”之际——宋代丧葬礼俗及其特征[J]. 云南社会科学,2006(1).

[167]宇野重昭. 本土型发展:以中国为例[C]//北京大学社会学人类

学研究所. 东亚社会研究. 北京:北京大学出版社,1993.

[168]喻中. 乡村丧礼的逻辑:一个法人类学的考察[J]. 比较法研究,2011(4).

[169]张大维,安真真,吴渊. 移民搬迁中传统风俗的重塑及其例行化——三峡库区GZ镇丧葬仪式个案研究[J]. 中州学刊,2012(5).

[170]张岱年,方克立主编. 中国文化概论(修订版)[C]. 北京:北京师范大学出版社,2004.

[171]张慧,黄剑波. 焦虑、恐惧与这个时代的日常生活[J]. 西南民族大学学报(人文社会科学版),2017(9).

[172]张继焦. 市场化中的非正式制度[M]. 北京:文物出版社,1999.

[173]张铭远. 生殖崇拜与死亡抗拒:中国民间信仰的功能与模式[M]. 北京:中国华侨出版公司,1991.

[174]张佩国. 汉人的丧葬仪式:基于民族志文本的评述[J]. 民俗研究,2010(2).

[175]张士闪. 礼俗互动与中国社会研究[J]. 民俗研究,2016(6).

[176]张喜才,陈秀兰. 农村商品流通网络的整合发展[J]. 中国流通经济,2014(4).

[177]张晓虹. 陕西文化区划及其机制分析[J]. 人文地理. 2000(3).

[178]张翼. 中国家庭的小型化、核心化与老空巢化[J]. 中国特色社会主义研究,2012(6).

[179]张有春. 文化生存与乡村发展:一种生命观的解读[J]. 北方民族大学学报(哲学社会科学版),2017(4).

[180]张运春. 困局与应对——对沂水刘南宅家族神话的一点看法

[J]. 民俗研究,2017(6).

[181]赵华鹏. 社会人类学视野下的族谱文化研究综述[J]. 中山大学研究生学刊(社会科学版),2013(4).

[182]赵林. 殷契释亲:论商代的亲属称谓及亲属组织制度[M]. 上海:上海古籍出版社,2011.

[183]赵旭东,张洁."差序"秩序的再生产——围绕皖南一村落丧葬仪式的时空过程而展开[J]. 民俗研究,2019(3).

[184]赵旭东. 闭合性与开放性的循环发展——一种理解乡土中国及其转变的理论解释框架[J]. 开放时代,2011(12).

[185]赵旭东. 互惠人类学再发现[J]. 中国社会科学,2018(7).

[186]赵志裕,邹智敏,林升栋. 文化与社会赞许反应:社会个人互动的观点[J]. 心理学报,2010(1).

[187]折晓叶,艾云. 城乡关系演变的制度逻辑和实践过程[M]. 北京:中国社会科学出版社,2014.

[188]折晓叶. 村庄的再造:一个"超级村庄"的社会变迁[M]. 北京:中国社会科学出版社,1997.

[189]郑姝莉."请客不收礼":道义关系调适与农村宴请新现象研究[J]. 社会学研究,2020(3).

[190]政协岐山县委员会学习与文史委员会. 岐山县文史资料第十辑:西岐民俗录[A]. 2005.

[191]政协商南县委员会. 商南文史第十五辑:商南民俗通书[A]. 2016.

[192]中共中央国务院. 关于实施乡村振兴战略的意见[A/OL]. 中国政府网,2018-1-2[2018-5-2]. http://www. mofcom. gov. cn/article/zcfb/zcwg/201805/20180502738498. shtml.

[193]中华人民共和国民政部、发展改革委、公安部、司法部、自然资源部、住房城乡建设部、卫生健康委、市场监管总局、宗教局. 关于印发《全国殡葬领域突出问题专项整治行动方案》的通知:民发[2018]77号[A/OL]. (2018-6-27)[2018-6-27]. http://www.gov.cn/zhengce/zhengceku/2018-12/31/content_5441000.htm.

[194]中华人民共和国民政部、中央文明办、发展改革委、公安部、财政部、人力资源社会保障部、国土资源部、环境保护部、文化部、卫生计生委、工商总局、林业局、宗教局、全国总工会、共青团中央、全国妇联. 关于印发《关于进一步推动殡葬改革促进殡葬事业发展的指导意见》的通知:民发[2018]5号[A/OL].(2018-1-10)[2018-1-12]. https://www.mca.gov.cn/article/gk/wj/201803/20180315008106.shtml.

[195]钟敬文. 钟敬文民俗学论集[M]. 上海:上海文艺出版社,1998.

[196]钟鸣旦. 礼仪的交织:明末清初中欧文化交流中丧葬礼[M]. 张佳译. 上海:上海古籍出版社,2009.

[197]周大鸣. 告别乡土社会:广东农村建设发展30年[M]. 广州:广东人民出版社,2008.

[198]周飞舟. 差序格局和伦理本位:从丧服制度看中国社会结构的基本原则[J]. 社会,2015(1).

[199]朱倩,覃延佳. 超越"经济理性":劳动力流动背景下的丧葬仪式与村落秩序重塑——以广西钦州M村葬礼中的"大力"为讨论中心[J]. 西南边疆民族研究,2016(2).

[200]邹宇春,赵延东. 社会网络如何影响信任?——资源机制与交往机制[J]. 社会科学战线,2017(5).

[201]ADLER P, ADLER P A. Role conflict and identity salience: college

athletics and the academic role[J]. Social Science Journal, 1987, 24(4).

[202] BELL C. Ritual: perspectives and dimensions[M]. Oxford: Oxford University Press, 2009.

[203] CLARK M S, MILS J. The difference between communal and exchange relationships: what it is and is not[J]. Personality & Social Psychology Bulletin, 1993, 19(6).

[204] HAMILTON J B, SANDELOWSKI M. Types of social support in African Americans with cancer[J]. Oncology Nursing Forum, 2004, 31(4).

[205] MACLNNIS D E. Religious policy and practice in communist China: a documentary history[M]. New York: MacMillan Publishing Company, 1972.

[206] SCHWANDT T A. Qualitative inquiry: a dictionary of terms[M]. CA: Sage Publications, 1997.

[207] THEODORE R S. Schizophrenic thinking: A role - theoretical analysis[J]. Journal of Personality, 1969, 37(2).

[208] TILLEY C, et al. Reading material culture: Structuralism, Hermeneutics and Post-Structuralism[M]. Oxford: Blackwell Publishers, 1990.

[209] WARD B E. Varieties of the conscious model: the fishermen of south China, in The Relevance of Models for Social Anthropology[M]. London: Tavistock, 1965.

[210] WASSERMAN S, GALASKIEWICZ J, et al. Advances in Social Network Analysis: Research from the Social and Behavioral Sciences[M]. CA: Sage Publications, 1994.

[211] WATSON J L, RAWSKI E S. Death ritual in late imperial and modern China[M]. Berkeley: University of California Press, 1988.

[212]WOLF A P. Religion and ritual in Chinese society[M]. California: Stanford University Press, 1974.

[213]YAMAGISHI T, COOK K S. Generalized exchange and social dilemmas[J]. Social Psychology Quarterly, 1993, 56(4).

[214]FRIEDMANN D D. Long lives: Chinese elderly and the communist [M]. Mass: Stanford University Press, 1983.

[215]BUSH R C. Religion in communist China[M]. New York: Abingdon Press, 1970.

# 附录1 访谈概况

## 1.1 访谈提纲

以下是赵家台村、王家庄村田野调查中使用的访谈提纲，主要是为了了解村民的葬礼参与方式和葬礼举办的情况：

1. 目前您家里耕地面积有多少？主要的种植作物是什么？采用什么方式进行耕种？收益多少？以上情况是否发生过变化？

2. 目前您家庭年收入有多少？收入来源有哪些？是否发生过变化？

3. 您的户籍所在地是本村吗？打工/工作地点、长期居住的地点在哪里？

4. 您什么时候开始在本村以外打工/工作、居住？生活是否因此发生变化？

5. 您从打工/工作、居住的地点回本村需要多长时间？从本村到乡镇、县城、省会需要多长时间？使用什么交通工具？以上情况是否发生过变化？

6. 每年您何时返回户籍所在的村庄？停留多长时间？

7. 您平时往来的主要是乡邻、家族成员还是同事、同学？是否发生过变化？

8. 您会参加本村乡邻、家族成员的红白事吗？除此之外还参加了哪些红白事？参加次数分别是多少？

9. 每年您家在红白事上送出的礼金有多少？占家庭收入的比例是？送礼单位是如何划分的？

10. 您如何知道得知某次葬礼的消息？您如何决定是否参加某次的葬礼？不同时期是否发生了变化？

11. 如果没有参加葬礼，您是出于哪些考虑？是否对人际关系产生了影响？

12. 参加葬礼前，您做了哪些准备？以什么身份参加的葬礼？采取什么方式得出以上判断？

13. 您参与葬礼的地点是？路程上花费了多长时间？参与葬礼总共花费了多长时间？不同时期是否发生了变化？

14. 是否存在农忙、打工、工作期间参加葬礼的情况？您如何解决工作和葬礼参与之间的时间、地点冲突？

15. 您经历的葬礼中，主要参与了哪些环节？这些环节有没有对参与者的限制，或其他禁忌？您对这些环节的看法是什么？

16. 在您参加的葬礼中，礼金的额度是多少？是否有礼物？礼物的类型是什么？根据什么标准确定礼金额度和礼物类型？不同时期是否发生了变化？

17. 您知道其他参与者的礼金额度和礼物数量吗？您觉得合理吗？不同时期是否发生了变化？

18. 葬礼参与对您来说有没有负担？您是如何应对的？不同时期是否发生了变化？

19. 您所知道的葬礼平均花费是多少？主要花费在哪些环节？葬礼的花费和礼金的总额相差多少？

20. 您所知道的葬礼参与都有哪些人参加？参与范围是如何规定的？

参与人数有多少？

21. 您所知道的葬礼主要环节有哪些？这些环节如何运转？有哪些对参与人员的规定？

22. 参与葬礼后，您的想法有没有改变？人际关系有没有发生变化？

23. 您认为不同时期的葬礼是否发生了变化？如果有，您对这些变化的看法是什么？

关键人物访谈提纲：

（这里的关键人物是指：葬礼主事人、村干部、风水先生、家族长老，以及跨越多个社会发展阶段的高龄老人）

1. 家谱对婚丧嫁娶有没有规定？官方文件对婚丧嫁娶有没有规定？

2. 家族成员的关系，与家谱、碑文的记录有什么区别？

3. 葬礼的主要环节有哪些人参与管理？其中村民小组、家族的管理内容是否有重叠？

4. 葬礼哪些环节需要花钱雇人？葬礼相关物品是制作还是购买？现在和改革开放前、改革开放初期相比，是否发生了变化？

5. 流动人口参与葬礼的方式是否发生了变化？

6. 葬礼对死亡地点是否有限制？人口流动或就医过程中，如何应对这种限制？

访谈提纲的补充：

随着调研的深入，在原有的访谈提纲基础上，经导师郝大海教授的建议，形成对访谈提纲的补充。

1. 哪些葬礼参加的人数较多？哪些葬礼大家不愿意参加？

2. 哪些人必须参加葬礼？乡邻和亲戚中具体包括哪些人？不参加的话有什么惩罚？

3. 哪些人不能参加葬礼？有什么说法？

4. 您如何知道葬礼的消息？怎么决定去不去某次葬礼？

5. 您是否参加过本村以外的葬礼？是亲属还是熟人？您按照什么标准送礼？有没有在葬礼中帮忙？

6. 葬礼中亲戚、乡邻、其他关系（同事、同学、熟人）的参与者有什么区别？姻亲关系在葬礼中处于什么位置？同事、同学、熟人按照什么标准参与葬礼？

7. 参与葬礼前的准备，您是根据自己的经验、长辈的经验，还是和其他参加的人商量？

8. 您所在的村庄，根据什么原则安排葬礼参与者的次序？不同时期有没有变化？

9. 您在参加葬礼时，哪一年开始送礼金？什么时候送礼金代替了送粮食？

10. 每年您家里在葬礼送礼中有多少花费？您家一年的收入是多少？

11. 您参加葬礼的时候有没有请假？从什么地方回村参加葬礼？花费了多长时间？有没有收入的损失，或其他损失？

12. 有损失的话，您今后愿意继续参与葬礼吗？您是怎么考虑的？

13. 葬礼中送的东西有哪些种类？您参加葬礼时送过哪些东西，如鞭炮、纸钱、白布、铭旌等？为什么送这些东西，因为角色、关系、个人选择等？

14. 在葬礼中您有没有帮过忙？具体做过什么，如端茶送水、抬棺、管账、主事等？是主办葬礼的人邀请，还是主动帮忙？有没有报酬？

15. 您所知道的葬礼中，管事的人，例如主事人、账房、采买、支客、风水先生等，与主办葬礼的家庭是什么关系？如何确定这些管事的人？不同时期有没有变化？

16. 您所知道的葬礼中，葬礼总支出有多少？花费在哪些环节？葬礼礼金总收入有多少？送礼的一般标准是什么？最高金额是多少？是谁送的？

## 1.2 赵家台村访谈概况

**赵家台村访谈对象信息表**

| 资料编码 | 代码 | 性别 | 年龄 | 户籍 | 常住地 | 职业 | 备注 |
|---|---|---|---|---|---|---|---|
| Z01 | NSX | 女 | 61 | 农村 | 县城 | 打工 | 村庄、家族葬礼 |
| Z02 | DXY | 女 | 84 | 农村 | 本村 | 无业 | 2011年丈夫去世 |
| Z03 | ZDC | 男 | 57 | 城镇 | 城镇 | 教师 | 2011年父亲去世 |
| Z04 | CZX | 男 | 85 | 农村 | 本村 | 退休 | 家族长老，常为葬礼主事 |
| Z05 | ZKL | 男 | 76 | 农村 | 本村 | 退伍 | 2017年妻子去世 |
| Z06 | ZHR | 男 | 69 | 农村 | 本村 | 自雇 | 商店老板，村庄信息提供 |
| Z07 | ZNK | 男 | 68 | 农村 | 本村 | 退伍 | 风水先生，前小组长，曾为葬礼主事 |
| Z08 | YGM | 男 | 50 | 农村 | 本村 | 农民 | 小组长，葬礼重要参与者 |
| Z09 | DHS | 男 | 58 | 农村 | 本村 | 退休 | 前村长，葬礼重要参与者 |
| Z10 | ZYW | 男 | 48 | 农村 | 本村 | 村干部 | 村庄、家族葬礼 |
| Z11 | ZJL | 男 | 64 | 农村 | 县城 | 退休 | 村庄、家族和其他葬礼 |
| Z12 | ZCL | 男 | 67 | 农村 | 城镇 | 自雇 | 村庄、家族和其他葬礼 |
| Z13 | ZDL | 男 | 72 | 农村 | 县城 | 中医 | 家族长老，曾为葬礼主事 |
| Z14 | ZRH | 女 | 46 | 农村 | 农村 | 打工 | 村庄、家族葬礼 |
| Z15 | LSH | 男 | 47 | 农村 | 农村 | 打工 | 2013年父亲去世 |
| Z16 | ZJF | 男 | 35 | 农村 | 城镇 | 打工 | 其他葬礼 |
| Z17 | ZHL | 男 | 47 | 农村 | 县城 | 打工 | 村庄、家族葬礼 |
| Z18 | DYX | 女 | 71 | 农村 | 本村 | 无业 | 2018年母亲去世 |

赵家台村访谈情况说明：赵家台村的访谈资料，均由笔者在田野调查过程中收集，使用录音、笔记、日志等记录方式，并以拍照和录像作为辅助方式。访谈时间的选择，因考虑到村民回村的高峰期，集中在以下三个时段：春节前后，春季农闲时期，夏季暑假时期。访谈的具体时间为：2014年12月、2015年2月（春节）、2018年5月、2018年11月、2019年4月、2019年7月，总时长为5个月。访谈现场为赵家台村，访谈地点主要为村民家中，以及村庄村委会、祠堂、广场、商店、医务室等场所。在访谈录音时，对录音资料的使用进行了说明，录音资料共有37段，时长共1330分钟，整理出18万字的文本资料。书中引用了18位村民的访谈资料，根据资料整理，这些村民的访谈具备差异性和代表性。

调研初期（2014年）的访谈对象为村干部、葬礼主事人、风水先生、家族长老等；访谈引导人为笔者的亲属，由于调研初期方言交流存在障碍，引导人兼有辅助访谈的作用，其中包括解释方言和补充受访者的回答。首次的访谈，是在村庄土地分配的会议间隙时进行，在场的人有村干部和家族长老，他们都有主持葬礼的经验，这次访谈主要围绕这些人物展开。一般情况下，赵家台村的葬礼有200多人参与（赵家台村总人数1983人），这种规模的葬礼，管理者只有5人左右。第二阶段的调研（2018年到2019年）主要围绕村民的葬礼参与展开，笔者尽可能选择性别、年龄、职业、居住地存在差异的村民进行访谈，通过不同的小家族、圈子联系这些访谈对象。

需要补充说明，笔者在对赵家台村青年人的访谈中发现，相对于中老年村民，本村青年主要在村外务工/工作，很少参与村庄葬礼，这样的现象逐渐被村民接受，青年成为不熟悉村庄生活的群体。因此，本村青年的访谈资料在本书中使用得不多。

## 1.3 王家庄村访谈概况

王家庄村访谈对象信息表

| 资料编码 | 代码 | 性别 | 年龄 | 户籍 | 常住地 | 职业 | 备注 |
|---|---|---|---|---|---|---|---|
| W01 | MXZ | 男 | 47 | 城镇 | 县城 | 公务员 | 2010年母亲去世 |
| W02 | ZZH | 男 | 63 | 农村 | 本村 | 工人 | 常为婚礼、葬礼主事人 |
| W03 | ZCC | 男 | 72 | 农村 | 本村 | 退休 | 经常参与葬礼管理 |
| W04 | LYX | 女 | 26 | 城镇 | 县城 | 公务员 | 2017年大伯去世 |
| W05 | WKL | 男 | 55 | 城镇 | 县城 | 公务员 | 村庄、家族和其他葬礼 |
| W06 | HJ | 男 | 30 | 农村 | 本村 | 村干部 | 村庄、家族葬礼 |
| W07 | HLX | 男 | 54 | 农村 | 本村 | 教师 | 2018年奶奶去世 |
| W08 | HXR | 男 | 82 | 农村 | 本村 | 退休 | 家族长老，曾主持葬礼 |
| W09 | HXJ | 男 | 45 | 农村 | 本村 | 自雇 | 户长，村庄、家族和其他葬礼 |
| W10 | CF | 男 | 25 | 城镇 | 城镇 | 白领 | 2018年奶奶去世 |
| W11 | HL | 女 | 42 | 农村 | 城镇 | 务工 | 2015年母亲去世 |
| W12 | WX | 女 | 29 | 城镇 | 城镇 | 务工 | 2019年婆婆去世 |
| W13 | HLB | 男 | 30 | 城镇 | 城镇 | 教师 | 其他葬礼 |
| W14 | HYL | 女 | 54 | 农村 | 本村 | 农民 | 村庄、家族和其他葬礼 |
| W15 | DSC | 女 | 35 | 农村 | 本村 | 务工 | 村庄、家族和其他葬礼 |
| W16 | NXN | 女 | 39 | 农村 | 本村 | 自雇 | 村庄、家族和其他葬礼 |
| W17 | CDX | 男 | 46 | 农村 | 本村 | 道士 | 道士，葬礼风水、法事 |
| W18 | ZCY | 女 | 70 | 农村 | 本村 | 无业 | 2019年堂妹夫去世 |
| W19 | ZAY | 女 | 55 | 城镇 | 县城 | 退休 | 村庄、家族和其他葬礼 |
| W20 | WZB | 男 | 27 | 农村 | 本村 | 村干部 | 村庄、家族和其他葬礼 |
| W21 | RYC | 女 | 26 | 城镇 | 城镇 | 白领 | 村庄、家族和其他葬礼 |
| W22 | HLW | 男 | 60 | 农村 | 本村 | 退休 | 家族长老，原村主任 |

王家庄村访谈情况说明：王家庄村的田野调查，与赵家台村第二阶段的田野调查同时期进行。收集访谈资料时，使用了录音、笔记、日志等记录方式，并以拍照和录像作为辅助方式。由于王家庄村常住居民较多，访谈时间灵活，具体访谈时间分布如下：2018年11月、2019年5月、2019年6月、2019年8月，总时长为3个月。访谈地点围绕着村庄和村民常住地，较为分散，分布在临近的几个村庄和县城，包括村委会、祠堂、村民家、村民工作单位等。在访谈录音时，对录音资料的使用进行了说明，录音共32段，时长共1240分钟，整理出15万字的文本资料。书中使用了22位村民的访谈资料，这些村民的访谈资料具备差异性和代表性。

王家庄村的田野调查一直围绕葬礼参与展开，多数访谈在村庄或县城进行，并以微信、电话作为补充手段。调研中，笔者主要通过王家庄村民HLX进行联络，首先和村委会取得联系，并应笔者要求，根据性别、年龄、职业等差异性，联系访谈对象。另外，本地风水先生、家族长老，由村民WKL联络。由于王家庄村的村民普遍可以用普通话进行交流，所以笔者与村民取得联系后，顺利进入一对一的访谈。王家庄村外出的村民以青年人居多，而这些人回乡较为频繁，参与葬礼较多，笔者主要通过电话、微信对这些青年村民进行访谈，访谈对象涵盖了主要参与者类型。

# 附录2 方言对照表

## 2.1 赵家台村方言释义

赵家台村方言对照表

| 编号 | 类型 | 方言 | 含义 | 释义来源 |
|---|---|---|---|---|
| ZF01 | 称谓 | 你、我、他 | 你们、我们、他们 | 本书 |
| ZF02 | 称谓 | 娃娃伙 | 辈分比自己低的年轻人 | 本书 |
| ZF03 | 代词 | 后 | 后代子孙 | 《关中方言词典》 |
| ZF04 | 代词 | 己亲 | 与自己血缘关系较亲近的亲属、亲戚谓之己亲 | 《关中方言词典》 |
| ZF05 | 代词 | 绝户 | 无儿女谓之绝,并称这样的人家为绝户 | 《关中方言词典》 |
| ZF06 | 代词 | 老的 | 关中地区儿子对人称自己的父母,或泛称别人的父母均可谓之老的 | 《关中方言词典》 |
| ZF07 | 代词 | 女子 | 女儿 | 本书 |
| ZF08 | 代词 | 外路 | 称外省、外地为外路 | 《关中方言词典》 |
| ZF09 | 代词 | 外头 | 关中地区称男人为外头,且“外”字读“wei(位)”,系双声音转 | 《关中方言词典》 |
| ZF10 | 亲属 | 阿家 | 妇女对丈夫母亲的称谓 | 《关中方言词典》 |
| ZF11 | 亲属 | 姑婆 | 对父亲的姑母的称谓 | 《关中方言词典》 |
| ZF12 | 亲属 | 门子 | 指同一个房支的成员 | 本书 |
| ZF13 | 风俗 | 待客 | 关中地区,凡以酒席款待客人者谓之待客,简称待 | 《关中方言词典》 |

**续表**

| 编号 | 类型 | 方言 | 含义 | 释义来源 |
|---|---|---|---|---|
| ZF14 | 风俗 | 礼数 | 礼,礼貌、礼节 | 《关中方言词典》 |
| ZF15 | 风俗 | 纳礼 | 送礼 | 本书 |
| ZF16 | 风俗 | 四色礼 | 即四种不同品种的礼物。关中习俗一般举行较庄重仪式的活动如定婚,必备四色礼 | 《关中方言词典》 |
| ZF17 | 风俗 | 消夜 | 指大年三十晚上挨家挨户给长辈拜年 | 本书 |
| ZF18 | 行为 | 编派 | 捏造、夸大时段,借以讽刺、倾轧他人 | 《关中方言词典》 |
| ZF19 | 行为 | 晾 | 把人置于一边不予理睬,令人难堪,谓之晾 | 《关中方言词典》 |
| ZF20 | 行为 | 没脸 | 不光彩、羞愧难见人 | 《关中方言词典》 |
| ZF21 | 行为 | 面软 | 看重情面,与人不争 | 《关中方言词典》 |
| ZF22 | 行为 | 面子 | 有体面、情面义 | 《关中方言词典》 |
| ZF23 | 婚姻 | 过门 | 女子嫁到夫家 | 《关中方言词典》 |
| ZF24 | 婚姻 | 嫁汉 | 嫁夫 | 《关中方言词典》 |
| ZF25 | 婚姻 | 起发 | 明律系定期遣送犯人义。引申把出嫁姑娘也叫作起发,盖谓其嫁送至人家 | 《关中方言词典》 |
| ZF26 | 农业 | 地壮 | 粪足地肥 | 《关中方言词典》 |
| ZF27 | 日常 | 打摭 | 收拾、整理、清洗、扫除 | 《关中方言词典》 |
| ZF28 | 日常 | 拉话 | 闲谈 | 《关中方言词典》 |
| ZF29 | 日常 | 难场 | 困难 | 《关中方言词典》 |
| ZF30 | 日常 | 厦房 | 关中地区把一边施椽的厢房叫作"厦房" | 《关中方言词典》 |
| ZF31 | 日常 | 庄子 | 村子 | 本书 |
| ZF32 | 丧葬 | 安埋 | 安葬,埋葬 | 本书 |
| ZF33 | 丧葬 | 板 | 棺板,棺木 | 《关中方言词典》 |
| ZF34 | 丧葬 | 倒头 | 人死气断则头歪倒一边,故谓死亡为倒头 | 《关中方言词典》 |
| ZF35 | 丧葬 | 吊 | 关中地区习俗,人死,则亲朋邻里前往其家祭奠、慰问,谓之吊 | 《关中方言词典》 |
| ZF36 | 丧葬 | 老了/老百年 | 死亡的讳饰之词 | 《关中方言词典》 |
| ZF37 | 丧葬 | 锣鼓家伙 | 锣鼓一类乐器的总称 | 《关中方言词典》 |

续表

| 编号 | 类型 | 方言 | 含义 | 释义来源 |
|---|---|---|---|---|
| ZF38 | 丧葬 | 殁了 | 去世了,死亡的隐晦说法 | 本书 |
| ZF39 | 丧葬 | 墓生 | 遗腹子,父亲死后(入墓)才出生 | 《关中方言词典》 |
| ZF40 | 丧葬 | 盼丧 | 关中地区习俗,人死未葬前,亲友邻居,每晚守候灵侧,彻夜不散谓之盼丧。此"盼"字很古雅,非希望、盼望的意思,乃"照顾""照看"之义。如"左顾右盼"一词中,"盼"与"顾"对举见义 | 《关中方言词典》 |
| ZF41 | 丧葬 | 守灵 | 关中地区习俗,老人死后,未入殓前,孝子要守灵床(停放尸体的床),入殓后,要守灵柩(殓盛尸体的棺材),这就叫作守灵。一般孝子身着孝服跪于灵桌旁,手拄纸棍,有人来吊唁时并要伴着举哀号哭。这样一直到下葬为止 | 《关中方言词典》 |
| ZF42 | 丧葬 | 送埋 | 埋人时送死者灵柩到埋葬的地方谓之送埋 | 《关中方言词典》 |
| ZF43 | 时间 | 开年 | 过了年、岁始 | 《关中方言词典》 |
| ZF44 | 时间 | 忙毕 | 指一年农忙结束之后 | 本书 |
| ZF45 | 时间 | 年时 | 在一般辞书里是往年义(见《现代汉语 同典》)。在关中方言词里词义缩小专指去年 | 《关中方言词典》 |
| ZF46 | 时间 | 夜黑 | 昨天晚上 | 《关中方言词典》 |
| ZF47 | 位置 | 那搭(那答/哪搭/哪哒) | 那里、那儿 | 《关中方言词典》 |
| ZF48 | 形容 | 安然 | 安宁 | 本书 |
| ZF49 | 形容 | 差窍 | 小心眼,不聪明、愚钝义 | 《关中方言词典》 |
| ZF50 | 形容 | 拉扯 | 有关系。拉扯大:指人际交往多。 | 本书 |
| ZF51 | 形容 | 瞀乱 | 有纷乱、昏乱、紊乱等义项 | 《关中方言词典》 |
| ZF52 | 形容 | 能成 | 干、有本事、会办事 | 《关中方言词典》 |

续表

| 编号 | 类型 | 方言 | 含义 | 释义来源 |
|---|---|---|---|---|
| ZF53 | 形容 | 气长/不气长 | 活得心安理得,事做得理由充分为气长,反之为不气长 | 《关中方言词典》 |
| ZF54 | 形容 | 受活 | 痛快舒适 | 《关中方言词典》 |

赵家台村方言对照表说明：表格内容是对赵家台村田野资料中方言的整理，标注了方言的释义，以及释义的出处。此外，对照表中的方言释义，以研究关中方言的学术文献为准，以笔者在田野调查中对方言的整理作为补充。

## 2.2 王家庄村方言释义

王家庄村方言对照表

| 编号 | 类型 | 方言 | 含义 | 释义来源 |
|---|---|---|---|---|
| WF01 | 称谓 | 旁人 | 别人 | 《商南方言调查研究》 |
| WF02 | 称谓 | 自家人 | 同宗同姓的人 | 《商南方言调查研究》 |
| WF03 | 代词 | 弟兄伙的 | 兄弟们 | 《商南方言调查研究》 |
| WF04 | 代词 | 么样办 | 怎么办 | 《商南方言调查研究》 |
| WF05 | 代词 | 你几 | 你们 | 《商南方言调查研究》 |
| WF06 | 代词 | 娘母俩 | 母女俩 | 《商南方言调查研究》 |
| WF07 | 代词 | 为么事 | 为什么 | 《商南方言调查研究》 |
| WF08 | 代词 | 我几 | 我们 | 《商南方言调查研究》 |
| WF09 | 代词 | 至己的亲戚 | 血缘关系最近、往来最密切的亲戚 | 本书 |
| WF10 | 代词 | 屋场 | 指房支。大屋场指人数较多的房支 | 本书 |
| WF11 | 亲属 | 爹 | 祖父 | 《商南方言调查研究》 |
| WF12 | 亲属 | 干佬 | 姻伯(弟兄的岳父,姐妹的公公) | 《商南方言调查研究》 |
| WF13 | 亲属 | 家公 | 外公 | 《商南方言调查研究》 |

**续表**

| 编号 | 类型 | 方言 | 含义 | 释义来源 |
|---|---|---|---|---|
| WF14 | 亲属 | 家婆 | 外婆 | 《商南方言调查研究》 |
| WF15 | 亲属 | 老俵 | 表兄弟,表姐妹 | 《商南方言调查研究》 |
| WF16 | 亲属 | 老外婆家 | 父亲外婆的家族 | 本书 |
| WF17 | 亲属 | 母舅 | 舅舅 | 《商南方言调查研究》 |
| WF18 | 亲属 | 奶 | 奶奶 | 《商南方言调查研究》 |
| WF19 | 亲属 | 少外婆家 | 外婆的家族 | 本书 |
| WF20 | 亲属 | 叔伯房姊妹伙的 | 堂兄弟姐妹 | 《商南方言调查研究》 |
| WF21 | 亲属 | 外父老 | 岳父 | 《商南方言调查研究》 |
| WF22 | 亲属 | 外母娘子 | 岳母 | 《商南方言调查研究》 |
| WF23 | 亲属 | 引的儿子 | 养子 | 《商南方言调查研究》 |
| WF24 | 位置 | 反边 | 右边 | 《商南方言调查研究》 |
| WF25 | 位置 | 顺边 | 左边 | 《商南方言调查研究》 |
| WF26 | 风俗 | 看 | 拜访 | 《商南方言调查研究》 |
| WF27 | 风俗 | 礼 | 礼物 | 《商南方言调查研究》 |
| WF28 | 风俗 | 上下 | 来往 | 《商南方言调查研究》 |
| WF29 | 风俗 | 支客 | 帮忙安排客人的人 | 《商南方言调查研究》 |
| WF30 | 日常 | 堂屋 | 客厅 | 本书 |
| WF31 | 形容 | 排场 | 指规模大,声势足 | 本书 |
| WF32 | 丧葬 | 老人 | 指有人去世 | 本书 |
| WF33 | 丧葬 | 八仙 | 是各地临时组织负责为逝者开墓穴、抬棺、埋葬的一班青壮年劳力,又称“负重” | 《商南民俗通书》 |
| WF34 | 丧葬 | 封梓口 | 封棺材 | 本书 |
| WF35 | 丧葬 | 出灵/出陵 | 出殡 | 《商南方言调查研究》 |
| WF36 | 丧葬 | 打代时/打代诗 | 是“下江人”的祭祀习俗。人死后的晚上,由几个人敲着锣鼓,围绕棺材,边打边唱,直至通宵 | 《商南县志》/《商洛民俗文化述论》 |
| WF37 | 丧葬 | 火纸 | 纸钱 | 《商南方言调查研究》 |
| WF38 | 丧葬 | 引七 | 做七 | 《商南方言调查研究》 |

续表

| 编号 | 类型 | 方言 | 含义 | 释义来源 |
| --- | --- | --- | --- | --- |
| WF39 | 丧葬 | 主家 | 葬礼的主办者,主办家庭 | 本书 |
| WF40 | 丧葬 | 做斋事 | 指道士在葬礼中的禳解仪式,如做小七,关三副灯等 | 本书 |

王家庄村方言对照表说明：表格内容是对王家庄村田野资料中方言的整理，标注了方言的释义，以及释义的出处。此外，对照表中的方言释义，以王家庄村所属县、市的方言研究文献为准，以笔者在田野调查中对方言的整理作为补充。

# 致 谢

我在中国人民大学求学的六年，是我成长过程中最为重要的六年，所有的收获都离不开老师和亲友的关心和帮助。

首先，感谢我的导师郝大海教授。2013年，我进入中国人民大学社会学系学习，有幸成为郝老师门下的硕士研究生。硕士毕业后我在媒体和高校工作了一年，在这一年中，我向郝老师汇报了我的工作近况和继续做研究的兴趣。老师出于对学生发展前景的关心，给予我继续读博深造的机会。2016年，我成为博士候选人，我的博士论文研究主题的选取，是基于硕士阶段对农村葬礼的兴趣和前期研究，这个研究主题一直得到郝老师的支持。在博士论文的研究和成文的过程中，老师探访我调研的村庄，花费大量心血指导我的研究，使我从对农村葬礼的感性认识进入专业的分析，让愚钝的我逐渐走上研究的道路，能够形成目前完整的博士论文。在此期间，郝老师对专业的严谨和敏锐让我由衷敬佩，对学生培养的辛劳付出使我肃然起敬。感谢郝老师的严厉指导，让我审慎地面对研究，在我困顿时予以指引，固执时能够包容，沮丧时给予鼓励，这些付出和情谊我铭记在心。

同时，感谢中国人民大学社会学系老师们的指点和帮助。从硕士到博士期间的求学，每一门课程、每一次经历都是我成长的台阶。感谢李路路老师、刘少杰老师、郭星华老师、黄家亮老师、谢桂华老师在社会理论与学科前沿上的指引；感谢郝大海老师、陆益龙老师、黄盈盈老师、张慧老师、王玉君老师在研究方法上的指导；感谢李迎生老师、于显洋老师、冯仕政老师、王水雄老师、廖菲老师丰富了我对社会学的理解。感谢王卫东老师和唐丽娜老师，对我实习时的关照。我的博士论文最终能够形成，与论文开题和预答辩过程中的打磨息息相关。感谢李路路老师、王卫东老师在开题时对论文题目和研究思路的建议，确立了研究的基本雏形。感谢王水雄老师、于显洋老师、赵延东老师、隋玉杰老师、张有春老师、岳永逸老师、李荷老师、闻翔老师、艾云老师、朱斌老师在预答辩过程中的评价、修改建议和鼓励，感谢郭于华老师、张翼老师、周飞舟老师、陆益龙老师、奂平清老师对论文终稿的认可和指导，让我重新审视自己的研究。

感谢家人和朋友在求学期间对我的支持，这让我感到学术研究的道路漫长而不孤独。家人是我求学之路坚定的支持者，让我在而立之年还能轻装上阵，继续深造，我的父母和先生分担了生活的大部分压力，却从不苛求。感谢在调研过程中相关者的无私帮助，让我在最短的时间内掌握村庄方言，融入村庄，顺利开展研究。

最后，感谢兰州大学出版社编辑为本书的出版付出的努力和汗水，使这篇稚嫩的博士论文因之而付梓出版。

# 后 记

葬礼是处理生命危机的重大仪式，但中国人在生活中常常避免提及死亡，对亡者的情感更多地表现在葬礼参与的行动之中。对死亡的避讳，成为我研究葬礼之初遇到的最大难题。我只能从访谈赵家台村的亲属开始，小心翼翼地展开我的提问，相对于对谈论死亡，他们更愿意谈论葬礼运转时的花费、规矩和人情关系。于是我发现，葬礼容易被忽视的方面，是葬礼参与时生者之间的互动。然而单个村庄的田野调查，让我困在对葬礼的片面理解中，在郝老师的建议下，我从2018年开始了对王家庄村的田野调查。赵家台村和王家庄村均处于广义的关中文化区，分属于文化区的中心和边缘地带，区域差异是否成为葬礼参与转变的要素之一？带着这样的疑问，我逐渐进入对葬礼参与转变过程的研究之中。

研究的主要目标是通过葬礼参与转变分析农村社会变化。本书涉及的两个村庄，成为我理解农村社会变化的一个窗口。遗憾在于，葬礼研究的特殊性，使我的田野调查仅仅集中于两个村庄。在田野调查的过程中，葬礼研究受到事件突发性的影响，我有时长期身处村庄却不能观察到一场葬礼，或是离开田野后错过正在发生的葬礼，能够参与的葬礼十分有限。许多村庄葬礼的环节，主要来源于村干部、葬礼主事人、风水先生、村民提供的资料和口述。

在葬礼参与观察、村民访谈和地方志的查阅中，我发现不同时期的葬礼，由于个人经济状况和社会发展程度的不同，葬礼参与中的人际关系存在很大差异。对于农民而言，靠天吃饭的时期如果遇到天灾，则完全无力举办葬礼，更谈不上葬礼参与。如果土地收成尚可，那么通过乡邻、家族成员送来的粮食、借用的锅碗桌椅，就可以举办一场葬礼。改革开放后，农民职业的转变和经济收入的增加，葬礼举办开始有了扩大规模的条件，人与人相互依赖的解绑，使得葬礼参与的规模再次缩小。

两个村庄大量的田野调查素材，并不能覆盖村庄的全部生活，村民实践比研究者的观察更为丰富。在研究过程中，我避免仓促地简化村民的行为类型，尽可能地理解个体在葬礼参与时的处境。葬礼的发生往往不可预料，是一场突如其来的生命危机，个体的葬礼参与混杂着私人情感的表达、群体规则的压力、不同观念的冲突等因素。在社会变迁的过程中，个体还要应对变化带来的机遇和新问题，个体通过实践重新弥合变化形成的裂痕，重建社会秩序，调整人际关系。这些鲜活的个人，让原本色调悲凉的葬礼研究，成为对我的一次死亡教育，当我看到棺木降入土地的时候，感到自己也完成了送别的使命。死亡准备开始于村民对葬礼的想象，结束于葬礼的举办，葬礼成为一个完整生命周期的收尾，村民在参与葬礼之后重新投入生产生活，来来往往的人群散去，嘈杂的鞭炮声消失，村庄恢复了往日的平静。

本书的写作暂时告一段落，这是我学术研究的起点，写作的内容不免受到我的立场和经历的影响，书中的疏漏主要责任在我。